W0062311

Philosophie muß nicht lebensfremd und für Laien unverständlich sein. Der Alltag bietet häufig Anlaß, über die „HinterGründe" der Welt und der menschlichen Existenz nachzudenken. Dazu lassen sich grundlegende Fragen stellen: Was ist Moral? Wo liegen die Grenzen der menschlichen Erkenntnis? Was ist Glück? Was ist der Sinn des Lebens? Dieses klar gegliederte, leicht zu lesende Einführungs- und Arbeitsbuch bietet einfache Orientierung in philosophischen Fragen und erläutert die wichtigsten Problemstellungen und Bereiche der Philosophie in Vergangenheit und Gegenwart. Zusätzliche Hilfe bieten eine Übersicht über die Philosophiegeschichte, ein Lexikon der Begriffe und Personen sowie Literaturempfehlungen und praktische Tips zur weiteren Beschäftigung mit Philosophie.

Martin Morgenstern, geboren 1953, Dr. phil., studierte Philosophie und Germanistik. Er ist in der Jugend- und Erwachsenenbildung und als Lehrbeauftragter an der Universität des Saarlandes tätig.
Robert Zimmer, geboren 1953, Dr. phil., studierte Philosophie und Anglistik und arbeitet als Lehrbeauftragter an der FU Berlin und als Dozent an Berliner Volkshochschulen.

Martin Morgenstern
Robert Zimmer

HINTERGRÜNDE

Die Philosophie und ihre Fragen

Mit Schwarzweiß-Abbildungen

Deutscher Taschenbuch Verlag

Bildnachweis: S. 29: © ›Der Spiegel‹. Hamburg; S. 65: M. C. Escher,
Relativität, 1943, © 1995 M. C. Escher/Cordon Art-Baarn-
Holland; S. 93: Piet Mondrian, Komposition in Oval, 1913,
© 1995 ABC/Mondrian Estate/Holtzman Trust.

Ungekürzte Ausgabe
Dezember 1998
Deutscher Taschenbuch Verlag GmbH & Co. KG, München
© 1995 Patmos Verlag GmbH & Co. KG, Düsseldorf
ISBN 3-491-72338-8
Umschlagkonzept: Balk & Brumshagen
Umschlagfoto: ›Die Beschaffenheit des Menschen I‹ (1934) von René Magritte
(Peter Willi, Artothek/© VG Bild-Kunst, Bonn 1998)
Satz: Ansgar Halbfas, Drolshagen
Druck und Bindung: C. H. Beck'sche Buchdruckerei, Nördlingen
Gedruckt auf säurefreiem, chlorfrei gebleichtem Papier
Printed in Germany · ISBN 3-423-30709-9

Inhaltsverzeichnis

Vorwort

Das Wort »Philosophie« findet zunehmend Eingang in den öffentlichen Sprachgebrauch. Präsidenten von Fußball-Clubs sprechen ebenso von der »Philosophie« ihres Vereins wie Manager von der »Philosophie« ihres Unternehmens. Gemeint sind damit in erster Linie grundsätzliche Strategien zur Erreichung bestimmter Ziele. Philosophie im ursprünglichen Sinne hat es auch mit Grundsätzen zu tun, aber mit solchen, aus denen der Mensch ein letztes Verständnis von sich selbst und der Welt zu gewinnen versucht. Die Grundsätze, nach denen hier gefragt wird, gelten nicht nur für eine spezielle Gruppe von Menschen in einer bestimmten Lage, sondern für jeden Menschen zu jeder Zeit und an jedem Ort. Es geht um grundlegende Erkenntnisse über die Natur der menschlichen Existenz selbst. *Die Philosophie und ihre Fragen* beschäftigen sich im wörtlichen Sinne mit *HinterGründen*, d. h. mit den Gründen, die hinter der Existenz und der Erfahrung des Menschen stehen.

Die Autoren haben während ihrer Lehrtätigkeit immer wieder festgestellt, daß viele Menschen sich für solche »HinterGründe« interessieren und sich mit ihnen beschäftigen möchten, doch durch die Unverständlichkeit philosophischer Texte und die Unüberschaubarkeit der Philosophie und ihrer Geschichte davor abgeschreckt werden. In der Tat behandeln die meisten Philosophen die Grundfragen menschlicher Existenz in einer so komplizierten, schwer verständlichen Weise, daß eine Auseinandersetzung mit ihnen und ihren Lehren für einen Laien fast unmöglich ist. Die beiden Autoren sind an der Universität und in der Erwachsenenbildung häufig denselben Verständnisproblemen begegnet. Gerade aus dieser Erfahrung heraus ist die Idee des vorliegenden *philosophischen Arbeits- und Einführungsbuches* entstanden, das interessierten Laien philosophische Grundfragen allgemeinverständlich erläutert. In zehn Kapiteln wird der Leser, ausgehend von der Alltagserfahrung, in die wichtigsten Probleme und Gebiete der Philosophie eingeführt. Zusätzlich bietet der Anhang eine praktische Orientierungshilfe: Die in den Kapiteln erwähnten Namen von Philosophen und die wichtigsten philosophischen Fachbegriffe werden in einem Sach- und Personenlexikon noch einmal gesondert erklärt. Außerdem enthält der Anhang einen kurzen Abriß der Philosophiegeschichte und eine Zusammenstellung von praktischen Tips und Literaturempfehlungen für den philosophischen Anfänger. Der gesamte Anhang liefert damit zusätzliche Informationen zum Hauptteil und kann wie ein Nachschlagewerk benutzt werden. Mit dieser Verknüpfung von Alltagserfahrung, Allgemeinverständlichkeit und Orientierungshilfe will das Buch eine Lücke auf dem philosophischen Buchmarkt schließen.

Das Buch ist so angelegt, daß es sowohl als Grundlage zum Selbststudium als auch als Lehrbuch an Schulen, Volkshochschulen und Universitäten benutzt werden kann. In der Anordnung der zehn Kapitel des Hauptteils wurde versucht, einen inneren Zusammenhang zu wahren. Nach der allgemeinen Einführung in Kapitel I wird in den Kapiteln II und III die Frage nach dem Menschen angesprochen. In den folgenden Kapiteln IV-VI geht es um das theoretische Verhältnis des Menschen zu Welt, d. h. um Wesen, Methoden und Grenzen menschlicher Erkenntnis. In den Kapiteln VII-X wird das praktische Verhältnis des Menschen zur Welt, also sein Handeln und Gestalten thematisiert. Im allgemeinen wird es den systematischen Einstieg in die Philosophie erleichtern, wenn die Kapitel in der vorgesehenen Reihenfolge gelesen werden. Andererseits kann jeder seine Lektüre auch dort beginnen, wo seine Interessenschwerpunkte liegen.

Zur Entstehung des Buches haben die vielfältigen Anregungen beigetragen, die von befreundeten und interessierten Lesern geäußert wurden, die sich die Mühe gemacht haben, sich mit den frühen Fassungen des Manuskripts auseinanderzusetzen. Zu Dank verpflichtet sind wir Herrn Rolf Friedlieb, Frau Christel Lauer, Frau Dr. Petter-Zimmer, Frau Konstanze Sattler und Herrn Frank Schneider. Wir hoffen, daß ein nützliches, verständliches und informatives philosophisches Arbeits- und Einführungsbuch entstanden ist, das zur weiteren Beschäftigung mit Philosophie anregen wird!

St. Wendel/Berlin   *Martin Morgenstern*
im Januar 1995   *Robert Zimmer*

I. Philosophie: Zwischen Alltagserfahrung und Fachwissenschaft

Ein Philosoph schlug einen Kreis
wer weiß, was er damit bedachte
Und siehe da – wie hingeschnellt
Hat sich ein zweiter zugesellt
 Da war es eine Achte.
So gehts den Philosophen meist,
Daß sie zwei nackte Nullen dreist
 zu einer Acht erheben.
Doch sehn sie das Exempel ein?
 Nein!
Wo bliebe sonst ihr Leben?
 Klabund

Eine wahre Philosophie läßt sich
nicht herausspinnen aus bloßen,
abstrakten Begriffen; sondern
muß gegründet sein auf
Beobachtung und Erfahrung.
Arthur Schopenhauer

Es gibt zwei Figuren in der frühen Philosophiegeschichte, die das Bild der Philosophie, wie es heute in der Öffentlichkeit besteht, anschaulich illustrieren können: Thales von Milet und Diogenes von Synope. Von THALES (625-545 v. Chr.), einem ansonsten angesehenen und erfolgreichen Kaufmann, ist folgende Anekdote überliefert: Als er, aus naturphilosophischem Interesse, den Himmel beobachtete, fiel er in einen Brunnen. Worauf man ihm spöttisch nachsagte, er bemühe sich zwar um die Phänomene des Himmels, doch was unmittelbar vor seinen Füßen liege, bliebe ihm verborgen. DIOGENES (412-323 v. Chr.) erhielt den Spottnamen »kyon«, d. h. »Hund« (daher der Name der Philosophenschule der Kyniker), weil er sich in eine Tonne zurückzog, die einer Hundehütte glich. Er wollte provokativ demonstrieren, daß die wichtigen Dinge des Lebens nicht vom Konsum abhängig sind. Als Alexander der Große ihm materielle Angebote machte, gab er die berühmte Antwort: »Geh mir aus der Sonne!«

Unabhängig von dem, was Thales und Diogenes inhaltlich vertreten haben, ist von ihnen her in der Überlieferung das bis heute prägende Bild des Philosophen entstanden, der sich von den alltäglichen Problemen und Bedürfnissen der Menschen weit entfernt hat,

Das Bild des Philosophen in der Öffentlichkeit

im praktischen Leben unbeholfen ist, sich rätselhaft und schwierig ausdrückt, und bei dem man nie sicher sein kann, welche Verrücktheiten ihm noch einfallen. Im Deutschen wird hier oft der Spruch zitiert: »Genie und Wahnsinn liegen eng beieinander«, was auf die Philosophen bezogen, in der Regel heißt: »Ganz normal sind die nicht!«

Entfremdung der Philosophie vom Alltagsleben

Es ist einfach, darauf hinzuweisen, daß viele Philosophen im praktischen Leben sehr erfolgreich waren. Das schlechte Bild der Philosophen in der Öffentlichkeit ist dennoch nicht zufällig entstanden. Die Philosophie hat sich zu einer Fachwissenschaft an der Universität entwickelt, und sie wird von Professoren betrieben, die sich häufig mit komplizierten Spezialproblemen beschäftigen und sich dem normalen Bürger nicht mehr verständlich machen (können). Auf der anderen Seite ist das Interesse an philosophischen Themen bei den Menschen lebendig geblieben. Die Fragen nach moralischer Orientierung, nach dem Verhältnis von Mensch und Natur oder nach den Grenzen menschlicher Erkenntnis werden im Alltag immer wieder gestellt. Die Philosophie aber greift nur selten in solche öffentlichen Debatten ein und überläßt dies Politikern, Naturwissenschaftlern oder den öffentlichen Medien. Die Philosophie als Fachwissenschaft hat sich von den Diskussionen des Alltags entfernt.

Die Tradition des Sokrates

Deshalb muß man daran erinnern, daß die Philosophie ihren Ursprung in der Alltagserfahrung hat. Auch dafür gibt es eine berühmte und repräsentative Figur der frühen Philosophiegeschichte, nämlich Sokrates. SOKRATES (469-399 v. Chr.) hat keine systematische philosophische Theorie vertreten und keine einzige Schrift verfaßt. Seine Methode des Philosophierens bestand darin, daß er sich auf den Straßen und Plätzen Athens Gesprächspartner suchte und sie durch seine bohrenden Fragen zwang, über Dinge nachzudenken, die ihnen bis dahin selbstverständlich erschienen waren. Er sprach mit Politikern, Künstlern, Handwerkern und provozierte die damals für Geld in Athen lehrenden Berufsphilosophen. Sokrates verstand sich als eine Art geistiger Hebamme: Unsere alltägliche Welt- und Lebenseinstellung sollte in einer sprachlich klaren Form formuliert werden, und dort, wo es offenbare Unklarheiten und ungelöste Probleme gab, sollte ein systematisches Nachdenken einsetzen. Sokrates war der Meinung, daß jeder die Fähigkeit in sich trägt, sich über grundlegende Fragen klar zu werden. Eine Philosophie, die lebendig bleiben und nicht nur den Bedürfnissen von Spezialisten und Be-

Diogenes in der Tonne, von Alexander d.Gr. besucht. Aquatinta 19. Jhdt.

rufsphilosophen dienen will, wird sich immer auf die Tradition des Sokrates besinnen, auf die Straße gehen, die Sprache der Menschen sprechen und sich der Aufklärung des Alltagsbewußtseins widmen.

Die Themen der Philosophen haben sich seit Sokrates kaum geändert. Es sind die Fragen nach der Natur des Menschen, nach einer Erklärung für die Welt und die Möglichkeit, sie zu erkennen, nach Maßstäben des menschlichen Handelns in Gesellschaft und Politik, nach dem Wesen der Sprache und der Kunst und auch nach dem, was der Sinn unseres Lebens sein kann und was es bedeutet, ein vernünftiges und glückliches Leben zu führen. Angesprochen sind also immer die Grundfragen menschlicher Existenz. Solche Fragen stellen wir uns zwar nicht ständig, aber sie tauchen immer wieder auf, wenn die Routine des Alltags, z. B. durch Unglücksfälle, erschüttert wird oder auch einfach dann, wenn wir unserem Alltag eine bestimmte Richtung oder einen bestimmten Sinn geben wollen. Sie haben einerseits in unserer Alltagserfahrung ihren Ursprung, führen aber andererseits über unser alltägliches Weltverständnis hinaus.

Die Themen der Philosophie

So weit bekannt, ist der Mensch das einzige Wesen, das sich in dieser Weise seine Existenz bewußt zum Problem macht. ARTHUR SCHOPENHAUER (1788-1860) behauptete sogar, in diesen Fragen äußere sich ein »metaphysisches« Grundbedürfnis des Menschen. Die Philosophie jedenfalls versucht seit ihren Anfängen, sich in einer systematischen Form mit diesen Fragen zu beschäftigen, wobei sie sich ausschließlich auf Vernunft und Erfahrung stützt. Mit anderen Worten: Wer philosophiert, sucht nach guten, auch für andere einsehbaren Argumenten. Offenbarungen, Erleuchtungen oder bewußtseinserweiternde Mittel sind für die Philosophie keine Quelle der Erkenntnis. Im allgemeinen kann man daher von Philosophie sprechen, wenn zur Lösung von Grundfragen Argumente gesucht werden, die sich an die kritische Vernunft richten, und vorgefaßte und durch Autoritäten vorgeprägte Einstellungen nicht für maßgebend erachtet werden. Von philosophischen Argumenten wird dabei gefordert, daß sie keine offensichtlichen Widersprüche enthalten und daß sie der Erfahrung nicht widersprechen.

Wir können davon ausgehen, daß Menschen aller Kulturen sich immer schon mit philosophischen Fragen beschäftigt haben. In Europa setzt der Beginn der eigentlichen Philosophiegeschichte bei den sogenannten *Vorsokratikern* ein, d. h. bei jener Gruppe von frühen griechischen Philosophen, die im 6. Jahrhundert v. Chr., also »vor Sokrates«, lebten und lehrten und von denen uns nur noch Fragmente überliefert sind. Dieser Beginn ist wahrscheinlich etwas willkürlich gesetzt, da die griechischen Philosophen von geistigen Strömungen in Ägypten, Persien und Indien beeinflußt waren und es dort bereits rationale Welterklärungen gab, die man als Philosophie bezeichnen könnte.

Wenn die wichtigsten philosophischen Themen bis heute noch die gleichen geblieben sind, so stellt sich sofort die Frage, ob es denn überhaupt einen Erkenntnisfortschritt in der Philosophie gegeben hat. Können wir heute wirklich bessere, richtigere Antworten geben als die Vorsokratiker, oder ist das Philosophieren lediglich Ausdruck einer rastlosen Suche des Menschen nach einer Sinn- und Welterklärung, bei der er sich aber immer nur im Kreis dreht?

Eine mögliche Antwort auf diese Frage, die aber nicht jeden zufriedenstellen wird, lautet: Wir sind mit unseren philosophischen Erkenntnissen heute weiter als die Vorsokratiker – doch endgültige Lösungen für die meisten philosophischen Grundfragen haben wir nicht. Dies bedeutet aber nicht, daß es beim Philosophieren nur um das kritische Fragen und gar nicht vorrangig um Antworten geht. Wer Fragen stellt, will auch Antworten haben, und die Philosophie hat sich um solche Antworten auch immer bemüht. Der Fortschritt der Philosophie besteht am ehesten in einem tieferen Verständnis der philosophischen Probleme und ihrer Lösungsmöglichkeiten. Der Prozeß der Ausdifferenzierung und Präzisierung philosophischer Grundfragen hat viele Jahrhunderte gedauert. Man kann die Philosophiegeschichte geradezu als *Problemgeschichte* in dem Sinne begreifen, daß Philosophen an die Problemstellungen ihrer Vorgänger angeknüpft und sie in neuer Weise bearbeitet haben. Bestimmte Lösungsansätze und Argumentationsweisen haben sich als verfehlt herausgestellt und werden daher kaum noch vertreten. Außerdem ist es heute möglich, die Grenzen menschlicher Erkenntnisfähigkeit sehr viel genauer zu ziehen und zwischen lösbaren und unlösbaren Problemen besser zu unterscheiden.

Man kann die Geschichte der Philosophie in vier große Epochen einteilen: die Antike, das Mittelalter, die Neuzeit und die Moderne. In der antiken Philosophie standen zwei Grundprobleme im Vordergrund: das Problem, ein Erklärungsprinzip für die Welt und die Natur zu finden, und das Problem, Leitlinien für ein gutes und sinnvolles Leben zu formulieren. In diesen beiden Grundproblemen ist die Unterscheidung zwischen theoretischer und praktischer Philosophie schon erkennbar, also zwischen dem Teil der Philosophie, der sich mit dem *theoretischen* Erfassen der Welt, mit ihrer Erkennbarkeit beschäftigt, und jenem Teil, der sich mit der richtigen *Praxis*, mit den Maßstäben menschlichen Handelns befaßt.

Probleme der antiken Philosophie

Die Vorsokratiker suchten häufig eine Erklärung von Welt und Natur in stofflichen Prinzipien. Das erste Beispiel dafür liefert Thales mit seiner These, daß alle Dinge im Grunde aus Wasser aufgebaut sind. Spätere antike Philosophen schlugen abstraktere Prinzipien vor. Die bekanntesten Beispiele sind die Ideenlehre Platons und die Metaphysik des ARISTOTELES (384-322 v. Chr.). Der Name »Metaphysik« entstand dadurch, daß spätere Kommentatoren des Aristoteles dasjenige seiner Bücher, das sich mit den Prinzipien »hinter« den Naturerscheinungen beschäftigte, in der Auflistung seiner Werke entsprechend hinter oder nach der »Physik« einordneten (griech. »meta« = hinter, nach). Mit dieser Namensgebung wollte man deutlich machen, daß es in der »Metaphysik« um die grundlegenden, »letzten« Erklärungen der Wirklichkeit geht, auf denen alle anderen spezielleren Disziplinen der Philosophie

Die Entstehung der Metaphysik

aufbauen. Seitdem hat sich der Name »Metaphysik« als Name der philosophischen Disziplin eingebürgert, die sich mit den obersten Prinzipien der Wirklichkeit befaßt. In der Metaphysik des Aristoteles werden eine naturphilosophische Erklärung und eine religiös-theologische Deutung der Welt aufeinander bezogen. Dieser Bezug ist seitdem für die Metaphysik charakteristisch. Das Problem eines guten und vernünftigen Lebens umfaßte in der antiken Philosophie sowohl die Frage nach einer gerechten Staatsordnung als auch die nach einer glücklichen Lebensführung. Beispiele dafür sind die »Ethik« und die »Politik« des Aristoteles und die Weisheitslehren der Stoiker und Epikureer.

Probleme der mittelalterlichen Philosophie

Im Mittelalter stand die Philosophie in Europa im Dienste der christlichen Religion und Theologie. Alle philosophischen Grundprobleme wurden im Rahmen der christlichen Lehre diskutiert. Im Vordergrund der mittelalterlichen Philosophie standen Fragen wie die nach der Existenz und dem Wesen Gottes, nach der Unsterblichkeit der Seele und nach dem Verhältnis von göttlicher Vorsehung und menschlicher Freiheit. Höhepunkte dieser Diskussion sind die Werke des Augustinus und die Schriften Thomas von Aquins.

Entwicklungen der Philosophie der Neuzeit

In der Neuzeit entwickelte sich der Untersuchungsbereich der Philosophie so, wie wir ihn weitgehend heute noch kennen. Zunächst trennte sich die Philosophie von der Theologie. Später lösten sich die empirischen Wissenschaften aus dem Bereich der Philosophie. Ein wesentliches Kennzeichen der Philosophie der Neuzeit ist die Hinwendung zum erkennenden und handelnden Subjekt, dessen Eigenschaften und Tätigkeiten zum Ausgangspunkt des Philosophierens gemacht werden.

Trennung von Philosophie und Theologie

Die Trennung der Philosophie von der Theologie erfolgte, als die Menschen in der frühen Neuzeit ein neues Selbstverständnis entwickelt hatten. Das Vertrauen in ein vorgegebenes, durch die Offenbarung und die Autorität der Kirche vermitteltes Weltbild war brüchig geworden. Für die Philosophie wurde immer mehr die Vernunft zur einzigen Instanz menschlicher Erkenntnis. IMMANUEL KANT (1724-1804) stellt gewissermaßen den Abschluß dieser Entwicklung dar. Sein Wahlspruch lautete »Sapere aude!«, was in seiner Übersetzung hieß: »Wage es, dich deines eigenen Verstandes zu bedienen!« Seitdem ist die Unterscheidung zwischen dem durch Vernunft und Erfahrung erworbenen »Wissen« und dem von einer persönlichen Entscheidung bestimmten Akt des »Glaubens« allgemein akzeptiert.

Eine weitere folgenreiche Neuerung der europäischen Neuzeit war, daß man begann, *empirische* Forschung zu treiben, d. h. das Wissen von der Welt aus Beobachtungen und Experimenten abzuleiten. Insbesondere FRANCIS BACON (1561-1626) bemühte sich darum, Beobachtung und Experiment als zentrale Bestandteile der Methode der empirischen Wissenschaften nachzuweisen. Mit der Herausstellung der Induktion, d. h. der Untersuchungsmethode, die Gesetzmäßigkeiten aus Einzelbeobachtungen zu gewinnen versucht, begründete er damit das methodologische Selbstverständnis der neuzeitlichen Naturwissenschaften. In Bacons Zeit begann die Loslösung der empirischen Wissenschaften von der Philosophie. Waren vorher Philosophie und Wissenschaft ungeschieden, so begannen nun die empirischen Wissenschaften sich nacheinander von der Philosophie zu lösen und sich als eigenständige wissenschaftliche Disziplinen zu etablieren. Der Emanzipationsprozeß der Wissenschaften begann mit der Astronomie und der Physik und hält bis in die Gegenwart ungebrochen an. Die Erfolge der empirischen Wissenschaften, insbesondere der Naturwissenschaften, sind eine ständige Herausforderung für die Philosophie. Sie muß sich seitdem immer wieder mit dem Vorwurf auseinandersetzen, überflüssige Spekulation zu treiben.

Trennung von Philosophie und Wissenschaften

Die Philosophie der Antike und des Mittelalters suchte die Antwort auf die Frage nach dem Wesen der Welt entweder in einer Transzendenz, also jenseits unserer erfahrbaren Welt, oder in einem in allen Erscheinungen wirkenden Prinzip. In der Neuzeit sah man den Schlüssel zur Lösung dieser Frage in einer Hinwendung auf die Art, wie das menschliche Bewußtsein funktioniert. Dies war z. B. der Weg, den RENÉ DESCARTES (1596-1650) wählte, der deshalb auch als einer der Begründer der neuzeitlichen Philosophie gilt. Descartes glaubte, daß man nur dann etwas mit Gewißheit über die Welt sagen kann, wenn man zuvor bereits ein sicheres Wissen von sich selbst erworben hat. Bei JOHN LOCKE (1632-1704) und KANT finden wir diesen Ansatzpunkt noch etwas radikaler durchgeführt, insofern die menschliche Erkenntnisfähigkeit und ihre Grenzen in den Mittelpunkt der philosophischen Untersuchung rücken. Damit wurde die Erkenntnistheorie zur wichtigsten Disziplin der theoretischen Philosophie und trat nun zunehmend an die Stelle der Metaphysik.

Hinwendung zum Bewußtsein

Ein ähnlicher Prozeß fand in der praktischen Philosophie statt. In der frühen Neuzeit begriff sich der Mensch nicht mehr als Objekt

Hinwendung zur »Autonomie«

göttlicher Gesetzgebung, sondern als »autonom«, d. h. als »selbst-gesetzgebend«. Der Mensch mußte sich also selbst die Regeln seines Handelns geben. Ein Ausdruck dieser Wende in der praktischen Philosophie waren die Schriften von THOMAS HOBBES (1588-1679). Für Hobbes ergab sich die Verbindlichkeit von Handlungsregeln nicht mehr aus der Schöpfungsordnung, sondern aus dem Selbsterhaltungstrieb des Menschen, der ihm gebot, einen Krieg aller gegen alle zu verhindern. Seitdem stellt sich für die praktische Philosophie die Aufgabe, zu begründen, warum Handlungsregeln für uns überhaupt verbindlich sind. Viele Philosophen haben darauf andere Antworten gegeben als Hobbes, doch seine Art, das Problem zu sehen, wurde von den meisten späteren Philosophen übernommen. Insgesamt hat die neuzeitliche Philosophie also eine Wendung hin zum Erkenntnis- und Handlungssubjekt vollzogen, d. h. sie suchte die Lösung ihrer Probleme in der Beschaffenheit der menschlichen Vernunft und nicht mehr in den Prinzipien eines außerhalb des Menschen liegenden Kosmos.

Hinwendung zur Sprache in der Moderne

Der charakteristische Zug der Philosophie der Moderne ist der sog. »linguistic turn«, d. h. die sprachphilosophische Wende des 20. Jahrhunderts. An die Stelle des Bewußtseins tritt nun die Sprache als Ausgangspunkt des Philosophierens. Hinter dieser Wende steht die Einsicht in die zentrale Rolle der Sprache für Erkenntnis und Kommunikation. Denn nicht nur der Austausch von Gedanken, sondern auch die Mitteilung von Erfahrungen, Erlebnissen und Gefühlen ist auf die Sprache angewiesen. Die zentrale Aufgabe der Philosophie wird nun darin gesehen, die Funktion und Leistungsfähigkeit der Sprache zu untersuchen. Erkenntniskritik wurde dadurch zur Sprachkritik.

Wittgenstein und die Sprach-philosophie

Dies war die entscheidende These LUDWIG WITTGENSTEINS (1889-1951), der zum Begründer der sprachanalytischen Philosophie des 20. Jahrhunderts wurde. Im Anschluß an Wittgenstein hat die Sprachkritik Einzug in alle philosophischen Disziplinen gehalten. Überall begann man damit, die Struktur von Sätzen, die Bedeutung von Wörtern und die Gültigkeit von Argumenten zu untersuchen. Die Sprachphilosophie ist deshalb nicht nur eine weitere philosophische Disziplin, sondern sie stellt zugleich der Philosophie neue Werkzeuge zur Verfügung, um die alten Grundfragen besser behandeln zu können.

Wenn wir heute beginnen, uns mit Philosophie zu beschäftigen, müssen wir die beschriebenen historischen Entwicklungen der Philosophie berücksichtigen. Wir können auch in der Philosophie nicht immer ganz von vorn beginnen und in jeder Generation das Rad neu erfinden. Die Beschäftigung mit Philosophiegeschichte ist deshalb wichtig, weil wir durch sie sehen, welche Irrtümer bisher ausgeräumt wurden und auf welchem Stand sich die Diskussion befindet. Wenn wir uns also im Selbstdenken üben, sollten wir wissen: Wie stellt sich das Problem heute dar?

Problembewußt-sein als Voraus-setzung des Philosophierens

Man kann die wichtigsten Fragenkomplexe und die dazugehörigen Disziplinen der Philosophie, so wie sie sich herausgebildet haben, folgendermaßen zusammenfassen:

Die wichtigsten Fragen und Disziplinen der Philosophie

– In welchem Verhältnis stehen Vernunft und natürliche Anlagen im Menschen? Diese für das Selbstverständnis des Menschen zentrale Frage gehört zur *philosophischen Anthropologie* (→ II).

– In welchem Verhältnis stehen Seele und Körper zueinander? Hat der Mensch einen freien Willen, oder wird er in allen seinen Handlungen durch Naturgesetze bestimmt? In diesen Fragen sind ebenfalls Probleme der *philosophischen Anthropologie* angesprochen, nämlich das Leib-Seele-Problem und das Problem der Willensfreiheit (→ III).

– Worin besteht das Wesen menschlicher Erkenntnis und wie weit reicht die menschliche Erkenntnisfähigkeit? Dies sind die klassischen Fragen der neuzeitlichen *Erkenntnistheorie* (→ IV).

– Welche Funktion haben Sprache und Logik für die Erkenntnis? Dies sind die Themen sowohl der traditionellen *Logik* als auch der im 20. Jahrhundert entstandenen *Sprachphilosophie* (→ V).

– Was ist Wissenschaft und worin besteht ihre Methode? Dies ist Gegenstand einer ebenfalls neueren Richtung in der Philosophie, der *Wissenschaftstheorie* (→ VI).

– Was ist Kunst und was bedeutet es, Gegenstände unter einem »ästhetischen Gesichtspunkt« zu betrachten? Seit dem 18. Jahrhundert sind diese Fragen Teil der *Ästhetik* (→ VII).

– Nach welchen Maßstäben sollte sich Politik richten? Gibt es einen Fortschritt oder eine erkennbare Gesetzmäßigkeit in der Geschichte? Diese Fragen werden heute der *politischen Philosophie* und der *Geschichtsphilosophie* zugeordnet (→ VIII).

– Wie lassen sich moralische und rechtliche Normen begründen? Hiermit befassen sich die miteinander verwandten Disziplinen der *Ethik* und der *Rechtsphilosophie* (→ IX).

– Welchen Sinn hat das menschliche Leben oder welchen Sinn kann ich meinem eigenen Leben geben? Inwieweit kann die Philosophie dem menschlichen Streben nach Glück Hilfe und Orientierung geben? Obwohl diese Fragen für philosophisch Interessierte bis heute von höchstem Interesse geblieben sind, gibt es keine eigenständige philosophische Disziplin, die sich damit beschäftigt (→ X).

Philosophie als Fachwissenschaft und Grundlagendisziplin

Die Philosophie als Fachwissenschaft untersucht genau die eben aufgeführten Fragen, wobei der professionelle Philosoph an der Universität in seinem akademischen Forscherleben sich oft nur mit einer einzigen dieser Fragen beschäftigt. Wie in allen anderen Fächern gibt es auch in der Fachwissenschaft Philosophie eine Tendenz zur Spezialisierung.

Im Gegensatz zu Natur-, Sozial- und Geisteswissenschaften treibt die Philosophie jedoch keine empirische Forschung: Ihre Fragen fangen dort an, wo die Wissenschaften mit ihren Fragen aufhören. Die Philosophie benutzt allerdings die Ergebnisse dieser Forschung als Erfahrungswerte für ihre eigenen Untersuchungen. Ein Beispiel: Wenn Mediziner die Funktion des menschlichen Gehirns untersuchen, so beschäftigen sie sich nicht mit der Frage, ob der Geist des Menschen als etwas qualitativ anderes angesehen werden muß als der Körper und ob es so etwas wie eine »Seele« des Menschen gibt. Das sogenannte »Leib-Seele-Problem« ist aber gerade eines der wichtigen Themen der Philosophie. Um es aber seriös diskutieren zu können, darf die Philosophie die Ergebnisse medizinischer Forschung nicht außer acht lassen. Die Philosophie ist eine Grundlagendisziplin, die zwar selber keine empirische Forschung betreibt, die aber doch die Erfahrungen der empirischen Wissenschaften berücksichtigt und zu deuten versucht.

Die Aufgabe einer Annäherung der Philosophie an die Alltagserfahrung

Die Frage, wie sich Philosophie wieder stärker der Alltagserfahrung zuwenden kann, hat eine formale und eine inhaltliche Seite: Das formale Problem besteht in der unverständlichen philosophischen Fachsprache. Um näher an die Alltagserfahrungen der Menschen heranzukommen, muß die Philosophie sich stärker an die Umgangssprache annähern. Die Umgangssprache hat den unbezweifelbaren Vorteil, daß sie verstanden wird. Sie hat den Nachteil, daß sie für philosophische Zwecke nicht immer präzise genug ist. Für die Philosophie besteht die Aufgabe also in einem Kompromiß: Fachausdrücke sollten nur dort verwendet werden, wo sie unverzichtbar sind. Ansonsten sollte man sich an der

Umgangssprache orientieren. Ähnlich wie die Philosophie wissen-
schaftsorientiert argumentieren sollte, sollte sie sich auch umgangs-
sprachlich-orientiert ausdrücken.

Das inhaltliche Problem besteht darin, daß die fachwissenschaft-
liche Philosophie zu viele Spezialprobleme behandelt, die mit der
alltäglichen Lebenspraxis nicht mehr viel zu tun haben. Hier die
Alltagserfahrung stärker einzubinden bedeutet, die geäußerten
theoretischen Bedürfnisse der Menschen zum Ausgangspunkt des
Philosophierens zu machen und Diskussionen in der Öffentlichkeit
einzubeziehen. Hier sind viele Fragen der Philosophie angesprochen, die in der jüngeren Vergangenheit vernachlässigt wurden,
z.B. die Frage nach dem Sinn des Lebens, nach der Lösung von
Problemen wie Abtreibung, Euthanasie oder Verantwortbarkeit von
Wissenschaft und Technik.

Ein zentrales Anliegen der Philosophie muß die Aufklärung blei- *Philosophie*
ben, nämlich im Sinne eines besseren Verständnisses des Menschen *als öffentliche*
von sich und der Welt. Es ist eine Aufforderung, die die Philosophie *Aufklärung*
lange Zeit überhört hat. Doch nur die Öffentlichkeit ist der Ort, an
dem die Philosophie ihre Aufgabe wahrnehmen kann, zwischen Alltagserfahrung und Fachwissenschaft zu vermitteln.

Weiterführende Literatur:

Eine sehr knappe, aber ausgezeichnete und am Alltag orientierte Einführung
in einige Grundprobleme der Philosophie bietet:

THOMAS NAGEL: *Was bedeutet das alles? Eine ganz kurze Einführung in die
Philosophie*, Stuttgart 1990 (Reclam 8637).

Ebenfalls verständlich geschrieben und problemorientiert, allerdings mit
einem deutlichen Schwerpunkt auf den Problemen der theoretischen Philosophie, ist:

FRANZ WUKETITS: *Schlüssel zur Philosophie*, München 1991 (Knaur-TB
7865).

Eine ungewöhnliche, in Romanform geschriebene und außergewöhnlich
populäre Einführung in die Philosophie, die sich der Perspektive eines auf
Philosophie neugierigen Kindes bedient, wurde von dem norwegischen
Autor Jostein Gaarder vorgelegt:

JOSTEIN GAARDER: *Sofies Welt. Roman über die Geschichte der Philosophie*,
München 1993 (Hanser Verlag).

II. Das philosophische Menschenbild 1: Der Mensch als Vernunft- und Triebwesen

> Nicht ohne Grund werden wir also zwei voneinander getrennte Teile annehmen: den Teil der Seele, womit sie denkt, bezeichnen wir als den vernünftigen, den anderen, womit sie liebt und hungert und dürstet und Spielball der anderen Begierden ist, den unvernünftigen, begehrenden Teil, den Freund der Befriedigungen und Lüste.
> *Platon*

> Die Vernunft ist der Sklave der Leidenschaften und soll es sein; sie darf niemals eine andere Funktion beanspruchen, als die, denselben zu dienen und zu gehorchen.
> *David Hume*

Das Selbstverständnis des modernen Menschen

Nach unserem alltäglichen Verständnis ist der Mensch sowohl durch Natur als auch durch Vernunft geprägt, d. h. er ist ein »vernünftiges Lebewesen«. Einerseits verstehen wir den Menschen als ein *Naturwesen*, dessen Organismus mit Trieben ausgestattet ist und das wie alle Lebewesen körperlichen Krankheiten ausgesetzt ist. Andererseits begreifen wir ihn als ein *Vernunftwesen*, das sich durch seine Fähigkeiten des Denkens und der Selbstbeherrschung auszeichnet. Während die Tiere ihren Instinkten und Trieben ausgeliefert sind, ist der Mensch fähig, seine Triebe zu beherrschen. Dieses Selbstverständnis des modernen Menschen als Natur- und Vernunftwesen wird aus drei verschiedenen Traditionen gespeist. Die Auffassung des Menschen als Naturwesen ist vor allem durch die neuzeitlichen Naturwissenschaften, allen voran durch die Biologie und Physik, bestimmt. Danach ist der Mensch wie alle übrigen Lebewesen ein Produkt der Evolution und wie alles andere der Natur Zugehörige den Naturgesetzen unterworfen. Die Auffassung des Menschen als Vernunftwesen hat dagegen ihren Ursprung bei den Griechen. Dort wurde der Mensch als ein Lebewesen verstanden, das sich eben durch diese Vernunft von den Tieren unterscheidet. Mit dieser antiken Idee verwandt, aber nicht identisch ist die christliche Vorstellung, daß der Mensch ein Geschöpf Gottes ist und mit seiner unsterblichen Seele eine Sonderstellung in der Welt einnimmt. Die antike und die christliche Tradition begreifen den Menschen damit vor allem von seinen geistigen und seelischen Eigenschaften her. Ungeachtet dieser verschiedenen Traditionen setzen wir im Alltag beide Konzeption des Menschen als selbstverständlich voraus. Wir verstehen ihn sowohl als Natur- als auch als Geistwesen.

Die Fähigkeit, ein Verständnis seiner selbst zu entwickeln, ist natürlich kein Privileg des modernen Menschen. Der Mensch hatte vielmehr immer schon ein bestimmtes Verständnis von sich selbst. Es ist auch eine schlichte Tatsache, daß Menschenbilder sich im Laufe der Geschichte wandeln und sich von Kultur zu Kultur unterscheiden. Lange bevor bewußtes Philosophieren und wissenschaftliche Forschung einsetzen, verfügt der Mensch bereits über eine Deutung von sich und seiner Stellung in der Welt. Zu den frühesten Zeugnissen menschlichen Selbstverständnisses gehören *religiöse Menschenbilder.* Mythen und Religionen enthalten Vorstellungen vom Wesen, Ursprung und Schicksal des Menschen. So beinhaltet etwa der biblische Schöpfungsmythos die Vorstellung vom Menschen als dem Herrn der Natur, und das mittelalterlich-christliche Menschenbild ist von der Idee geprägt, daß der Sinn des menschlichen Lebens darin liegt, durch ein gottgefälliges Leben das ewige Heil zu erlangen. Die Menschenbilder von Mythen und Religionen stützen sich, anders als Wissenschaft und Philosophie, jeweils auf eine als unantastbar geltende, göttliche Autorität, wie sie sich z. B. in der Bibel oder im Koran manifestiert. Im Gegensatz dazu versuchen Wissenschaften wie Biologie, Medizin, Psychologie, Soziologie und Geschichtswissenschaft methodisch gesicherte und damit im Prinzip von jedermann nachvollziehbare Erkenntnisse über den Menschen zu gewinnen. *Wissenschaftliche Menschenbilder* erfassen jedoch stets nur bestimmte Aspekte des Menschen und nie den ganzen Menschen. Dabei lassen sich zwei Hauptzugangsweisen unterscheiden: Naturwissenschaften wie Biologie und Medizin untersuchen die »körperliche Außenseite« des Menschen, die Psychologie hingegen in erster Linie seine »seelische Innenseite«. Da sich die Psychologie aber auch mit der triebhaften Natur des Menschen befaßt, deckt sich die Aufgabenteilung zwischen Naturwissenschaften und Psychologie keineswegs mit der Unterscheidung von Natur- und Vernunftwesen.

Herausragende Bedeutung für das naturwissenschaftliche Menschenbild hat die *Evolutionstheorie.* Als CHARLES DARWIN (1809-

Religiöse und wissenschaftliche Menschenbilder

Evolutionstheorie

21

1882) mit seinem Werk *Die Abstammung des Menschen* (1871) hervortrat, stand dieser biologischen Deutung des Menschen der biblische Schöpfungsgedanke entgegen. Danach steht der Mensch als Ziel der göttlichen Schöpfung im Zentrum der Welt. Diese anthropozentrische Vorstellung wurde zunächst zu Beginn der Neuzeit durch das kopernikanische Weltbild, wonach die Sonne und nicht die Erde im Zentrum des Weltalls steht, und dann eben durch die Evolutionstheorie erschüttert. Der entscheidende Gedanke Darwins besteht darin, daß die Entstehung der Arten durch den »Kampf ums Dasein« erklärt werden kann. Keine geheimnisvolle planende Macht steuert die Evolution, sondern das Überleben (und die Fortpflanzung) der jeweils besser angepaßten Lebewesen bewirkt die Höherentwicklung der Arten. Indem Darwin dieses Prinzip auf den Menschen anwandte, gelang es ihm, die Abstammung des Menschen aus dem Tierreich verständlich zu machen. Wie kaum eine andere naturwissenschaftliche Theorie hat die Evolutionstheorie das alltägliche menschliche Selbstverständnis entscheidend geprägt.

Philosophische Anthropologie

Angesichts der Evolutionstheorie und anderer naturwissenschaftlicher Erkenntnisse, aber auch angesichts der modernen Psychologie, die gerade die triebhafte Natur des Menschen in den Vordergrund rückt, stellt sich für den denkenden Menschen die Frage, ob sich die Idee des »vernünftigen Lebewesens« überhaupt noch aufrechterhalten läßt. Hat der wissenschaftliche Fortschritt die Idee der Vernünftigkeit des Menschen nicht längst überholt? Haben die politischen Katastrophen des 20. Jahrhunderts diese Idee nicht widerlegt? Ist das Wesen des Menschen mit seiner Naturausstattung nicht erschöpft? Mit solchen Fragen ist man bei einem philosophischen Nachdenken über den Menschen angelangt. Da nun z. B. Biologie und Psychologie wissenschaftliche Lehren vom Menschen liefern, spricht man auch von biologischer und psychologischer Anthropologie. Von einer *philosophischen Anthropologie* spricht man demgegenüber erst dann, wenn nach dem *Wesen des ganzen Menschen* gefragt wird. Für viele, insbesondere moderne philosophische Standpunkte ist es dabei charakteristisch, daß sie das Spezialwissen der Wissenschaften vom Menschen zu einem *umfassenden Bild vom Menschen* zu verarbeiten versuchen. Neben dem Leib-Seele-Problem und dem Problem der Willensfreiheit (→ III) besteht damit ein weiteres zentrales Problem der philosophischen Anthropologie in der Frage, welche Rolle *Natur* und *Geist* bzw. *körperlich-triebhafte Natur* und *Vernunft* im Wesen des Menschen spielen. In der Geschichte der philosophischen Anthropologie gab es verschiedene Antworten auf diese Grundfrage.

In der Geschichte der Philosophie begann das bewußte Nachdenken über das Wesen des Menschen und seine Stellung in der Welt bei den frühen griechischen Denkern der Sophistik. Seitdem enthält fast jedes bedeutende philosophische System auch ein Menschenbild. Die Sophisten begreifen den Menschen als *Kulturwesen*. Moralische und rechtliche Gebote sind danach keine »Geschenke der Götter« mehr, sondern Menschenwerk. PROTAGORAS (485-415 v. Chr.), der bedeutendste Sophist, sieht außerdem bereits einen Zusammenhang zwischen der organischen Ausstattung des Menschen und seiner Fähigkeit, Kultur zu schaffen: Da der Mensch von Natur aus keine besonderen Flucht-, Angriffs- und Verteidigungsorgane besitzt, ist seine Kulturfähigkeit der Ausgleich für seine körperlichen »Mängel«. Protagoras hat damit eine grundlegende anthropologische Einsicht formuliert, deren Bedeutung erst in unserem Jahrhundert richtig erkannt wurde.

Der Mensch als Kulturwesen in der Sophistik

Die sophistische Konzeption des Menschen als Kulturwesen trat in der Folgezeit wieder in den Hintergrund. Statt dessen entwickelten die beiden größten griechischen Philosophen, Platon und Aristoteles, das klassische Konzept vom Menschen als *vernünftigem Lebewesen*. Diese Auffassung leugnet keineswegs, daß es neben der Vernunft auch noch naturgegebene Triebe gibt, aber es wird doch die *Herrschaft der Vernunft* behauptet. PLATON (427-347 v. Chr.) veranschaulicht die Herrschaft der Vernunft über die niederen Seelenkräfte durch das Bild vom Wagenlenker, der ein Gespann mit zwei Pferden steuert. ARISTOTELES (384-322 v. Chr.) hat die Konzeption der dreischichtigen menschlichen Seele ausgearbeitet: Die Seele hat danach eine vegetative, animalische und vernünftige Schicht. Die vegetative Funktion ist die niederste Schicht, die sich bereits bei den Pflanzen findet und die durch die Fähigkeiten der Ernährung und Fortpflanzung gekennzeichnet ist. Die animalische Funktion ist die mittlere Schicht, die auch die Tiere besitzen und die durch die Fähigkeiten der Wahrnehmung und Ortsveränderung charakterisiert ist. Die Vernunft ist schließlich der höchste, spezifisch menschliche Seelenteil, dessen besonderes Merkmal das Denken ist. Platon und Aristoteles lehren auch schon die Unsterblichkeit der Seele. Während jedoch bei Platon die menschliche Seele insgesamt unsterblich ist, billigt Aristoteles dies nur dem höchsten Seelenteil zu. Auch die *Stoiker* vertreten die

Die klassische Konzeption: Der Mensch als Vernunftwesen

Auffassung, daß der Mensch aufgrund seiner Vernunft fähig ist, seine Triebe zu beherrschen, wobei sie die menschliche Vernunft zugleich als Teil der die Ordnung des Kosmos bestimmenden göttlichen Vernunft (»logos«) deuten.

Das Menschenbild des Früh- christentums

Die Anthropologie der mittelalterlichen Philosophie besteht im wesentlichen aus theologischen Deutungen des Menschen. Obwohl sie primär religiöse Anthropologie ist, gehört sie doch im weiteren Sinne zur Geschichte der philosophischen Anthropologie. Einen tiefen Bruch mit der Antike stellt das Menschenbild des Frühchristentums dar, das in AUGUSTINUS (354-430) seinen bedeutendsten philosophischen Ausdruck gefunden hat. Ausgangspunkt des Frühchristentums ist die Kluft zwischen Gott und Mensch. Obgleich er ein Geschöpf Gottes ist, ist der Mensch von Natur aus ein Sünder, der zur Erlösung auf göttliche Gnade angewiesen ist. Der entscheidende Unterschied zur antiken Auffassung besteht darin, daß nunmehr der ganze Mensch (also Körper und Seele) als sündig gilt. Nach PLATON stammt dagegen das Böse aus dem Leib, während die Seele das reine, göttliche Prinzip im Menschen ist. Da es nach frühchristlicher Auffassung allein auf die Verwandlung des natürlichen Menschen zu einem neuen Menschen durch göttliche Gnade (»Wiedergeburt«) ankommt, spielt die antike Vorstellung der Herrschaft der Vernunft über die Triebe keine Rolle mehr. Das Frühchristentum kennt daher auch keine Unsterblichkeit der Seele, sondern die »Auferstehung des Fleisches«.

Das Menschenbild der Scholastik

Das Menschenbild der Scholastik, also des Hoch- und Spätmittelalters, weist gegenüber dieser strikten Trennung von Diesseits und Jenseits, von Mensch und Gott, wieder stark harmonisierende Tendenzen auf und kehrt damit teilweise zur antiken Auffassung zurück. Charakteristisch dafür ist THOMAS VON AQUIN (1225-1274), der an die aristotelische Seelenlehre anknüpfte. Außer den drei von Aristoteles benannten Schichten der menschlichen Seele gibt es nach Thomas ferner eine vierte Seelenschicht für die Engel und eine fünfte Schicht, die nur Gott besitzt. Wichtig im Hinblick auf das Verhältnis von Gott und Mensch ist dabei, daß der Mensch sich nunmehr auf einer Stufenleiter der Vollkommenheit befindet, die in Gott gipfelt. Der vernünftige Teil der menschlichen Seele soll die niederste Form der »reinen Intelligenz« Gottes sein. Im Gegensatz zur Jenseitsorientierung des Frühchristentums wird von Thomas auch dem »weltlichen Leben« ein Wert zugebilligt, insofern er die Entfaltung der vernünftigen Natur als ein Ziel des menschlichen Lebens anerkennt und damit wieder die Herrschaft der Vernunft über die Triebe postuliert.

Mit Beginn der *Neuzeit* tritt die Deutung des Menschen im Hinblick auf Gott zurück. Nicht mehr sein Verhältnis zu Gott ist die leitende Frage, sondern sein Wesen und seine Stellung in der Welt sowie seine Eignung zum Leben in der Gemeinschaft. Ein einflußreiches, aber umstrittenes Menschenbild hat THOMAS HOBBES (1588-1679) geliefert. Hobbes vertritt einen *psychologischen Egoismus*, insofern er den Selbsterhaltungstrieb als die alleinige Triebfeder des menschlichen Handelns betrachtet. Die Vernunft ist für ihn ein bloßes Instrument des Selbsterhaltungstriebs. Auch wenn der Mensch vernünftig lebt, also nicht den Launen und Neigungen des Augenblicks folgt, sondern sich längerfristige Ziele setzt und verfolgt, ist ein solches Verhalten nach Hobbes egoistisch. Auch die Einrichtung des Staats überhaupt beruht letztlich auf dem »wohlverstandenen Eigeninteresse« seiner Bürger, da eine staatliche Ordnung dem Naturzustand, in dem jeder dem Egoismus des anderen schutzlos preisgegeben wäre (»Krieg aller gegen alle«), schon aus bloßem Eigennutz vorzuziehen ist. Der Mensch ist daher nach Hobbes im Grunde ein »wildes Tier«, das durch eine staatliche Macht »gezähmt« werden muß (→ IX).

Der Mensch als Egoist bei Hobbes

Die von Hobbes vertretene stark pessimistisch gefärbte Auffassung wurde in der sich anschließenden Epoche der *Aufklärung* heftig kritisiert. Einer seiner Hauptgegner im 18. Jahrhundert war ANTHONY SHAFTESBURY (1671-1713). Er vertrat die Gegenthese, daß es neben dem Selbsterhaltungstrieb im Menschen auch eine angeborene Neigung zum Wohlwollen gegenüber den Mitmenschen gibt. Egoistische und altruistische Neigungen stehen für ihn nicht grundsätzlich im Gegensatz zueinander, sondern gelangen zumindest im reifen Erwachsenen zur harmonischen Entfaltung. Auch DAVID HUME (1711-1776) kennt, im Gegensatz zu Hobbes, neben der »Selbstliebe« noch die »Sympathie« als zweite Triebfeder menschlichen Handelns. Aber wie bei Hobbes ist die Vernunft bei ihm das bloße Instrument (»Sklavin«) dieser Leidenschaften. Auch wenn andere Aufklärer die Triebnatur des Menschen nicht so positiv einschätzten wie Shaftesbury oder Hume, war man doch im allgemeinen der Ansicht, daß der Mensch seine Triebe durch Vernunft beherrschen kann. So spricht z. B. IMMANUEL KANT (1724-1804) von dem »radikal Bösen in der menschlichen Natur«, ohne jedoch

Das optimistische Menschenbild der Aufklärung

25

deshalb dem Menschen die Fähigkeit zu moralischem Handeln abzusprechen.

*Der Kultur-
optimismus
der Aufklärung*
Ein charakteristisches Merkmal der Aufklärung war ferner, daß anthropologische Fragen in engem Zusammenhang mit kultur- und geschichtsphilosophischen Fragen gestellt wurden (→ VIII). Die Aufklärung war eben auch eine dem Fortschrittsglauben verpflichtete Epoche. Man betrachtete die geschichtliche Entwicklung als einen mehr oder weniger geradlinigen Prozeß zu mehr Humanität. Die Aufklärer waren daher im allgemeinen der Auffassung, daß der Mensch eine *natürliche Anlage zum Wohlwollen* hat, die im Laufe der kulturellen Entwicklung zunehmend zum Vorschein kommt. Sie vertraten damit jedoch keineswegs alle die Ansicht, daß diese Anlage in primitiven Kulturen schon verwirklicht wäre.

*Optimistische
Menschen-
bilder
bei Rousseau
und Marx*
Eine höchst einflußreiche Verknüpfung eines optimistischen Menschenbildes mit einem pessimistischen Bild der Kulturentwicklung wurde von JEAN-JACQUES ROUSSEAU (1712-1778) vertreten. Für Rousseau ist die kulturelle Entwicklung eine Fehlentwicklung, die mit der Einführung des Eigentums begonnen hat und die die natürliche Güte des Menschen verschüttet und pervertiert hat. Rousseau preist den Naturzustand geradezu als verlorenes Paradies. Eine ähnliche Auffassung findet sich zu Beginn der Moderne bei KARL MARX (1818-1883). Seine Kritik der »Ausbeutung« und »Entfremdung« in der kapitalistischen Gesellschaft basiert auf der Idee der natürlichen Güte des Menschen, die durch die kapitalistische Gesellschaftsordnung unterdrückt wird und sich erst in einer kommunistischen Gesellschaft voll verwirklicht.

*Schopenhauers
pessimistische
Idee des
»Willens«*
Im 19. Jahrhundert erlebten pessimistische Auffassungen einen neuen Aufschwung. Von der Romantik beeinflußt, entwickelte ARTHUR SCHOPENHAUER (1788-1860) seine Idee des Willens als eines »dunklen, blinden Drangs«, der das Wesen aller Dinge ausmacht. Anthropologisch bedeutet dies, daß die Vernunft normalerweise nur die Dienerin des triebhaften, weitgehend unbewußten Lebenswillens ist. Der Lebenswille umfaßt dabei Selbsterhaltungstrieb und Sexualtrieb. Nur in seltenen Ausnahmen wie beim Schaffen und Erleben von Kunst, bei philosophischer Kontemplation und beim gänzlich uneigennützigen moralischen Handeln gelingt es dem Menschen, sich von dieser Herrschaft zu befreien und den an sich bösen, weil für alles Übel in der Welt verantwortlichen Willen zu überwinden (»verneinen«). Alles andere menschliche Verhalten ist durch den Selbsterhaltungs- und den Sexualtrieb bestimmt.

FRIEDRICH NIETZSCHE (1844-1900) ist Schopenhauers Willensmetaphysik weitgehend gefolgt, hat jedoch zwei wichtige Korrekturen vorgenommen. Zunächst hat Nietzsche den Lebenswillen Schopenhauers zu einem *Machtwillen* umgedeutet, weil er das menschliche Verhalten nicht primär auf Selbsterhaltung und Fortpflanzung ausgerichtet sah, sondern vor allem auf ein »Mehr-haben-Wollen« und ein »Einfluß-nehmen-Wollen«. Aber auch bei Nietzsche ist der Mensch vor allem durch sein Triebpotential bestimmt, während der Vernunft nur eine untergeordnete Rolle zugebilligt wird. Bei Nietzsche gibt es ferner, anders als bei Schopenhauer, keine Möglichkeit, die Herrschaft dieses Willens – z. B. in der Kunst oder in der Kontemplation – aufzuheben. Schopenhauers Lehre von der »Verneinung des Willens« wird von Nietzsche zu einer vorbehaltlosen Bejahung des Willens umgedeutet.

Die Idee des »Willens« bei Nietzsche

Den Lehren Schopenhauers und Nietzsches in vielem ähnlich ist die Psychoanalyse SIGMUND FREUDS (1856-1939). Danach ist die Psyche aus drei Instanzen, nämlich dem Es, dem Ich und dem Über-Ich, aufgebaut. Das *Es* ist das ursprüngliche Triebpotential des Menschen. Das *Ich* ist die intellektuelle Instanz, die die Realisierbarkeit der Triebwünsche abschätzt und dabei eventuell für die Aufschiebung von Triebbefriedigungen sorgt. Das *Über-Ich* ist schließlich das Gewissen oder die sittliche Instanz in der Person, die die Gebote und Normen der Gesellschaft repräsentiert. Psychische Gesundheit besteht nach Freud darin, daß die Ansprüche dieser drei psychischen Kräfte miteinander im Einklang stehen. Zu psychischen Störungen und Erkrankungen kommt es dagegen, wenn unerwünschte Wünsche und Triebregungen durch unbewußte Mechanismen wie »Verdrängung« oder »Projektion« abgewehrt werden. Aufgabe der psychoanalytischen Therapie ist es nach Freud, die unbewußten Wünsche und traumatischen Erlebnisse, die einer psychischen Krankheit zugrunde liegen, bewußt und sie dadurch für das Ich kontrollierbar zu machen. Mit seinem Modell der Psyche hat Freud nicht nur die moderne Psychologie maßgeblich geprägt, sondern auch einen wesentlichen Beitrag zur philosophischen Anthropologie geleistet. Freud bleibt das unbestreitbare Verdienst, die Region des unbewußten Trieblebens detailliert und umfassend für eine Deutung des Menschen erschlossen und damit das moderne Menschenbild entscheidend mitbestimmt zu haben.

Freuds Psychoanalyse

Gegenüber den traditionellen anthropologischen Konzeptionen, die jeweils der Vernunft oder der triebhaften Natur die Herrschaft im Wesen des Menschen einräumen, besteht eine Grundtendenz der *philosophischen Anthropologie des 20. Jahrhunderts* darin, den Menschen als *körperlich-geistige Einheit* zu fassen und die körperlichen und seelischen Eigenschaften des Menschen aus ihrer wechselseitigen Funktion zu verstehen. Die Grundidee dabei ist, daß die Vernunft nicht einfach zur organischen Basis hinzugekommen ist, sondern daß der menschliche Organismus so aufgebaut ist, daß der Geist eine von der Natur »vorgesehene« Ergänzung darstellt. Die Sonderstellung des Menschen in der Natur zeigt sich nach dieser Auffassung also bereits auf der biologischen Ebene, und zwar im anatomischen Bauplan ebenso wie in der Instinktausstattung. Während frühere Konzepte vor allem an der Psychologie orientiert waren, gewinnt damit die Biologie für die philosophische Anthropologie an Bedeutung.

MAX SCHELER (1874-1928) gilt als Begründer dieser modernen philosophischen Anthropologie. In seiner Schrift *Die Stellung des Menschen im Kosmos* (1928) entwickelt er ein neues Verständnis von Körper und Geist. Scheler geht von einer Stufenfolge psychischer Kräfte aus, die vom »Gefühlsdrang« der Pflanzen bis zur »praktischen Intelligenz« der höheren Tiere reicht. Alle seelischen Kräfte bleiben jedoch stets im Dienste der vitalen Interessen und machen daher nicht das Wesen des Menschen aus. Die Sonderstellung des Menschen findet Scheler demgegenüber in der Eigenschaft der *Weltoffenheit*. Die Wahrnehmung der Tiere ist ganz auf das für sie Lebensrelevante zugeschnitten. Ihre Sinne wirken wie Filter, die nur das durchlassen, was für sie überlebenswichtig ist. Tiere erleben daher nur je eine artspezifische »Umwelt«. Der Mensch ist demgegenüber in seinem Erkennen nicht auf eine spezifische Umwelt spezialisiert, vielmehr geht die menschliche Welterkenntnis weit über das hinaus, was für sein Leben von unmittelbarer Bedeutung ist. Scheler geht dabei von einer ursprünglichen Zweiheit von Geist und Trieb aus. Die Weltoffenheit des Menschen erklärt sich danach dadurch, daß der Mensch außer seinen naturhaften Trieben noch einen *Geist* hat. Der Geist ist keineswegs etwa das höchste Produkt der Evolution, sondern ein allen naturhaften Trieben entgegengesetztes Prinzip. Als geistiges Wesen besitzt der Mensch nach Scheler nämlich nicht nur das Vermögen zu denken, sondern auch die Fähigkeit, sich von seinen Trieben zu distanzieren, also gegen seine

SPIEGEL-Titelmotiv »Sigmund Freud« von Artzybasheff

Natur zu handeln. Der Geist ist daher ein gleichursprüngliches Prinzip wie der »Drang«. Mit dieser Erneuerung der alten Idee, daß der Geist »nicht von dieser Welt« ist, hat Scheler jedoch kaum Nachfolger gefunden.

Eine wichtige anthropologische Konzeption hat auch HELMUT PLESSNER (1892-1985) in seinem Werk *Die Stufen des Organischen und der Mensch* (1928) geliefert. Neben Scheler gilt Plessner damit als Begründer der modernen philosophischen Anthropologie. Seine Grundthese vom Menschen als *exzentrischem Lebewesen* bedeutet u. a., daß der Mensch die Fähigkeit besitzt, sich von sich und seinen natürlichen Antrieben zu distanzieren, und dies wiederum heißt, daß

Der Mensch als »exzentrisches« Lebewesen bei Plessner

der Mensch von Natur aus ein *unfertiges Wesen* ist. Der Mensch hat damit aber nicht nur die Möglichkeit, sondern auch die Aufgabe, seine Lebensweise selbst zu schaffen und sich selber dadurch erst ganz zu verwirklichen. Das Wesen des Menschen ist durch seine animalische Natur noch nicht ausgefüllt, sondern es bleibt ihm ein Spielraum schöpferischer Selbstverwirklichung im Rahmen der Kultur.

Der Mensch als Mängelwesen und Kulturwesen bei Gehlen

In ARNOLD GEHLENS (1904-1976) Werk *Der Mensch. Seine Natur und seine Stellung in der Welt* (1940) ist der Tier-Mensch-Vergleich ebenfalls der Ausgangspunkt, von dem aus die Grundthese entwickelt wird, daß der Mensch unter organischen Gesichtspunkten eine *Mängelwesen* ist. Im Gegensatz zum Tier fehlen dem Menschen spezialisierte Organe, eine Anpassung an eine bestimmte Umwelt und eine verläßliche Leitung seines Verhaltens durch Instinkte. Als Kompensation für diese natürlichen Mängel ist der Mensch nach Gehlen u. a. mit Weltoffenheit und großer Lernfähigkeit ausgestattet, also mit Fähigkeiten, die es ihm erlauben, die Natur zu seinen Zwecken zu bearbeiten und zu beherrschen. Alle spezifisch menschlichen Fähigkeiten gründen nach Gehlen darin, daß der Mensch ein *handelndes Wesen* ist. Durch Handeln erweist sich der Mensch auch als *Kulturwesen*. Ähnlich wie Plessner stellt Gehlen den unvermeidlich kulturellen Charakter aller menschlichen Lebensformen heraus. Der Mensch ist eben von Natur aus auf Kultur angelegt, er muß Kultur schaffen und wird von ihr geprägt. Es gibt daher nach Gehlen auch keinen »Naturmenschen« und keine »natürliche Kultur«. Schon die Art, wie Menschen ihre natürlichen Bedürfnisse befriedigen, ist kulturell bestimmt und damit veränderbar.

Das Menschenbild der Existenzphilosophie

Um die Sonderstellung des Menschen in der Welt hat sich auch die *Existenzphilosophie* bemüht. Im Gegensatz zu den Ansätzen Schelers, Plessners und Gehlens geht sie aber nicht von einem Tier-Mensch-Vergleich aus, sondern versucht, unter Ausklammerung der naturhaften Grundlage, den in der Kultur zum Tragen kommenden schöpferischen Charakter des Menschen herauszustellen. Die Grundthese des existenzphilosophischen Menschenbildes ist, daß *Selbstverwirklichung* zum Wesen des Menschen gehört. Am einflußreichsten ist die Konzeption, die MARTIN HEIDEGGER (1889-1976) in seinem berühmten Hauptwerk *Sein und Zeit* (1927) entwickelt hat. Um die Sonderstellung des Menschen zu betonen, hebt Heidegger zunächst die nur für den Menschen geltenden Wesenszüge als »Existenzialien« von den übrigen Eigenschaften ab, die ihn mit der Natur verbinden. Der Mensch als »Dasein« ist ein Wesen, das sich immer schon in einer Situation der »Geworfenheit« und »Sorge« befindet. Er zeichnet sich vor allem dadurch aus, daß er sich in einem »Entwurf« Lebensziele setzen und sich verwirklichen kann. Dieser Aufgabe wird der Mensch aber nur gerecht, wenn er sich auf die Endlichkeit seines Lebens besinnt (»Sein zum Tode«) und sich zu einer »eigentlichen« Lebensgestaltung entschließt. KARL JASPERS (1883-1969) lehrt, daß der Mensch immer mehr ist, als die Wissenschaften von ihm erfassen können, weil er in seinem innersten Kern gerade ein »Sein-Können« ist, also auf Selbstverwirklichung angelegt ist. Und für JEAN-PAUL SARTRE (1905-1980) ist der Mensch geradezu zur Freiheit verurteilt. Die Offenheit des menschlichen Wesens erhält in der Existenzphilosophie damit den Charakter einer Aufforderung zur Selbstverwirklichung.

Einen anderen, vielbeachteten Versuch eines umfassenden Menschenbildes hat der Neukantianer ERNST CASSIRER (1874-1945) in seinen Werk *Versuch über den Menschen* (1944) unternommen. Cassirer wählt als Ausgangspunkt seiner Überlegungen die Einsicht, daß alle Kultur auf dem Gebrauch von Symbolen beruht. Das Symbol wird bei ihm zum Schlüssel des Verständnisses von Mensch und Kultur. Der Mensch lebt nicht nur in einer physischen, sondern auch in einer selbstgeschaffenen symbolischen Welt. Da sich nun nicht alle kulturellen Erzeugnisse des Menschen als vernünftig begreifen lassen, korrigiert Cassirer damit die klassische Definition des Menschen als »animal rationale«, d. h. als vernünftiges Lebenwesen, und begreift den Menschen statt dessen als sog. *animal symbolicum*, d. h. als zeichenerzeugendes und zeichenverwendendes Wesen.

Der Mensch als »animal symbolicum« bei Cassirer

Versuchen wir uns abschließend die Stellungnahmen der Philosophie zu unserem alltäglichen Selbstverständnis als Natur- und Vernunftwesen zu vergegenwärtigen. Die Tiefenpsychologie hat zwar den Blick für die Bedeutung des Trieblebens geschärft, doch kann von einer wirklich verläßlichen Bestimmung der jeweiligen Anteile von triebhafter Natur und Vernunft nicht gesprochen werden. Unser alltägliches Selbstverständnis brauchen wir daher nicht aufzugeben, obgleich wir die Rolle der Vernunft nicht überschätzen dürfen und insbesondere damit rechnen müssen, daß anscheinend ganz vernünftige Überzeugungen und Absichten sich als von Affekten gesteuert entpuppen können. So sind etwa die immer wieder laut werdenden Forderungen nach einer härteren Bestrafung von Verbre-

Resultate der philosophischen Anthropologie

chen häufig Maskierungen von Rachegelüsten. An unserer Überzeugung, daß wir grundsätzlich fähig sind, uns von unseren natürlichen Antrieben zu distanzieren und uns zu einer vernünftigen, »weltoffenen« Haltung zu erheben, dürfen wir dennoch festhalten. Eine bleibende Errungenschaft der modernen philosophischen Anthropologie dürfte die Einsicht in die wechselseitige Bedingtheit unserer körperlich-triebhaften und seelisch-geistigen Eigenschaften sein. Damit muß die Idee aufgegeben werden, daß der Mensch ein gewöhnliches Tier ist, das nur noch zusätzlich über die Eigenschaft der Vernunft verfügt. Verschiedene Eigenschaften des Menschen wie aufrechter Gang, lange Kindheit und Jugend und Instinktarmut sind nur als organische Ausstattung eines Lebewesens sinnvoll, das zugleich ein geistiges Wesen ist. Auch die Bedeutung der Kultur für das menschliche Leben hat die Philosophie als fundamentaler herausgestellt, als wir dies im Alltag gewöhnlich sehen. Wenn die Idee des natürlichen Lebens, wie sie in dem Motto »Zurück zur Natur!« zum Ausdruck kommt, falsch ist, dann geht es nicht darum, *ob* wir in einer Kultur leben wollen, sondern allein darum, *welche* kulturelle Lebensform wir wählen und realisieren sollen.

Weiterführende Literatur:

MICHAEL LANDMANN: *Philosophische Anthropologie,* Berlin-New York 1982 (Göschen 2201).– Eine ebenso informative wie verständliche Einführung in die philosophische Anthropologie.
WILHELM E. MÜHLMANN: *Geschichte der Anthropologie,* 4. Aufl. Wiesbaden 1986 (Aula-Verlag).– Eine ausgesprochen kenntnisreiche Geschichte der philosophischen Anthropologie, die u. a. auch auf Völkerpsychologie und »Rassentheorie« eingeht.

III. Das philosophische Menschenbild 2: Bewußtsein und Freiheit

Die Willensfreiheit besteht darin, daß zukünftige Handlungen jetzt nicht gewußt werden können.
Ludwig Wittgenstein

Der Mensch ist verurteilt, frei zu sein. Verurteilt, weil er sich nicht selbst erschaffen hat, anderweit dennoch frei, da er, einmal in die Welt geworfen, für alles verantwortlich ist, was er tut.
Jean-Paul Sartre

Welche Rolle wir auch den Naturtrieben im Menschen zusprechen, betrachten wir uns doch alle im Alltag als bewußtseinsbegabte Wesen und als frei und verantwortlich handelnde Personen. Ganz selbstverständlich unterscheiden wir zwischen physischen Prozessen und Bewußtseinsprozessen. Letztere bezeichnen wir auch als seelisch, psychisch, geistig und mental. Prozesse unseres Körpers wie Herzschlag und Verdauung gelten uns als etwas völlig anderes als Prozesse unseres Bewußtseins wie Denken und Wahrnehmen. Obwohl wir körperliche und psychische Prozesse als verschieden betrachten, nehmen wir jedoch zugleich an, daß zwischen Körper und Psyche ein enger Zusammenhang besteht. Bekanntlich führt das Trinken von Alkohol zur Trübung des Bewußtseins, und der Gedanke an den bevorstehenden Zahnarztbesuch löst bei vielen Menschen Ängste aus. Ebenso selbstverständlich gehen wir davon aus, daß wir rational und nicht nur aus Instinkt handelnde Wesen sind, deren Handeln von ihrem eigenen Willen bestimmt wird. Bestimmte Reaktionen unseres Körpers sind freilich dem Willen entzogen und gelten daher nicht als freiwillig. Dazu zählen z. B. natürliche Reflexe des Körpers und die Bewegungen während des Schlafs. Dagegen gilt uns all unser mit Bewußtsein und Absicht vollzogenes Tun und Lassen als frei. Die Idee der *Verschiedenheit von Körper und Seele* und die Idee der *Freiheit* sind also Bestandteile des alltäglichen Selbstverständnisses.

Bewußtsein und Freiheit im alltäglichen Menschenbild

In der Philosophie ist es dagegen umstritten, ob diese beiden Ideen nicht in Wahrheit Illusionen sind. Man bezeichnet die damit

Die Probleme von Bewußtsein

verknüpften Probleme in der philosophischen Tradition als *Leib-Seele-Problem* und als *Problem der Willensfreiheit.* Im ersten Fall geht es um die Frage, ob und inwiefern körperliche und psychische Prozesse im Grunde tatsächlich verschieden sind oder nur verschieden erscheinen. Bei dem zweiten Problem geht es um die Frage, ob und in welchem Sinne man das menschliche Wollen und Handeln als frei und verantwortlich bezeichnen kann.

Die Diskussion des *Leib-Seele-Problems* muß zunächst von der offenbar unbestreitbaren Tatsache ausgehen, daß wir von körperlichen und seelisch-geistigen Prozessen völlig verschiedene Erfahrungen haben. Während Bewegungen unseres Körpers, aber auch Prozesse *in* unserem Körper wie Verdauung und Blutkreislauf Ereignisse der physischen Welt (»Außenwelt«) sind, laufen psychische Prozesse wie Fühlen und Denken in unserem Bewußtsein (»Innenwelt«) ab. Ein wichtiger Unterschied zwischen beiden besteht z. B. darin, daß dieselben körperlichen Vorgänge von verschiedenen Personen wahrgenommen werden können, während jede Person nur ihre eigenen psychischen Zustände erleben kann. Die Außenwelt ist also »öffentlich«, die Innenwelt »privat«. Obwohl wir durchaus zwischen Schmerzempfindungen, Emotionen wie Haß oder Zorn und Erkenntnisprozessen wie Gedanken oder Wahrnehmungen unterscheiden, betrachten wir doch alle diese Phänomene als Bestandteile unserer »Innenwelt«, zu der nur wir selbst einen unmittelbaren Zugang haben. Ein weiterer wichtiger Unterschied besteht darin, daß man zwar z. B. sinnvoll sagen kann »ich glaubte Person x in der Menschenmenge zu erkennen, aber sie war nicht da«, aber es ist offenbar sinnlos zu sagen »ich hatte das Gefühl des Hungers, aber keinen ›wirklichen‹ Hunger«. Im Alltag unterscheiden wir also einerseits zwischen Körper und Geist, andererseits nehmen wir aber auch an, daß beide aufeinander Einfluß nehmen können.

Damit stellt sich für die Philosophie die Frage, wie das Verhältnis von Körper und Geist im Grunde wirklich beschaffen ist. Das Leib-Seele-Problem trat erst in der Neuzeit ins Zentrum philosophischen Interesses, obgleich es natürlich schon vorher bestimmte Auffassungen von Körper und Geist gab. So glaubte man schon in der Antike, aber auch im Mittelalter, daß die Seele ein vom Körper verschiedenes und darum den Tod überdauerndes Sein habe. In der Antike wurde die Unsterblichkeit der Seele insbesondere von Platon vertreten. Im Mittelalter war diese Idee ein zentraler Bestandteil der christlichen Lehre, den christliche Philosophen wie z. B. Thomas von Aquin durch Vernunftgründe zu beweisen versuchten.

Die klassischen Standpunkte zum Leib-Seele-Problem wurden aber erst in der Philosophie der Neuzeit entwickelt: Sie lassen sich grundsätzlich danach einteilen, ob sie Körper und Seele als grundlegend verschieden behaupten oder ob sie eine Einheit beider lehren. Im ersten Fall vertritt man einen Dualismus (nach lat. »duo« = zwei), im zweiten Fall einen *Monismus* (nach griech. »monas« = Einheit). *Klassische Standpunkte zum Leib-Seele-Problem*

Die für die neuzeitliche Philosophie zunächst maßgebende und klassische dualistische Position zum Leib-Seele-Problem entwickelte RENÉ DESCARTES (1596-1650) mit seiner Lehre, daß Körper und Geist zwei verschiedene Substanzen (d. h. zwei unabhängig voneinander bestehende Dinge) sind, die miteinander in Wechselwirkung stehen. Sie unterscheiden sich vor allem dadurch, daß die Materie eine räumlich ausgedehnte Substanz (»res extensa«) ist, während der Geist eine unausgedehnte, denkende Substanz (»res cogitans«) ist, d. h. in Bewußtseinsprozessen aller Art besteht. Descartes deutete damit die aus dem Alltag bekannte Verschiedenheit von Körper und Geist als ontologischen *Dualismus zweier Substanzen.* Zugleich akzeptierte er die ebenfalls aus dem Alltag bekannte *Wechselwirkung* zwischen Körper und Geist. Mit dieser Lehre gab Descartes der alten Idee der unsterblichen Seele eine neue ontologische Grundlage. *Wechselwirkung zweier Substanzen*

Gegen den cartesischen Leib-Seele-Dualismus wurde u. a. eingewandt, daß eine Wechselwirkung zwischen zwei verschiedenen Substanzen ganz unbegreiflich sei. Um die Schwierigkeiten, die mit der Annahme einer psycho-physischen Wechselwirkung verbunden sind, zu vermeiden, entwickelte GOTTFRIED WILHELM LEIBNIZ (1646-1716) die Auffassung, daß körperliche und geistige Prozesse parallel verlaufen, ohne sich gegenseitig zu beeinflussen. Er verdeutlichte diesen *psycho-physischen Parallelismus* durch das Uhrengleichnis: Wie zwei Uhren, einmal aufgezogen, stets dieselbe Zeit anzeigen, so laufen auch körperliche und seelische Prozesse parallel nebeneinander. Ein Schlag auf den Kopf ist danach nicht die Ursache von Kopfschmerzen, sondern der Schlag und seine physischen Folgen einerseits und die Folge der Schmerzzustände andererseits laufen aufgrund einer geheimnisvollen, von Gott installierten Ordnung (»prästabilierte Harmonie«) parallel ab. *Psychophysischer Parallelismus*

Von den beiden klassischen Positionen des Dualismus besitzt nur noch die Wechselwirkungstheorie Aktualität. Ein Hauptvertreter *Interaktionismus* dieser Position, die man heute *Interaktionismus* nennt, ist in der Gegenwart KARL POPPER (1902-1994). Im Gegensatz zu Descartes verzichtet Popper jedoch ausdrücklich auf die Idee der Substanz. Da die moderne Physik zu dem Ergebnis gekommen ist, daß sich Masse (Materie) in Energie verwandeln läßt, ist er der Meinung, daß sich der Begriff der Substanz nicht einmal mehr auf die Materie, um so weniger auf die Seele, anwenden läßt. Statt dessen spricht er von einem *Dualismus von Prozessen.* Die Annahme, daß Körper und Geist aufeinander einwirken, bedeutet nach Popper, daß die physische Welt kein in sich geschlossenes System ist, sondern eben *offen* für Einflüsse der nicht-physischen (geistigen) Welt ist. Es ist jedoch gerade umstritten, ob diese These mit naturwissenschaftlichen Gesetzen vereinbar ist.

Neutraler Monismus

Für den *Monismus* sind Körper und Geist nicht wesentlich verschieden. In der Philosophie der Neuzeit lassen sich drei klassische Positionen des Monismus unterscheiden. Die erste Theorie einer Einheit von Körper und Geist hat BARUCH DE SPINOZA (1632-1677) geliefert, indem er physische und psychische Prozesse als *zwei verschiedene Erscheinungsformen einer unbekannten Substanz* deutete. Es ist danach ein und derselbe reale Prozeß, der einmal physisch, einmal psychisch erscheint. Da die dahinterstehende Substanz »neutral« gegen Körper und Geist sein soll, bezeichnet man diese Position auch als *neutralen Monismus.*

Spiritualismus

Die zweite klassische Form des Monismus ist der *Spiritualismus* (nach lat. »spiritus« = Geist) mit der These, daß alles Wirkliche im Grunde geistig ist. Dabei lassen sich zwei Versionen unterscheiden. Behauptet man mit GEORGE BERKELEY (1685-1753), daß alles Sein nur in Vorstellungen besteht und daß es folglich eine bewußtseinsunabhängige materielle Außenwelt überhaupt nicht gibt, dann vertritt man einen *subjektiven Idealismus* (→ IV). In der zweiten Version wird zwar eine vom erkennenden Bewußtsein unabhängige Außenwelt anerkannt, aber zugleich wird behauptet, daß diese selber eine Erscheinungsform des Geistes ist. Ein Vertreter eines solchen *objektiven Idealismus* ist Hegel.

Materialismus

Die dritte klassische Form des Monismus ist der *Materialismus* mit der These, daß alles Wirkliche im Grunde materiell ist und daß der Geist daher eine Erscheinungsform, Funktion oder Eigenschaft der Materie ist. In der Antike wurde der Materialismus von DEMOKRIT (460-371 v. Chr.) in der Form des Atomismus begründet. Danach besteht alles Reale, also auch der Geist, aus letzten, unteilbaren materiellen Teilchen (»Atomen«), die sich nur durch Größe und Gestalt unterscheiden. Bedeutende Anhänger fand der Materialismus erst wieder in der Neuzeit. Der französische Aufklärer JULIEN OFFRAY DE LAMETTRIE (1709-1751) hat der Grundidee des Materialismus bereits im Titel seines seinerzeit berühmten Werks *Der Mensch als Maschine* (1748) programmatisch Ausdruck verliehen. In dieser klassischen Form deutet der Materialismus alle Ereignisse der Welt als Bewegung (Mechanik) von materiellen Teilchen und wird daher auch als *mechanischer* Materialismus bezeichnet.

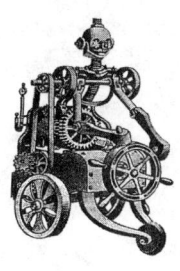

*Epiphänome-
nalismus*

Als eine aktuelle, gemäßigte Version des Materialismus, die dem spezifischen Charakter des Bewußtseins Rechnung zu tragen versucht, kann man den sog. *Epiphänomenalismus* (nach griech. »epiphainomenon« = das Hinzukommende) betrachten. Nach dieser Position ist der Geist ein Epiphänomen, d. h. eine unselbständige Begleiterscheinung physischer Prozesse, die ebenso unbedeutend für den Verlauf der physischen Prozesse ist wie das Pfeifen für das Fahren einer Lokomotive. Das Bewußtsein ist danach zwar etwas vom Körper Verschiedenes, aber es ist keine Substanz. Diese Auffassung führt zu der anscheinend paradoxen Konsequenz, daß unser Leben auch ohne unsere Bewußtseinsprozesse genau in derselben Weise ablaufen würde. Ein wichtiger Vertreter dieser Position in der Philosophie des 20. Jahrhunderts ist Ayer.

*Identitäts-
theorie*

Die wohl einflußreichste zeitgenössische Form des Materialismus ist die sog. *Identitätstheorie*. Bewußtseinsprozesse sind danach schlicht identisch mit physiologischen Prozessen im Gehirn. Diese Auffassung leugnet keineswegs, daß physische und psychische Prozesse in unserer Erfahrung verschieden sind, doch sie behauptet, daß es sich dabei lediglich um verschiedene Erfahrungen (und Beschreibungen) derselben Sache handelt – einmal von innen, einmal von außen gesehen. Die Identitätstheorie kann daher sogar anerkennen, daß bestimmte körperliche Prozesse geistige Ursachen haben, aber eben nur deshalb, weil Bewußtseinsprozesse im Grunde physische Prozesse *sind*. Da diese Position zugleich behauptet, daß alle wissenschaftlichen Gesetze, insbesondere alle Gesetze menschlichen Verhaltens, auf physikalische Gesetze zurückgeführt (»reduziert«) werden können, wird sie auch als *Physikalismus* bezeichnet. Ein zentrales Problem dieser Theorie besteht in der Frage, ob die Identitätsthese das Bewußtsein nicht ebenfalls funktionslos und überflüssig macht. Die Identitätstheorie hat in der Analytischen Philosophie sowie unter Naturwissenschaftlern viele Anhänger.

Eine radikale materialistische Position vertritt die These, daß das Bewußtsein lediglich eine durch unsere Alltagssprache bedingte und damit letztlich vorwissenschaftliche Selbstdeutung des Menschen ist, die durch den wissenschaftlichen Fortschritt überholt werden wird. Danach sind alle Ausdrücke der Alltagssprache, die sich auf Geistiges beziehen – also die ganze sog. »mentalistische Sprache« – im Grunde eliminierbar, d. h. durch andere Beschreibungen ersetzbar. Da diese Position zugleich behauptet, daß es so etwas wie Bewußtsein im Grunde gar nicht gibt, bezeichnet man sie auch als *eliminativen Materialismus*. Diese Position wird von namhaften Philosophen wie Quine und Feyerabend vertreten. – Einen gemäßigteren, aber ebenfalls erstaunlichen Weg schlägt der sog. *funktionale Materialismus* ein. Nach dieser Auffassung sind mentale Zustände funktionale Zustände des menschlichen Gehirns, aber sie sind nicht identisch mit den physiologischen Zuständen, da sie im Prinzip auch durch etwas anderes realisiert werden könnten. Zur Verdeutlichung dieser These dient das Computermodell: Wie dasselbe Programm durch Computer aus verschiedenen Materialien realisiert werden kann, so könnten auch mentale Zustände durch etwas anderes als das menschliche Gehirn realisiert werden. Der menschliche Geist ist nach dieser Auffassung somit so etwas wie ein Programm, das von dem Computer Gehirn realisiert wird. Hauptvertreter dieser Position ist Putnam.

Alle Formen des Materialismus haben mit dem Einwand zu kämpfen, daß sie den Menschen letztlich zu einer »Maschine« degradieren und damit dem menschlichen Selbstverständnis als eines bewußt und verantwortlich handelnden Wesens nicht gerecht werden. Das Leib-Seele-Problem ist daher eng verknüpft mit dem *Problem der Willensfreiheit*. Bei der Diskussion des Freiheitsproblems ist es zweckmäßig, zwischen verschiedenen Arten von Freiheit zu unterscheiden. Die Freiheit, *das tun zu können, was man will*, ohne durch äußere Zwänge daran gehindert zu werden, nennt man in der Philosophie *Handlungsfreiheit*. In diesem Fall liegt bereits ein bestimmter Wille vor, und es geht um die Frage, ob die konkrete Situation seine Realisierung gestattet. Handlungsfreiheit ist also die Freiheit der Willensrealisierung. Unter *Willensfreiheit* versteht man hingegen die Freiheit, in einer Situation, die nicht von äußeren Zwängen bestimmt wird, so oder auch anders handeln zu können. Willensfreiheit bedeutet, daß der Mensch in seinem Handeln durch (physikalische und soziale) Gesetze nicht festgelegt ist, sondern stets zwischen verschiedenen Möglichkeiten wählen kann. In diesem Fall geht es also darum, ob die Entstehung eines bestimmten Willens selber frei oder determiniert erfolgt. Willensfreiheit meint somit die Freiheit der Willensentstehung. Für die Philosophie wird Willensfreiheit damit jedoch gerade zum Problem: Ist der Wille wirklich frei, in einer Situation so oder auch anders zu entscheiden? Hätten wir auch anders handeln können oder ist dies eine Illusion? Da nun Verantwortlichkeit an Freiheit gebunden ist, stellt sich ein weiteres Problem: Welche Art von Freiheit setzt Veranwortlichkeit voraus? Ist Willensfreiheit dazu unverzichtbar oder genügt Handlungsfreiheit? Ist man nur verantwortlich, wenn man auch hätte anders handeln können? Oder genügt zur Verantwortlichkeit das ungehinderte und bewußte Ausführen einer Absicht? Das damit aufgeworfene *Problem der Verantwortlichkeit* ist die praktische Seite des Problems der Willensfreiheit und wird daher häufig bereits zur Ethik gerechnet (→ IX).

Das Problem der Willensfreiheit stellt sich erst in seiner vollen Schärfe, wenn die strikte Determination der Natur akzeptiert ist. Zu einem zentralen philosophischen Problem wurde es daher erst, als die unbestreitbaren Erfolge der Newtonschen Physik bei der Berechnung der Bewegung der Planeten und der Flugbahn von Geschossen einen *Determinismus* nahelegten, d. h. die Auffassung, daß *alle* Ereignisse der Welt durch Gesetze *exakt bestimmt* sind. Obgleich es damals wie heute keine präzisen Voraussagen menschlichen Verhaltens gab, unterstützten diese Erfolge den Glauben der aufgeklärten Zeitgenossen an den Determinismus doch so stark, daß die Idee strikter Determination als Wesensmerkmal wissenschaftlicher Theorien überhaupt galt. Die Position des Determinismus läßt sich durch folgendes einprägsame Bild verdeutlichen: Ein »unendlicher Geist« könnte auf der Basis einer genauen Kenntnis des jetzigen Weltzustandes – d. h. bei Kenntnis von Ort und Impuls aller Atome – jeden beliebigen Weltzustand in Vergangenheit und Zukunft exakt berechnen. Trotz des rein theoretischen Charakters eines solchen »unendlichen Geistes« drückt er die Idee des Determinismus und die von ihm ausgehende Herausforderung sehr gut aus.

Die Herausforderung des Determinismus

Die *philosophischen Standpunkte* zum Freiheitsproblem kann man in drei Gruppen einteilen. Zur ersten Gruppe gehören Anhänger der Willensfreiheit, die zumindest das menschliche Handeln als nicht determiniert betrachten und daher den Determinismus ablehnen. Als indeterministisch kann man jede Position bezeichnen,

Positionen zum Freiheitsproblem

die entweder einige Ausnahmen oder alle Ereignisse der Welt als zufällig betrachtet, wobei Zufall das Spektrum von geringfügigen Abweichungen bis zum totalen »Chaos« umfaßt. Während diese erste Gruppe Willensfreiheit und Indeterminismus miteinander verknüpft, ist für die beiden anderen Gruppen der Determinismus verbindlich. Für die zweite Gruppe bedeutet die Anerkennung des Determinismus zugleich die Ablehnung der Willensfreiheit. Die einzig wirkliche Form menschlicher Freiheit besteht nach dieser Auffassung in der Handlungsfreiheit, also in der Freiheit einen vorgegebenen Willen in einer Situation ungehindert realisieren zu können. Die dritte Gruppe akzeptiert zwar den Determinismus, versucht ihn jedoch gerade mit Willensfreiheit zu versöhnen.

Traditionelle Theorien der Willensfreiheit

Von der Antike bis zum Beginn des 18. Jahrhunderts war es für den Anhänger der Willensfreiheit selbstverständlich, sich auf einen Indeterminismus zu stützen. Der Indeterminismus selber galt in diesem Zeitraum meist als weitgehend unproblematisch. In der Antike haben z. B. Platon und Epikur die Freiheit des menschlichen Willens verteidigt, ohne freilich klar zwischen Willens- und Handlungsfreiheit zu unterscheiden. PLATON (427-347 v. Chr.) definierte Freiheit als die Fähigkeit der Beherrschung und Steuerung der Begierden, und EPIKUR (342-271 v. Chr.) postulierte in seiner atomistischen Naturphilosophie Lücken in der Determination der Bewegung der Atome, um menschliche Freiheit zu ermöglichen. Im Mittelalter war Willensfreiheit ein zentrales Lehrstück der christlichen Lehre, das mit der Annahme göttlicher Vorherbestimmung vereinbart werden mußte. In den Schriften von Augustinus und Thomas von Aquin spielt daher die Verteidigung der Willensfreihheit (»liberum arbitrium«) eine große Rolle. Eine Freiheitskonzeption, die das menschliche Handeln von der ansonsten determinierten Natur ausnimmt, findet sich zu Beginn der Neuzeit bei DESCARTES. Sein Leib-Seele-Dualismus bedeutet, daß der Leib eine nach strengen Naturgesetzen funktionierende Maschine ist, während der Geist frei ist, insofern er fähig ist, Vorstellungen als wahr und falsch und praktische Ziele als gut oder schlecht zu beurteilen und dementsprechend zu handeln.

Moderne Theorien der Willensfreiheit

Erst im 20. Jahrhundert gibt es wieder bedeutende Versuche, Willensfreiheit auf einen Indeterminismus zu stützen. Anhänger der Willensfreiheit waren insbesondere die Existenzphilosophen. Nach KARL JASPERS (1883-1969) ist die Freiheit das ursprüngliche Wesen des Menschen, das sich wissenschaftlich nicht erfassen läßt. Und JEAN-PAUL SARTRE (1905-1980) versucht, die Freiheit des menschlichen Willens – ähnlich wie Descartes – aus dem Unterschied von Bewußtsein und materieller Natur zu begründen. Neben solchen Versuchen, die das menschliche Handeln als die große Ausnahme von der allgemeinen Determination der Natur begreifen, gibt es auch Freiheitstheorien, die von der Situation der modernen Physik ausgehen. Die Natur gilt nach der »Quantentheorie« nicht mehr als strikt determiniert. POPPER hat diese neue Situation für das Freiheitsproblem fruchtbar zu machen versucht. Der Indeterminismus wird von ihm ausdrücklich als Erlösung vom »Alptraum« des Determinismus begrüßt. Zugleich betont er, daß ein indeterminiertes Geschehen als solches noch keine Willensfreiheit ausmachen kann. Die »Quantensprünge« sind zwar indeterminiert, aber sie beruhen nicht auf einem freien Willen. Der Indeterminismus ist daher nach Popper nur eine Voraussetzung von Willensfreiheit, aber er kann sie nicht ausmachen. Freiheit des Willens liegt vielmehr erst vor, wenn eine Person in einer rationalen Wahl, d. h. durch bewußtes Überlegen und durch Abwägen von Alternativen, sich für eine Handlung entscheidet.

Von Beginn des 18. bis zu Beginn des 20. Jahrhunderts war der Determinismus die allgemein akzeptierte Voraussetzung der Diskussion des Freiheitsproblems. Eine Reihe von Philosophen leugnete wegen des Determinismus die Möglichkeit der Willensfreiheit. Nach dieser Position ist menschliches Handeln durch Charakter und Motive genau festgelegt. Ob und wieweit der Charakter genetisch fixiert ist oder das Produkt sozialer Umstände ist, ist dabei sekundär. Der Mensch kann in einer bestimmten Situation nur in einer ganz bestimmten Weise handeln. Die Idee, daß man auch hätte anders handeln können, ist damit eine Illusion. Diese Ablehnung der Willensfreiheit wird jedoch fast immer positiv gedeutet: Da die Idee der Willensfreiheit falsch oder gar sinnlos sei, verbleibe *Handlungsfreiheit* als einzig akzeptabler Begriff von Freiheit und als ausreichende Grundlage für Verantwortlichkeit. Diese Position stellt damit einen Versuch dar, Determinismus und Verantwortlichkeit zu vereinbaren, ohne sich auf die Annahme der Willensfreiheit zu stützen. Erstmals vertreten von DAVID HUME (1711-1776), hat diese Auffassung in unserem Jahrhundert eine Reihe prominenter Vertreter wie Russell und Strawson gefunden.

Handlungs-freiheit und Determinismus

Nur wenig von dieser Position verschieden ist der Standpunkt des sog. *epistemischen Indeterminismus*. Diese Position trennt zwischen der theoretischen und praktischen Seite des Problems. Theo-

Determinismus und praktische Unwissenheit

retisch ist das menschliche Handeln danach determiniert und könnte im Prinzip vorausberechnet werden, wenn man Charakter und Umstände genau kennen würde. Die Determination ist jedoch so komplex, daß es praktisch unmöglich ist, sie zu erkennen. Der Handelnde ist daher praktisch frei, da er seine eigene Determination nicht durchschauen und sein Handeln nicht vorhersagen kann. Der Indeterminismus ist daher bloß »epistemisch«, d. h. die Erkenntnis betreffend. Eine solche Position vertritt z. B. Wittgenstein in seinem *Tractatus logico-philosophicus* (1921).

Versöhnung von Freiheit und Notwendigkeit bei Kant

Es gibt aber auch Versuche, Determinismus und Willensfreiheit zu versöhnen. Der bedeutendste stammt von IMMANUEL KANT (1724-1804). Im Rahmen seiner Metaphysikkritik in der *Kritik der reinen Vernunft* (1781) entwickelte Kant zunächst die Auffassung, daß zwischen Freiheit und Notwendigkeit (Determinismus) eine Antinomie, d. h. ein unvermeidlicher Widerspruch, besteht. Dabei stehen Willensfreiheit und Determinismus nach Kant nicht bloß im Widerspruch zueinander, sondern für beide Standpunkte lassen sich sogar überzeugende Argumente vorbringen. Diese Antinomie ist auflösbar, wenn man sie mit der Unterscheidung von Ding an sich und Erscheinung in Verbindung bringt (→ IV). Die Welt, wie sie in unserer empirischen Erkenntnis gegeben ist, ist nach Kant wegen der unvermeidlichen subjektiven Bedingtheit aller Erkenntnis nur Erscheinung, während das dieser Erscheinung zugrundeliegende Ding an sich unerkannt bleibt. Kant löst diese Antinomie von Freiheit und Notwendigkeit nun durch die Einsicht auf, daß der Mensch sowohl Ding an sich als auch Erscheinung ist. Als Erscheinung ist der Mensch ein *Naturwesen*, das den Naturgesetzen unterworfen ist und dessen Handeln durch Charakter und Motive genau bestimmt ist. Kant behauptet daher sogar, daß das menschliche Handeln vorausberechnet werden könnte, wenn man seine Natur genau kennen würde. Als Ding an sich ist der Mensch nach Kant jedoch zugleich ein übersinnliches (»intelligibles«) oder *Vernunftwesen,* das nicht den Naturgesetzen unterworfen ist, sondern sich aus Freiheit selbst bestimmen kann. Der Mensch ist somit nach Kant »Bürger zweier Welten«, nämlich des Reichs der Natur und des Reichs der Freiheit. Die Vereinbarkeit von Willensfreiheit und Determinismus ergibt sich also dadurch, daß er beide auf zwei verschiedene Bereiche verteilt (»Zwei-Welten-Theorie«).

Gründe und Ursachen

Eine moderne Version der Versöhnung von Determinismus und Willensfreiheit, die sowohl von Neukantianern wie ERNST CASSI-

RER (1874-1945) als auch von jüngeren sprachanalytischen Philosophen vertreten wird, stützt sich auf die Unterscheidung von *Ursachen* und *Gründen*. Danach muß das Hervorbringen von physischen Ereignissen streng von dem Hervorbringen von Handlungen unterschieden werden. Während Ereignisse durch Ursachen hervorgebracht werden, kommen Handlungen durch Gründe zustande, die dem Handelnden eine Handlung als sinnvoll oder gut erscheinen lassen. Was damit einerseits als physisches Ereignis kausal verursacht wird, soll andererseits als Handlung frei sein. Damit wären die beiden Erklärungsansätze miteinander versöhnt.

Fragt man abschließend, wie die Philosophie sich zu unserem alltäglichen Selbstverständnis als bewußtseinsbegabte, freie und verantwortliche Wesen stellt, dann kann sich leicht der Eindruck einstellen, daß sie dazu ebenso verwirrende wie faszinierende philosophische Beiträge geliefert hat. Zunächst läßt sich die allgemeine Feststellung treffen, daß in der modernen philosophischen Diskussion religiöse Fragen fast völlig ausgeklammert werden. In der aktuellen Diskussion um das *Leib-Seele-Problem* stehen sich in der Hauptsache Positionen gegenüber, die entweder das Bewußtsein in irgendeiner Form als etwas Körperliches betrachten oder die eine Wechselwirkung von Körper und Geist annehmen. Die materialistische Deutung des Geistes stellt dabei für das alltägliche Selbstverständnis des Menschen durchaus eine »Zumutung« dar: Hat der Materialismus recht, dann sind Gedanken ebenso wie die Gefühle von Liebe und Haß im Grunde physikalische Prozesse. Auch in der Frage der *Willensfreiheit* werden heute verschiedene Positionen vertreten. Dabei ist nicht nur umstritten, ob Willensfreiheit mit einem Determinismus vereinbar ist, sondern auch, welche Freiheit für Verantwortlichkeit vorausgesetzt werden muß. Die Positionen, die Willensfreiheit verwerfen, scheinen dabei ebenfalls in einem Gegensatz zum gesunden Menschenverstand zu stehen. Die These, daß Freiheit bloße Handlungsfreiheit ist, hat die für das alltägliche Selbstverständnis fast schockierende Konsequenz, daß die Idee der Wahlfreiheit eine Illusion wäre. Nach dieser Auffassung ist es eine Illusion zu glauben, daß ein Mensch mit einem bestimmten Charakter in einer bestimmten Situation hätte anders handeln können, als er tatsächlich gehandelt hat; käme er also noch einmal in dieselbe Situation, dann würde er wieder genau so handeln wie beim erstenmal. Während die Stellungnahmen zum Problem der Willensfreiheit in der Philosophie noch kontrovers sind, wird die Idee der Veran-

Philosophie und alltägliches menschliches Selbstverständnis

wortlichkeit selber dagegen von allen Positionen weitgehend anerkannt. In den Fragen nach dem Verhältnis von Körper und Geist und
in der Frage der Willensfreiheit wird der gesunde Menschenverstand durch die Philosophie somit teilweise bestätigt, teilweise
mit neuen Möglichkeiten menschlichen Selbstverständnisses konfrontiert.

Weiterführende Literatur:

Eine empfehlenswerte Einführung in das *Leib-Seele-Problem* gibt es nicht.

Als Einführungen in das *Problem der Willensfreiheit* können die beiden folgenden Bücher – trotz nicht unerheblicher Anforderungen an den Anfänger
– empfohlen werden:

ULRICH STEINVORTH: *Freiheitstheorien in der Philosophie der Neuzeit*,
Darmstadt 1987 (Wissenschaftliche Buchgesellschaft).– Diese Darstellung
der wichtigsten Freiheitstheorien geht auch auf Probleme der Ethik und politischen Philosophie ein. Anspruchsvoll, aber zum Einstieg am besten
geeignet.

ULRICH POTHAST: *Die Unzulänglichkeit der Freiheitsbeweise*, Frankfurt am
Main 1987 (stw 688).– Eine klar geschriebene, aber subtile Analyse der
wichtigsten Freiheitstheorien des 20. Jahrhunderts.

IV. Die menschliche Erkenntnisfähigkeit und ihre Grenzen

So bleibt es immer ein Skandal der Philosophie und allgemeinen Menschenvernunft, das Dasein der Dinge außer uns bloß auf Glauben annehmen zu müssen.

Immanuel Kant

Nach meiner Meinung ist es der größte Skandal der Philosophie, daß, während um uns herum die Natur – und nicht nur sie – zugrunde geht, die Philosophen weiter darüber streiten – manchmal gescheit, manchmal nicht –, ob diese Welt existiert.

Karl Popper

Unser Handeln ist ganz selbstverständlich von Erkenntnis geleitet. Wir sehen eine rote Ampel und stoppen unser Auto, wir hören ein Hupen und vermuten, daß uns jemand vor einer Gefahr warnen will. In unserer alltäglichen Einstellung gelten vor allem solche Erkenntnisse als zuverlässig, die durch die Sinne zustandegekommen sind. Im allgemeinen hegen wir keine Zweifel daran, daß wir durch unsere Sinne ein Stück Realität richtig erfassen. Ebenso stützen wird uns ständig auf die Zuverlässigkeit unseres Denkens. Wir suchen nach der Ursache eines Unfalls, weil wir überzeugt sind, daß jedes Ereignis eine Ursache hat. Dennoch sind weder Wahrnehmung noch Denken in jeder Hinsicht verläßlich. Die Zuverlässigkeit der Wahrnehmung wird durch Sinnestäuschungen in Frage gestellt. Wir wissen, daß ein gerader Stab im Wasser gebogen erscheint, wir wissen, daß es Halluzinationen gibt und daß manche Menschen nach der Amputation eines Beins oder Arms in diesem gar nicht mehr vorhandenen Glied »Phantomschmerzen« haben. Das Denken gilt als unzuverlässig, wenn es den Boden der Tatsachen und Erfahrung verläßt und sich in Spekulationen verliert. An welche Absurditäten haben Menschen nicht schon geglaubt!

Alltägliches Vertrauen in Erkenntnis

Nimmt man die alltäglichen Phänomene von Täuschung und Irrtum zum Anlaß, grundsätzlich nach Wesen, Zuverlässigkeit, Ursprung und Reichweite menschlicher Erkenntnis zu fragen, so gelangt man zu einer Reihe philosophischer Fragen, die den Inhalt

Erkenntnistheoretische Probleme

der philosophischen Disziplin der *Erkenntnistheorie* ausmachen. Ein erstes Problem betrifft zunächst die Frage nach dem *Wesen* oder *Begriff* der Erkenntnis: Worin besteht Erkenntnis? Was ist Erkenntnis? Was meinen wir eigentlich, wenn wir sagen, daß wir etwas »erkennen«? Weiterhin kann man nach der *Zuverlässigkeit* menschlicher Erkenntnis fragen. Welche Gewißheit kann Erkenntnis überhaupt erreichen, und welche soll sie vernünftigerweise anstreben? Gibt es bestimmte Erkenntnisse, die über allen Zweifel erhaben sind, oder bleibt menschliches Erkennen in allen Bereichen fehlbar? Wie weit ist Erkenntnis überhaupt erreichbar? Ein weiteres Problem besteht in der Frage, ob es Erkenntnis gibt, die unabhängig von Erfahrung durch bloßes Nachdenken gefunden werden kann? Entspringt alle Erkenntnis aus der Erfahrung, oder gibt es auch Erkenntnis aus »reiner Vernunft«? Diese Frage nach dem Ursprung oder der Quelle menschlicher Erkenntnis bezeichnen die Philosophen auch als das *Problem apriorischer Erkenntnis* (nach lat. »a priori« = von vornherein). Schließlich kann man die Frage aufwerfen, ob die Welt genau so beschaffen ist, wie wir sie in unserer Wahrnehmung erfassen. Oder ist die Welt ganz anders, wie sie uns erscheint? Hat nicht die Physik gezeigt, daß Farben etwas ganz anderes sind, als sie uns erscheinen – nämlich elektromagnetische Wellen einer bestimmten Länge? Diese Frage, ob und wie weit Realität durch Erkenntnis erfaßt wird, bezeichnet man auch als das *Realitätsproblem* der Erkenntnis.

Erkenntnistheorie als philosophische Disziplin

Daß der Mensch sich durch seine Wahrnehmung und sein Denken in der Welt orientiert, ist so selbstverständlich, daß dem philosophischen Laien die Bedeutung erkenntnistheoretischer Probleme nicht leicht verständlich zu machen ist. Als erkennendes Wesen hat sich der Mensch meistens so sehr an seine Umwelt hingegeben, daß es einer besonderen Anstrengung bedarf, um über Erkenntnis selber nachzudenken. Das Bemühen, Aufschluß über das Wesen menschlicher Erkenntnis zu gewinnen, trat denn auch erst in der Neuzeit ins Zentrum philosophischen Denkens. Als eigenständige philosophische Disziplin wurde Erkenntnistheorie von Descartes und vor allem von Locke begründet und an den Anfang der Philosophie gestellt: Zuerst müsse Klarheit über Wesen, Ursprung und Grenzen menschlicher Erkenntnis erreicht werden, bevor man sich auf metaphysische Themen wie die Existenz Gottes oder die Unsterblichkeit der Seele einlassen dürfe. Die Rolle der »ersten Philosophie« (»prima philosophia«), die seit der Antike

René Magritte, Die Beschaffenheit des Menschen, 1933

Metaphysik und Ontologie innehatten, ging damit auf die Erkenntnistheorie über.

Die philosophischen Theorien der menschlichen Erkenntnis lassen sich zunächst danach einteilen, ob sie Erkenntnis überhaupt für erreichbar halten oder nicht. Zu den pessimistischen Standpunkten, die die Möglichkeit von Erkenntnis mehr oder weniger stark leugnen, zählen Relativismus und Skeptizismus. *Pessimistische Theorien*

Im Alltag, aber auch in der Philosophie wird immer wieder die These vertreten, daß eine für alle Menschen geltende Wahrheit nicht erreichbar sei, da Wahrheit immer nur »relativ« für bestimmte Indi- *Relativismus* viduen, Gruppen oder Gesellschaften gültig sei. Der erste bedeutende Vertreter eines solchen *Relativismus* war der frühgriechische Philosoph PROTAGORAS (485-415 v. Chr.). Ausgehend von der Relativität von Sinnesempfindungen – was dem einen süß erscheint, ist für den andern sauer –, formulierte er den berühmten relativistischen Grundsatz: »Der Mensch ist das Maß aller Dinge.« Protagoras wollte damit sagen, daß das Bild, das der Mensch von der Welt hat, entscheidend durch seine Sinnesorgane bestimmt ist; was und wie etwas für ihn existiert, hängt von seinen Sinnen ab. Unklar ist jedoch, ob Protagoras damit Erkenntnis auf die *Gattung* Mensch oder bereits auf das einzelne *Individuum* hin relativieren wollte. Eine neuere Version des Relativismus, der sich nicht auf alltägliche und wissenschaftliche Erkenntnis, sondern auf philosophische Theorien bezieht, ist der vor allem von WILHELM DILTHEY (1833-1911) vertretene *Historismus* mit seiner These, daß die Weltanschauungen verschiedener Epochen und Gesellschaften einander unvergleichbar und daher »gleich wahr« seien.

Skepsis

Neben dem Relativismus ist der *Skeptizismus* die zweite Art, die Möglichkeit von Erkenntnis zu bestreiten. Der Skeptiker verzichtet, nachdem er sich von der Unlösbarkeit eines Problems überzeugt hat, auf jeden Erkenntnisanspruch und enthält sich des Urteils. Der griechische Philosoph PYRRHON (360-270 v. Chr.) ist der klassische Vertreter des Skeptizismus. Da nach Pyrrhon die Wahrnehmung und das Denken keine Gewißheit erreichen können, ergibt sich für ihn die Forderung, den Anspruch auf sicheres Urteilen aufzugeben. Die skeptische Betonung des Nichtwissens kommt auch in dem berühmten Satz des Sokrates »ich weiß, daß ich nichts weiß« sehr gut zum Ausdruck. Der bedeutendste Vertreter des Skeptizismus in der Philosophie der Neuzeit ist DAVID HUME (1711-1776). Seine Skepsis bezog sich nicht nur auf religiöse Fragen, sondern vor allem auch auf zentrale Fragen wissenschaftlicher Erkenntnis. So bestritt er, daß es auf der Basis von Erfahrung jemals sichere Erkenntnis von Naturgesetzen geben könne. Ja selbst unsere Überzeugung, daß die in der Vergangenheit erkannten Regelmäßigkeiten des Naturverlaufs auch in Zukunft gelten werden, wurde von Hume als bloßer Glaube ohne rationale Grundlage betrachtet.

Optimistische Theorien

Die zweite Hauptgruppe erkenntnistheoretischer Theorien geht davon aus, daß es gesicherte Erkenntnis gibt. Die verschiedenen Positionen innerhalb dieser Gruppe optimistischer Theorien ergeben sich durch ihre jeweiligen Antworten auf zwei Grundfragen. Die erste Frage, an der sich die Geister scheiden, ist das *Problem der apriorischen Erkenntnis,* also die Frage, ob es Erkenntnis gibt, die unabhängig von Erfahrung durch reines Nachdenken zu erreichen ist. Die Positionen, die sich in dieser Frage gegenüberstehen, sind Rationalismus und Empirismus.

Der *Rationalismus* ist die Position, die neben der Wahrnehmung noch die Vernunft als zweite Erkenntnisquelle anerkennt. Ein Teil der menschlichen Erkenntnis soll unabhängig von Erfahrung oder *a priori* sein. In der Antike beginnt der Rationalismus bei PLATON (427-347 v. Chr.). Gegen den Relativismus und die Skepsis der Sophisten stellte er seine Unterscheidung von *sicherem Wissen* (»epistéme«) und *bloßer Meinung* (»dóxa«). Während alle auf Wahrnehmung sich stützende Erkenntnis der Täuschung ausgesetzt ist und daher bloße Meinung bleibt, erreicht vor allem die Mathematik den Rang sicheren Wissens. Das mathematische Wissen hat in Platons Dialog *Menon* den Status apriorischer Erkenntnis: Daß die Winkelsumme in einem Dreieck stets 180 Grad ist, wird nicht aus der Erfahrung der äußeren Wirklichkeit gewonnen. Obgleich der Mathematiker empirische Hilfsmittel wie Zirkel und Lineal verwendet, treibt er doch keine empirische Forschung. Als Erklärung solcher Erkenntnis zog Platon die metaphysische Lehre von der Seelenwanderung heran: Die Seele, die vor ihrer Geburt an einem »himmlischen Ort« die ewigen Wahrheiten geschaut hat, erinnert sich nach ihrer Geburt wieder an diese Schau. Apriorische Erkenntnis ist daher für Platon *Wiedererinnerung* (»anamnesis«).

Rationalismus bei Platon

In der Neuzeit wurde der Rationalismus von RENÉ DESCARTES (1596-1650) neu begründet. Ausgangspunkt und Methode seines Denkens ist der Zweifel. In seinem für die Entwicklung der neuzeitlichen Philosophie äußerst bedeutenden Werk *Meditationen über die Grundlagen der Philosophie* (1641) zieht Descartes nacheinander alles in Zweifel, was im Alltag und selbst in den Wissenschaften als gewiß gilt. So werden die Realität der Dinge der Außenwelt und selbst die Realität des eigenen Körpers mit den Argumenten aufgehoben, daß unsere Sinne uns täuschen könnten, ja daß wir alles nur träumen könnten. Was damit für Descartes als allein unbezweifelbar übrig bleibt, ist sein Zweifel selbst. Der Satz »sofern ich zweifle, muß ich existieren« (»cogito ergo sum«) bildet daher für ihn die unbezweifelbare Grundlage der Philosophie. Da nun Descartes die Gewißheit des »cogito ergo sum« dadurch erreichte, daß er die Sin-

Rationalismus bei Descartes

ne ganz ausschaltete und so schließlich die Selbstgewißheit im *reinen Denken* fand, kam er zu der Überzeugung, daß die Erkenntnis, die der Mensch als denkendes Wesen (Seele) von sich selbst hat, nicht aus der Erfahrung stammt, sondern angeboren ist. Der Begriff der Seele ist daher für ihn eine *angeborene Idee* (»idca innata«). Weitere angeborene Ideen sind nach Descartes z. B die Idee Gottes, die Idee der Substanz und vor allem mathematische Ideen.

Empirismus

Gegen die cartesische Lehre von den angeborenen Ideen wendete sich vor allem JOHN LOCKE (1632-1704). In seinem großen erkenntnistheoretischen Hauptwerk *Versuch über den menschlichen Verstand* (1690) versuchte er zu zeigen, daß der Geist bei der Geburt ein unbeschriebenes Blatt (»tabula rasa«) ist und daß alle angeblichen angeborenen Ideen (direkt oder indirekt) aus der Erfahrung stammen. Diese erkenntnistheoretische Position, die die Wahrnehmung als einzige Erkenntnisquelle anerkennt und daher alle Erkenntnis auf Erfahrung zurückführen will, bezeichnet man als *Empirismus*. HUME zog aus dieser empiristischen Position skeptische Folgerungen. Über Lockes Kritik der angeborenen Ideen hinausgehend, versuchte er in seinem Hauptwerk *Ein Traktat über die menschliche Natur* (1739/40) nachzuweisen, daß einige zentrale Ideen von Philosophie und Wissenschaft nicht aus der Erfahrung stammen und daher als bloße metaphysische Fiktionen aufgegeben werden müssen. Davon betroffen waren vor allem die Idee der Substanz und die Idee der Ursache. Die Idee der Substanz ist nach Hume die Fiktion eines eigenschaftslosen Trägers von (körperlichen und seelischen) Eigenschaften. Auch die Idee der Kausalität als *notwendiger* Folge von Ursache und Wirkung ist nach Hume eine Fiktion, da die Erfahrung niemals zeigt, daß ein Ereignis *wegen* (»propter hoc«) eines anderen erfolgt (wie die Idee der Ursache es fordert), sondern nur, daß ein Ereignis *nach* (»post hoc«) einem andern folgt. Der Empirismus verwirft damit alle Ideen, die sich nicht aus der Erfahrung ableiten lassen.

Entstehung und Begründung von Erkenntnis

Der klassische Streit zwischen Rationalismus und Empirismus ist durch die ungenügende Unterscheidung zwischen den Fragen der *Entstehung* und der *Begründung* von Erkenntnis stark belastet: Während die Frage, wie eine Erkenntnis zustandegekommen ist, nur durch Erfahrung zu beantworten ist, ist allein die Frage, wie die Geltung einer (vorgeblichen) Erkenntnis begründet werden kann, ein *erkenntnistheoretisches* Problem, das die Philosophie angeht. Wenn der Rationalismus von apriorischer Erkenntnis spricht, dann ist damit vor allem gemeint, daß eine bestimmte Erkenntnis *unabhängig von aller Erfahrung gelten oder nachweisbar sein soll.* Es ist daher etwas irreführend, wenn das Problem apriorischer Erkenntnis gewöhnlich als das Problem des »Ursprungs« oder der »Quelle« der Erkenntnis formuliert wird. Wenn der Empirismus z. B. die Wahrnehmung als einzige Erkenntnisquelle anerkennt, so bedeutet dies, daß die Wahrnehmung die einzige Instanz ist, die Erkenntnis *begründen* kann. Für den Rationalismus ist demgegenüber auch die Vernunft eine Instanz, die Erkenntnis begründen kann. GOTTFRIED WILHELM LEIBNIZ (1646-1716) prägte in diesem Sinne den Ausdruck »Vernunftwahrheiten«.

Eine weitere erkenntnistheoretische Grundfrage ist die, ob die Welt auch tatsächlich so ist, wie sie von uns wahrgenommen wird. Sind unsere Wahrnehmungen getreue Kopien der Welt oder ist die wahrgenommene Welt bloß eine *Erscheinung*, die durch die Einwirkung der realen Dinge auf unsere Sinne zwar hervorgerufen wird, aber keine Ähnlichkeit mit der Realität hat? Erkennen wir also die Realität oder nur bloße Erscheinungen? Zwar sind wir im Alltag davon überzeugt, die Welt zu erkennen, wie sie tatsächlich ist, doch erweist sich, genauer betrachtet, der *Realitätsanspruch* unseres Erkennens in verschiedener Hinsicht durchaus als problematisch. Hängt nicht die Wahrnehmung der Farbe eines Gegenstands von den Beleuchtungsverhältnissen ab? Und wenn dies so ist, welche Farbe hat dann der Gegenstand »an sich«, also unabhängig von unserer Wahrnehmung? Und ferner: Ist es nicht so, daß wir Farben und Töne als Qualitäten der Dinge wahrnehmen, obwohl sie – gemäß physikalischer Erkenntnis – den Dingen als Eigenschaften gar nicht zukommen? Die Frage nun, inwieweit die Welt auch tatsächlich so ist, wie sie uns erscheint, ist eine philosophische Streitfrage, die bis in die Gegenwart die Gemüter erhitzt. Die klassischen Standpunkte, die sich in dieser Frage gegenüberstehen, sind Realismus und Idealismus.

Realität und Erscheinung

Der natürliche oder *naive Realismus* betrachtet alle Qualitäten der Wahrnehmung als getreue »Abbilder« der Realität. Die Welt ist also danach genau so, wie wir sie wahrnehmen. Diese Position, so selbstverständlich sie auch dem philosophisch Unbelasteten erscheint, ist jedoch bereits seit der Antike durch den Nachweis der Relativität der Sinnesempfindungen erschüttert und hat keine namhaften Vertreter gefunden. Es hat daher immer wieder Versuche gegeben, das *reale* und das *bloß subjektive* Moment in der Erkennt-

Naiver und kritischer Realismus

nis zu trennen. Im Anschluß an den antiken Atomismus Demokrits war es in der Neuzeit LOCKE, der zwischen *primären* und *sekundären Qualitäten* unterschied. Während z. B. Ausdehnung, Festigkeit, Bewegung und Gestalt primäre Qualitäten sind, die den Dingen als Eigenschaften tatsächlich zukommen, sind Farben, Töne, Geruch und Geschmack der Dinge nur sekundäre Eigenschaften, die von dem Einwirken der Dinge auf unsere Sinnesorgane herrühren, aber keine Ähnlichkeit mit den Eigenschaften der Dinge haben. Eine solche Position, die einen (wie auch immer genau bestimmten) Teil der erscheinenden Welt als real gelten läßt und den Rest als subjektive Erscheinung oder Vorstellung betrachtet, bezeichnet man als *kritischen Realismus*. Diese Position wird von ihren Vertretern, zu denen in unserem Jahrhundert u. a. N. Hartmann und Popper gehören, häufig als die wissenschaftlich geläuterte Auffassung des gesunden Menschenverstandes verteidigt.

Subjektiver Idealismus

Der *Idealismus* bestreitet, daß unsere Wahrnehmungen Abbilder einer an sich bestehenden Realität sind. Vielmehr ist danach die wahrgenommene Welt nur eine durch das erkennende Subjekt bedingte Erscheinung oder Vorstellung. Um den Sinn dieser Position klarer zu fassen, empfiehlt es sich, zunächst wieder an DESCARTES' Selbstgewißheit des Denkens anzuknüpfen. Für Descartes ist nur im Denken absolute Gewißheit zu finden, während selbst die Realität der Außenwelt bezweifelt werden kann. Erst nachdem Descartes die Existenz Gottes bewiesen zu haben glaubt, läßt er auch die Realität der Außenwelt durch die Güte Gottes verbürgt sein. Im Gegensatz zur *unmittelbaren Gegebenheit der Vorstellungen* ist uns die Realität der materiellen Dinge der Außenwelt offenbar nur vermittelt gegeben – nämlich durch unsere Vorstellungen von ihnen. Der Ansatz der cartesischen Philosophie wirft damit das *Problem der Beweisbarkeit der Außenwelt* auf. Während Descartes am Ende seiner Reflexionen die Realität der Außenwelt wieder voll anerkennt, hat der Empirist und anglikanische Bischof GEORGE BERKELEY (1685-1753) in seiner Schrift *Prinzipien der menschlichen Erkenntnis* (1710) die Realität der (bewußtseinsunabhängigen) Außenwelt ganz geleugnet. Da alles Sein immer wahrgenommen werden muß, ja Sein für ihn geradezu nur im *Wahrgenommenwerden* besteht (»esse est percipi«), erweist sich alles Reale für Berkeley als Vorstellung. Eine solche Position, die die ganze Realität in die Vorstellungen und ins Bewußtsein verlegt, bezeichnet man als *psychologischen* oder *subjektiven Idealismus*.

Konsequente Vertreter dieses Standpunktes gibt es jedoch so gut wie nicht. Selbst Berkeley macht da keine Ausnahme, da er erstens eine Vielheit von Subjekten annimmt und zweitens mit Gott als dem Ursprung der Vorstellungen eine weitere (bewußtseinsunabhängige) Existenz anerkennt. Durch die strikte Leugnung der Realität der Außenwelt unterscheidet sich diese extreme Version des Idealismus von gemäßigten Formen, die nur die Erkennbarkeit der an sich bestehenden Realität leugnen.

Eine solche gemäßigte Version des Idealismus ist der kritische oder *transzendentale Idealismus*, den IMMANUEL KANT (1724-1804) in seinem epochemachenden Werk *Kritik der reinen Vernunft* (1781) entwickelt hat. Nach dieser Position wird die Realität der Außenwelt oder, wie Kant sagt, das (den Wahrnehmungen zugrundeliegende) Ding an sich ausdrücklich anerkannt, aber alle Erkenntnis der Welt ist danach so stark von subjektiven Bedingungen abhängig, daß jede Erkenntnis des Dinges an sich unmöglich ist. Kant lehrt damit gleichzeitig die *Existenz* und *Unerkennbarkeit des Dinges an sich*.

Zu dieser Position war KANT durch seine Auseinandersetzung mit Humes Skeptizismus geführt worden. Kant mußte Humes Analysen einerseits als zutreffend akzeptieren, konnte aber andererseits die skeptischen Folgerungen Humes nicht billigen, da er überzeugt war, daß die Position Humes mit den fortgeschrittenen Naturwissenschaften, vor allem mit der Newtonschen Physik, nicht vereinbar war. Insbesondere das Substanz- und Kausalprinzip waren für Kant unverzichtbare Voraussetzungen der Newtonschen Physik. Daß die Geltung dieser Prinzipien *a priori*, also unabhängig von aller Erfahrung, bewiesen werden kann, ist der Ausgangspunkt seiner *Kritik der reinen Vernunft*. Das Kausalprinzip z. B., das Kant in die Formel »jede Veränderung hat eine Ursache« zusammenfaßt, ist für ihn ein *synthetisches* Urteil, da seine Wahrheit nicht durch bloße Analyse der (dabei verwendeten) Begriffe – wie bei dem analytischen Urteil »ein Kreis ist rund« – festzustellen ist; es ist aber zugleich ein Urteil *a priori*, da seine Wahrheit nach Kant unabhängig von Erfahrung einsichtig ist. Mit dieser Lehre von den *synthetischen Urteilen a priori* hat Kant sich in die Tradition des Rationalismus gestellt und damit das bis heute maßgebende Modell apriorischer Erkenntnis geliefert.

Daß wir unabhängig von Erfahrung dennoch allgemeingültiges Wissen von der Welt haben, ist nach Kant nur so zu erklären, daß das erkennende Subjekt durch von ihm bereitgestellte *apriorische Formen* die Welt immer in einer bestimmten Weise deutet. Die apriorischen Formen bilden gewissermaßen eine »Brille«, durch die wir die Welt immer schon sehen. Und da wir diese Formen verwenden müssen, wenn wir erkennen wollen, sind sie zugleich *Bedingungen der Möglichkeit der Erfahrung*. Diese apriorischen Formen sind auf der Ebene des Denkens die reinen Verstandesbegriffe (»Kategorien«) und auf der Ebene der Wahrnehmung die reinen Anschauungsformen Raum und Zeit. Ebenso wie nach Kant das begriffliche Erfassen der Welt nur in bestimmten Kategorien möglich ist, ist eine anschauliche Vorstellung der Welt nur raumzeitlich möglich. Raum und Zeit gehören daher nach Kant als reine Anschauungsformen ebenso zur Ausstattung des Subjekts wie die Kategorien als Formen des Denkens. Als solche (dem Subjekt zugehörende) apriorische Formen dürfen weder die Kategorien noch die Anschauungsformen Raum und Zeit dem Ding an sich als Eigenschaften zugeschrieben werden. Das Ding an sich bleibt daher völlig unbekannt.

Weiterentwicklungen der Position Kants

Verglichen mit dem Realismus ist die Kantische Position eine Form der Skepsis. Kantianer verstehen sich jedoch, trotz der Abhängigkeit der Erfahrung von den apriorischen Formen, als »empirische Realisten«, insofern sie alle empirisch-wissenschaftliche Erkenntnis der Welt anerkennen, sie aber stets mit dem Zusatz »bedingt durch das Subjekt« versehen. Kants Position ist freilich erschüttert worden, seitdem die moderne Physik die angeblich a priori gültigen Prinzipien von Substanz und Kausalität empirisch widerlegt haben will – nämlich durch den Nachweis der Konvertierbarkeit von Masse und Energie und durch die lediglich statistischen Gesetzen gehorchenden »Quantensprünge«. Angesichts dieser Situation der modernen Physik hat der Neukantianer ERNST CASSIRER (1874-1945) die Kantische Position aus der engen Anbindung an die Newtonsche Physik gelöst und zu einer *Philosophie der symbolischen Formen* (1923-29) weiterentwickelt. Danach sind die Kategorien der wissenschaftlichen Erkenntnis nur ein Teil jener »symbolischen Formen«, die allem menschlichen Weltverstehen zugrundeliegen. Neben der Wissenschaft haben Sprache, Religion, Kunst und Mythos nach Cassirer eigene Symbolsysteme. Wie für Kant gibt es auch für ihn keine Möglichkeit, die Welt »an sich«, d. h. ohne die »Brille« der symbolischen Formen, zu erkennen.

Obwohl der Streit zwischen Realismus und Idealismus schon wiederholt von einigen Philosophen des 20. Jahrhunderts, besonders vom *Wiener Kreis*, als »Scheinproblem« totgesagt worden ist, bricht das Realitätsproblem doch immer wieder auf und spielt in verschiedenen Kontexten eine Rolle. In der Wissenschaftstheorie wird es als die Frage diskutiert, ob die (zur Erklärung der Realität) angenommenen Gebilde wissenschaftlicher Theorien wie Atome oder Elektronen tatsächlich existieren oder bloße Hilfsmittel von Berechnungen sind. In der Sprachphilosophie tritt es in der Frage nach dem Verhältnis von Sprache, Denken und Wirklichkeit auf (→ V).

Das Realitätsproblem in anderen Kontexten

Die in der Gegenwart viel diskutierte, von der Biologie ausgehende *Evolutionäre Erkenntnistheorie* hat den logischen und genetischen Sinn von apriorischer Erkenntnis in bemerkenswerter Weise miteinander verknüpft: Gewisse grundlegende Begriffe – wie der Kausal- und Substanzbegriff – sind dem Menschen angeboren, also *genetisch a priori*. Zugleich wird jedoch die Geltung solcher genetisch-apriorischer Prinzipien – als Konsequenz der modernen Physik – auf unsere wahrnehmbare Lebenswelt eingeschränkt. Diese Einschränkung wird biologisch durch den evolutionären Nutzen erklärt. Im Laufe der Evolution wurden solche Prinzipien genetisch verankert, die für das Überleben der Gattung von Nutzen waren; dies waren jedoch nur Prinzipien, die der Erkenntnis unserer Lebenswelt dienten, während zur Erkenntnis der Bereiche der Welt, die sich unserer unmittelbaren Wahrnehmung entziehen, keine entsprechenden Prinzipien entwickelt wurden. Damit ist zugleich gesagt, daß die Prinzipien, die für die Individuen angeboren sind, im Laufe der Entwicklung der Menschheit insgesamt erworben wurden.

Evolutionäre Erkenntnistheorie

Auch POPPER ist der Ansicht, daß die Kantische Auffassung von apriorischer Erkenntnis zu einem angeborenen oder genetischen Apriori umgedeutet werden muß. Der Verzicht auf den Anspruch, daß apriorische Prinzipien streng allgemein und mit absoluter Gewißheit gelten, wird von Popper ausdrücklich begrüßt und mit der Anerkennung der prinzipiellen *Fehlbarkeit menschlicher Erkenntnis* verbunden. Keine menschliche Erkenntnis ist gegen Irrtum gefeit, und keine Erkenntnisquelle, weder Denken noch Wahrnehmung, darf einen Anspruch auf absolute Gewißheit erheben. Die Suche nach einem absolut verläßlichen Punkt der Erkenntnis ist nach Popper jedoch nicht nur ein aussichtsloses, sondern zugleich auch ein von vornherein irregeleitetes philosophisches

Fehlbarkeit menschlicher Erkenntnis

Unternehmen. So behauptet man bestimmte Thesen entweder dogmatisch als evident, oder man zieht sich resignierend auf eine skeptische Position zurück. Auch die idealistische Auffassung, daß wir nicht die Realität an sich erkennen können, hat nach Popper ihre Wurzel in der Suche nach absoluter Gewißheit. In allen diesen Fällen wird man von einem überzogenen Gewißheitsverlangen fehlgeleitet. Statt dessen kommt es nach Popper darauf an, die Fehlbarkeit menschlicher Erkenntnis zu akzeptieren und die Fehlbarkeit der Wahrnehmung gegen den Empirismus und die Fehlbarkeit des Verstandes gegen den Rationalismus zu betonen.

Bestätigung und Korrektur der alltäglichen Auffassung

Werfen wir abschließend noch die Frage auf, ob und inwiefern die philosophischen Theorien der Erkenntnis alltägliche Auffassungen bestätigen oder widerlegen. Gegenüber den philosophischen Positionen, die die Erreichbarkeit von Erkenntnis leugnen, darf die alltägliche Auffassung, wonach Erkenntnis ein praktisch verläßliches Orientierungsmittel in der Welt ist, im wesentlichen als bestätigt gelten. Relativismus, Skeptizismus sowie das Verlangen nach absoluter Gewißheit können dagegen als philosophische »Extreme« zurückgewiesen werden. In der Frage des Ursprungs der Erkenntnis wird die ursprüngliche rationalistische Position, daß bestimmte Grundprinzipien ganz unabhängig von Erfahrung einsehbar und begründbar sind, kaum noch vertreten. Statt dessen hat sich der empiristische Grundsatz, daß die Geltung aller Erkenntnis – also selbst die Geltung angeborener Ideen – empirisch überprüft werden muß, weitgehend durchgesetzt. Damit wird auch die alltägliche Auffassung »Was ich mit meinen Sinnen nicht wahrnehmen kann, glaube ich nicht« im Kern bestätigt. Freilich darf dabei nicht vergessen werden, daß wir mit unseren Sinnen nur bestimmte Bereiche der Realität direkt erfassen können und zur Erkenntnis anderer Bereiche auf technische Hilfsmittel angewiesen bleiben. Hinsichtlich der Frage, wie weit unsere Wahrnehmung getreue Bilder der Realität liefert, muß sich die alltägliche Auffassung jedoch korrigieren lassen. Die naiv-realistische Auffassung, daß die Welt genau so ist, wie wir sie wahrnehmen, hält keiner Prüfung stand. Aber auch den subjektiven Idealismus wird man als philosophisches »Extrem« ansehen müssen. Bis heute diskussionswürdig bleibt freilich die Position Kants, wenngleich der kritische Realismus plausibler erscheint, da er sich nicht weiter als nötig vom gesunden Menschenverstand entfernt.

Weiterführende Literatur:

Als *Einführungen* in die erkenntnistheoretische Problematik können empfohlen werden:

GOTTFRIED GABRIEL: *Grundprobleme der Erkenntnistheorie. Von Descartes bis Wittgenstein*, Paderborn 1993 (UTB 1743).– Eine weitgehend verständlich geschriebene, elementare Einführung in die zentralen Probleme der neuzeitlichen Erkenntnistheorie.

ALAN MUSGRAVE: *Alltagswissen, Wissenschaft und Skeptizismus*, Tübingen 1993 (UTB 1740).– Eine zugleich historisch und systematisch orientierte Einführung in die Erkenntnistheorie vom Standpunkt des Kritischen Rationalismus.

GERHARD VOLLMER: *Evolutionäre Erkenntnistheorie*, 5. Aufl. Stuttgart 1990 (S. Hirzel Verlag).– Eine sehr verständlich verfaßte Aufarbeitung des Problems angeborener Erkenntnisstrukturen, die alle relevanten Beiträge von Philosophie und Wissenschaft berücksichtigt.

V. Sprache und Argumentation

Die Wörter vertreten also ihrer ursprünglichen oder unmittelbaren Bedeutung nach nur die Ideen im Geiste dessen, der sie benutzt.
John Locke

Die Sprache verkleidet den Gedanken. Und zwar so, daß man nach der äußeren Form des Kleides nicht auf die Form des bekleideten Gedankens schließen kann; weil die äußere Form des Kleides nach ganz anderen Zwecken gebildet ist als danach, die Form des Körpers erkennen zu lassen.
Ludwig Wittgenstein

Alltäglicher Gebrauch der Sprache

Unsere alltägliche Kommunikation ist zu einem erheblichen Teil durch den Gebrauch der Sprache geprägt. Wir benutzen Sprache, um Informationen auszutauschen, einen Meinungsstreit zu führen, aber auch um unseren Gefühlen Ausdruck zu verleihen. Die Sprache ist auch ein wichtiges Mittel künstlerischer Darstellung, z. B. in der Poesie. In alledem verwenden wir die Sprache, ohne an der Angemessenheit des sprachlichen Ausdrucks unserer Gedanken und Gefühle Zweifel zu hegen. Ganz selbstverständlich ist uns auch der Gebrauch der Sprache, wenn wir argumentieren. In einer Diskussion versuchen wir, unseren Standpunkt mit Gründen zu verteidigen und andere Meinungen mit Argumenten zu kritisieren. Sofern jemand seine Auffassung mit guten Argumenten begründet, billigt man ihm zu, daß er zu überzeugen versucht; sofern dagegen jemand seine Auffassung nur mit demagogischen Tricks vertritt, sagt man mißbilligend, daß er nur zu überreden oder gar zu manipulieren versucht. Wir unterscheiden im Alltag also ganz selbstverständlich zwischen guten oder richtigen Argumenten und schlechten oder Pseudoargumenten. So selbstverständlich uns auch der argumentative Gebrauch der Sprache ist, so schwer fällt es uns doch zu sagen, welche Regeln wir dabei verwenden. Fragt man etwa allgemein danach, worin überhaupt ein gutes oder richtiges Argument besteht, dann werden wahrscheinlich viele nur mit den Schultern zucken. Die praktische Beherrschung von Regeln des Argumentierens beinhaltet offenbar nicht, daß man solche Regeln auch ausdrücklich angeben könnte.

Auch die Philosophie hat der Sprache lange Zeit nur geringe Beachtung geschenkt. Natürlich waren sich die Philosophen seit jeher bewußt gewesen, daß der Mensch ein sprechendes Wesen ist und daß Kommunikation ganz wesentlich auf die Sprache angewiesen ist, doch ein philosophisches Problem wurde in der Tatsache, daß die Menschen ihre Gedanken, Gefühle und Argumente durch die Sprache ausdrücken müssen, deswegen nicht gesehen. Das ursprüngliche Interesse der Philosophie ist eben auf Erkenntnis gerichtet, und für Erkenntnis schien nur das Denken und nicht dessen sprachlicher Ausdruck maßgebend zu sein. Solange die Sprache als bloßer Ausdruck des fertigen Denkens galt, war sie in der Philosophie zu einem Schattendasein verurteilt. In unserem Jahrhundert hat die philosophische Auseinandersetzung mit der Sprache jedoch einen derart zentralen Stellenwert erlangt, daß man geradezu von einer linguistischen Wende (»linguistic turn«) der Philosophie gesprochen hat. Auf jeden Fall ist die *Sprachphilosophie* zu einer eigenständigen philosophischen Disziplin neben Logik und Erkenntnistheorie geworden. Der Hauptanlaß für diese Entwicklung war die Entdeckung, daß das Verhältnis von Sprache und Denken keineswegs so einfach ist, wie man in der philosophischen Tradition glaubte. Unsere Alltagssprache erweist sich nämlich unter logischen Gesichtspunkten in vielerlei Hinsicht als unklar und mehrdeutig und daher als präzisionsbedürftig.

Hinwendung der Philosophie zur Sprache

In dieser Situation hat die Sprachphilosophie verschiedene Aufgaben in Angriff genommen. Eine erste Aufgabe ist die *logische Analyse der Sprache*, die seit Frege und Russell zu einem bedeutenden philosophischen Arbeitsgebiet geworden ist. Die logische Analyse dient dazu, die Mehrdeutigkeiten und Unklarheiten der Alltagssprache zu beseitigen und dadurch unser Reden und Argumentieren zu präzisieren. Eine zweite Aufgabe besteht in der Klärung der verschiedenen Funktionen der Sprache wie Beschreiben, Bewerten, Ausdrücken von Gefühlen, Befehlen, Versprechen etc. Es gibt mehrere Vorschläge, wie die verschiedenen Funktionen der Sprache durch eine allgemeine Sprachtheorie erfaßt werden können. Die einflußreichste philosophische Sprachtheorie ist die Zeichentheorie oder *Semiotik*, wie sie im Anschluß an Peirce und Morris entwickelt worden ist. Sie geht von der Einsicht aus, daß Sprache ein Zeichensystem ist und ein sprachlicher Ausdruck als

Themen der Sprachphilosophie

Zeichen begriffen werden kann. Die Semiotik hat drei Teile: Die *Semantik* als die Lehre von der Beziehung zwischen den Zeichen und ihren Bedeutungen, die *Pragmatik* als die Lehre von der Beziehung zwischen den Zeichen und den Zeichenbenutzern und die *Syntaktik* als die Lehre von der Beziehung der Zeichen untereinander. Ein weiteres wichtiges Thema der Sprachphilosophie ist das Verhältnis von Sprache und Weltsicht. Dabei geht es um die Frage, ob und inwiefern die Sprache unsere Wahrnehmung und unsere Weltsicht beeinflußt.

Logik als Lehre vom Argumentieren

Während die Sprachphilosophie erst in unserem Jahrhundert zu einer zentralen philosophischen Disziplin geworden ist, war die traditionelle Philosophie – der Sache nach – vor allem dann mit der Sprache befaßt, wenn sie die Regeln des richtigen Argumentierens untersuchte. Die Auseinandersetzung mit Fragen wie »Was ist ein korrektes Argument?« und »Wie heißen die Regeln korrekten Argumentierens?« ist die Thematik der philosophischen Disziplin der *Logik*, d. h. die *Lehre von den Regeln des richtigen Denkens und Argumentierens*. Nicht verwechselt werden darf diese Aufgabe der Logik mit der empirisch-psychologischen Untersuchung der tatsächlichen Denkprozesse, wozu etwa auch die Analyse typischer Denkfehler (z. B. beim Schachspielen) gehört. Die Logik ist also keine Psychologie des Denkens. Ihre klassische Form hat sie durch ARISTOTELES (384-324 v. Chr.) erhalten. Sie besteht aus drei Teilen, nämlich der »Lehre vom Begriff«, der »Lehre vom Urteil« und der »Lehre vom Schluß«. Das Kernstück der aristotelischen Logik ist dabei die Lehre vom Schluß (»Syllogistik«). In dieser Form galt sie für mehr als 2000 Jahre als abgeschlossene philosophische Disziplin. Erst GOTTLOB FREGE (1848-1925) gelang es, neue Bereiche logischer Schlußverfahren zu entdecken und damit über das durch Aristoteles erreichte Niveau wesentlich hinauszugehen. Seitdem ist die Logik eine sich stürmisch entwickelnde Disziplin, die wegen ihrer engen Beziehungen zur Mathematik auch als *mathematische Logik* bezeichnet wird.

Sprachliche und logische Form

Die Entwicklung der *Sprachphilosophie* hat einige bisher als selbstverständlich geltende Auffassungen von der Sprache in einem neuen Licht sehen gelehrt. Während man in der philosophischen Tradition die Sprache als bloßen Ausdruck der fertigen Gedanken betrachtete, wobei die Adäquatheit dieses Ausdrucks als selbstverständlich vorausgesetzt wurde, hat man in unserem Jahrhundert mehr und mehr erkannt, daß die *sprachliche* und die *logische Form* von Gedanken sich keineswegs immer decken und daß die Sprache den logischen Anforderungen der Präzision keineswegs genügt. Der Unterschied von sprachlicher und logischer Form zeigt sich zunächst darin, daß bestimmte sprachliche Unterscheidungen keine logische Bedeutung haben. Ein Beispiel dafür ist etwa das grammatische Geschlecht (Genus). Welchen Grund sollte es etwa dafür geben, daß es im Deutschen »das« Haus, im Französischen dagegen »la« maison heißt? Ein weiteres Beispiel ist die Unterscheidung von aktiven und passiven Sätzen. Welcher logische Unterschied könnte zwischen den Sätzen »Peter schlägt Paul« und »Paul wird von Peter geschlagen« bestehen? Die Sprache weist viele solche logisch bedeutungslosen Regeln auf.

Die Vieldeutigkeit der Alltagssprache läßt sich besonders gut an dem so selbstverständlichen, aber philosophisch ungemein wichtigen Hilfszeitwort »sein« verdeutlichen. Das Wörtchen »ist« wird in mehreren völlig verschiedenen Bedeutungen verwendet. In einem Satz wie »Gott ist« fungiert es als *Existenzbehauptung* und kann daher durch den Ausdruck »existiert« ersetzt werden. Eine ganz andere Verwendung liegt vor, wenn in einem Satz wie »Saarbrücken ist die Hauptstadt des Saarlandes« eine *Identität* behauptet wird. Wieder eine ganz andere Bedeutung besteht in der *Prädikation*. Dabei sind zwei Fälle zu unterscheiden. In dem Satz »Saarbrücken ist eine Stadt« wird ein Gegenstand als *Element einer Klasse* behauptet. In dem Satz »der Hund ist ein Haustier« wird dagegen eine Klasse als *Teilklasse einer anderen Klasse* behauptet. In der Philosophiegeschichte wurde der Begriff des Seins zum zentralen Begriff der Ontologie und Metaphysik. Die Sprachphilosophie des 20. Jahrhunderts hat nach der klaren Bedeutung und dem sinnvollen Gebrauch dieses Begriffs gefragt. Ähnliches gilt für den Begriff des Nichts. Wie vor allem RUDOLF CARNAP (1891-1970) nachzuweisen versucht hat, ist es von einem logischen Gesichtspunkt problematisch, die »Frage nach dem Nichts« als eine sinnvolle philosophische Frage zu betrachten, weil durch die Substantivierung des Wörtchens »nichts« der Schein eines geheimnisvollen Gegenstands erzeugt wird. Logisch sinnvoll wird der Ausdruck »Nichts« verwendet, wenn er dazu dient, die Existenz eines fraglichen Gegenstandes zu verneinen (»negative Existenzaussage«). Wenn man sagt »nichts ist rund und viereckig«, dann ist damit eben gemeint, daß es keinen Gegenstand gibt, der zugleich rund und viereckig ist. Natürlich heißt dies nicht, daß es

Die Vieldeutigkeit der Ausdrücke »Sein« und »Nichts«

immer unsinnig ist, wenn Philosophen von »dem Nichts« reden. Da es der Philosophie unbenommen bleibt, Ausdrücken der Alltagssprache eine spezifisch philosophische Bedeutung zu geben, ist dies auch im Falle des Ausdrucks »nichts« durchaus möglich. Gleichwohl scheint gerade in diesem Fall die Gefahr begrifflicher Verwirrung besonders groß zu sein.

Existenz- und Allaussage

Ein wichtiges Beispiel einer logischen Präzisierung der Alltagssprache ist die Unterscheidung von *Existenz-* und *Allaussagen.* Eine Aussage wie »Sokrates ist sterblich« wird logisch analysiert als die Existenzaussage »Es gibt ein x, von dem gilt: x ist Sokrates und x ist sterblich«. Ist eine solche Aussage falsch, so heißt dies, daß es keinen Gegenstand gibt, der Sokrates ist und der sterblich ist. Eine Allaussage wie »alle Menschen sind sterblich« wird logisch analysiert als »Für alle x gilt: Immer wenn x ein Mensch ist, ist x sterblich«. Eine solche Aussage ist falsch, wenn es zumindest ein x gibt, das ein Mensch ist und das nicht sterblich ist. In der Wissenschaftstheorie, wo es um die Klärung der wissenschaftlichen Methoden der Überprüfung von Hypothesen und Theorien geht, ist die Unterscheidung von Existenz- und Allaussage von zentraler Bedeutung (→ VI).

Objektsprache und Metasprache

Eine weitere wichtige sprachphilosophische Unterscheidung ist die zwischen *Objekt-* und *Metasprache.* Während in der gewöhnlichen Verwendung von Ausdrücken etwas über die Gegenstände der Welt behauptet wird, wird in der metasprachlichen Verwendung etwas über die sprachlichen Ausdrücke selber, d. h. *über* die Objektsprache, behauptet. Zur Verdeutlichung werden metasprachlich verwendete Ausdrücke in Anführungszeichen gesetzt. Sagt man z. B. »Dieser Tisch hat vier Beine«, dann stellt man eine Behauptung über einen Gegenstand der unmittelbaren Umgebung auf. Sagt man dagegen »›Tisch‹ hat 5 Buchstaben«, dann sagt man etwas über das Wort »Tisch«. Die Unterscheidung von Objekt- und Metasprache, die zunächst wie eine unbedeutende logische Spielerei aussehen mag, hat sich zur *Klärung logischer Paradoxien* als sehr nützlich erwiesen. Zu den Paradoxien, die durch diese Unterscheidung gelöst wurden, zählen u. a. die Paradoxien der Mengenlehre (»Klasse aller Klassen«) und die sog. Lügnerparadoxie (»ich lüge jetzt«). Die Lösungsidee besteht dabei darin, daß Sätze zwar etwas über nichtsprachliche Objekte und auch über andere Sätze, aber nichts über sich selbst aussagen können. Sage ich etwa, daß ich lüge, so kann dies sinnvollerweise nur als (metasprachliche) Äußerung über *andere* Aussagen von mir verstanden werden.

Mit der Entwicklung der modernen Logik hat auch die philoso- *Semantik*
phische *Semantik*, also die philosophische Lehre von der Bedeutung
sprachlicher Ausdrücke, einen Aufschwung erlebt. In ihr wird die
Frage untersucht, was unter der Bedeutung sprachlicher Ausdrücke
zu verstehen ist. Im Gegensatz zu den sprachwissenschaftlichen
Bedeutungslehren, die die Bedeutungen der Ausdrücke verschiedener Sprachen (wie Englisch, Deutsch etc.) untersuchen, fragt die
philosophische Semantik, was die »Bedeutung« sprachlicher Ausdrücke überhaupt ist. Es lassen sich *zwei Hauptkonzeptionen*
unterscheiden. Für die klassische philosophische Semantik, die
sich bis auf Aristoteles zurückverfolgen läßt und die vor allem von
FREGE und LUDWIG WITTGENSTEIN in seinem *Tractatus logico-
philosophicus* (1921) ausgearbeitet wurde, besteht die Bedeutung
eines sprachlichen Ausdrucks in einem Begriff, einer Vorstellung
oder einem Gedanken, jedenfalls in einem *geistigen Gebilde*, das die
Realität abbildet und das sich von der materiellen Grundlage der
Zeichen (Laut, Schrift) wesentlich unterscheidet. Weil nach dieser
Auffassung die Bedeutung in einem geistigen Gebilde besteht, das
eine eigene Art Realität hat, heißt sie auch *realistische Semantik*.
Der geistige Gehalt soll genau das sein, worin bestimmte Ausdrücke
verschiedener Sprachen – z. B. das deutsche Wort »König«, das englische Wort »king« und das französische Wort »roi« – übereinstim-
men. Während die Bedeutung eines Ausdrucks ein geistiger Gehalt
ist, der mit dem Ausdruck verknüpft ist, wird der Gegenstand, auf
den er sich bezieht, als *Bezug* oder *Referenzobjekt* bezeichnet. Nun
gibt es Ausdrücke wie »Abendstern« und »Morgenstern«, deren
Bedeutung durchaus verschieden ist, die aber dennoch denselben
Bezug haben, nämlich in diesem Fall den Planeten Venus. Obwohl
ihre Bedeutung oder ihr *Begriffsinhalt* verschieden ist, ist ihr Bezug
oder *Begriffsumfang* identisch.

Nach der realistischen Semantik ist die Bedeutung eines *Pragmatische
Bedeutungslehre*
sprachlichen Ausdrucks ein geistiges Gebilde. Gegen diese klassische Auffassung wurde zunehmend eingewendet, daß die Bedeutung eines Ausdrucks sich nicht unabhängig von seiner
Verwendungsweise fassen läßt. Damit wurde die pragmatische
Dimension des Verhältnisses von Zeichen und Zeichenbenutzer
schon für die semantische Fragestellung als wesentlich herausgestellt. Wenn die Bedeutung eines Ausdrucks sich nur in Abhängigkeit von seinem Gebrauch verstehen läßt, dann führt dies zu einer
pragmatischen Bedeutungstheorie, für die die Sprache nur soweit

zu verstehen ist, wie man die Regeln des Sprachgebrauchs beherrscht. Eine solche pragmatische Bedeutungstheorie wurde vor allem von WITTGENSTEIN in seinen *Philosophischen Untersuchungen* (1953) vertreten.

Theorie der Sprechakte

Im Anschluß an Wittgenstein wurde die pragmatische Bedeutungstheorie zur *Sprechakttheorie* weiterentwickelt. Sie geht davon aus, daß Sprechen Handeln ist, und versucht zu klären, welche Handlungen man vollzieht, indem man bestimmte sprachliche Äußerungen macht. Die Äußerung von Wörtern und Sätzen ist danach gewissermaßen nur ein Mittel, um die *Handlungen* des Behauptens, Fragens, Befehlens, Versprechens etc. zu vollziehen. In jedem Sprechakt gibt es zunächst die Äußerung von Wörtern, sodann den dadurch bestimmten Inhalt der Äußerung und schließlich die Rolle oder Funktion der Äußerung in einer bestimmten kommunikativen Situation. Die Sprechakttheorie hat das Bewußtsein dafür geschärft, daß ein und derselbe Satz innerhalb der sprachlichen Kommunikation je nach Situation ganz verschiedene Funktionen haben kann. So kann etwa der Satz »Das Fenster ist geschlossen« je nach Kontext die Funktion einer Behauptung, Frage oder Kritik haben. Ein Hauptvertreter der Sprechakttheorie ist Austin.

Sprachliche Steuerung des Denkens

Wittgensteins *Philosophische Untersuchungen* (1953) haben auch einflußreiche Thesen zum Verhältnis von Sprache und Weltsicht formuliert. Danach ist die Sprache in der jeweiligen sozialen Lebensform verwurzelt. Hauptvertreter des Sprachrelativismus ist jedoch der Linguist und Sprachphilosoph LEE BENJAMIN WHORF (1897-1941). Whorf stellt einen Einfluß des *Wortschatzes* einer Sprache auf unsere Wahrnehmung und damit auf unsere Sicht der Wirklichkeit fest. Aufgrund ihrer sprachlichen Differenzierung von verschiedenen Nuancen des Weißen sind die Eskimos z. B. in der Lage, verschiedene Formen von Schnee wahrzunehmen, deren Unterschiede ein Mitteleuropäer leicht »übersieht«. Wenn eine Sprache also bestimmte Unterschiede nicht kennt, dann nehmen die Benutzer dieser Sprache die entsprechenden Differenzen überhaupt nicht (oder zumindest schlechter) wahr. Aber auch die *Grammatik* bestimmt unser Weltbild. Das klassische Beispiel dafür ist die *Subjekt-Prädikat-Struktur* der indogermanischen Sprachen, die zu den philosophischen Unterscheidungen von »Substanz-Akzidens« und »Ding-Eigenschaft« führt. Ein schönes Beispiel von Whorf ist der Blitz. Andere Sprachen wie etwa die Sprache der Hopi-Indianer haben keine Subjekt-Prädikat-Struktur und denken die Wirklichkeit

M. C. Escher, Relativität, 1943

daher eher als »Ereignis« statt als »Substanz« oder »Ding«. Während die indogermanischen Sprachen aufgrund ihrer Subjekt-Prädikat-Struktur nach einem Subjekt der Tätigkeit des Blitzens fragen, kennt die Hopi-Sprache nur Ereignisse als solche, ohne daß nach einem Subjekt oder Täter »hinter« dem Ereignis noch gefragt würde. Diese Phänomene der sprachlichen Beeinflussung des menschlichen Wahrnehmens und Denkens hat Whorf zu dem *sprachlichen Relativitätsprinzip* verallgemeinert: Wie die Sprachen sich kulturell unterscheiden, so divergieren auch die Weltsichten. Es gibt daher keine unparteiische Beschreibung der Welt, sondern nur verschiedene sprachlich bedingte Interpretationsweisen.

Neben Semantik und Pragmatik ist die dritte Form der Semiotik die *Syntaktik*, also die Untersuchung der Beziehungen der sprachlichen Zeichen untereinander. Philosophische Syntaktik ist nun keine völlig neue Disziplin, sondern der Sache nach identisch mit der alten Disziplin der *Logik*. Obwohl viele Menschen geradezu Ehrfurcht vor der Logik haben, verwenden sie im Alltag bestimmte argumentative Regeln ganz selbstverständlich. Das fundamentalste logische Prinzip, das wir von Kindesbeinen an gebrauchen, ist der *Satz vom Widerspruch*. Eine Meinung darf sich selbst nicht widersprechen, wenn sie wahr sein soll. ARISTOTELES, der Begründer der Logik, drückt diesen Grundsatz so aus: Ein Satz A und seine Verneinung Non-A können nicht zugleich wahr sein. Widersprüche können auf verschiedenen Ebenen auftreten, nämlich auf der Ebene der Begriffe, der Urteile und der Theorien. Ein Begriff wie »schwarzer Schimmel« ist ebenso widersprüchlich wie das Urteil »ein Kreis ist viereckig«. Am häufigsten, weil weniger offensichtlich, treten Widersprüche innerhalb von Theorien auf. Die theoretischen Voraussetzungen mancher Science-Fiction-Geschichten enthalten logische Widersprüche. Das beliebte Motiv von Reisen in die Vergangenheit hat etwa die absurde Konsequenz, daß jemand seinen Vater ermorden könnte (bevor dieser ihn gezeugt hat) und damit seine eigene Existenz aufheben könnte. Enthält eine Theorie keinen Widerspruch, so ist sie in sich stimmig oder *konsistent*. Die Forderung der Widerspruchslosigkeit oder Konsistenz ist daher die fundamentalste logische Bedingung, die alle Theorien und Aussagen erfüllen müssen.

Außer der Feststellung der Widerspruchslosigkeit von Begriffen, Urteilen und Theorien besteht der Haupttyp des Argumentierens im *logischen Folgern* von Aussagen. Ein geflügeltes Wort der Alltagssprache bringt das Wesen einer logischen Folgerung recht gut zum Ausdruck: »Wer A sagt, *muß* auch B sagen.« Das Wesen einer logischen Folgerung besteht eben genau darin, daß etwas der Fall sein *muß*, *wenn* etwas anderes bereits der Fall ist. Zur Verdeutlichung ein klassisches Beispiel:

(1) Alle Menschen sind sterblich.

(2) Sokrates ist ein Mensch.

(3) Also ist Sokrates sterblich.

Die Sätze (1) und (2), aus denen gefolgert wird, heißen *Prämissen*; Satz (3), der gefolgert wird, nennt man *Schlußsatz* oder *Konklusion*. Der Übergang von den Prämissen zur Konklusion, der sich in dem Wort »also« ausdrückt, heißt *logische Folgerung* oder *Argument*. Die Konklusion folgt logisch aus den Prämissen, weil es unmöglich ist, daß die Prämissen wahr sind und zugleich die Konklusion falsch ist. Wer die Prämissen akzeptiert, muß also auch die Konklusion akzeptieren – wenn er logisch konsequent sein will! Daß eine bestimmte Aussage aus anderen logisch folgt, sagt überhaupt nichts darüber aus, ob sie wahr oder falsch ist. Entscheidend ist nur der formale Folgerungszusammenhang: *Wenn* die Prämissen wahr sind, *dann* muß auch die Konklusion wahr sein. Gerade weil die Logik von der »inhaltlichen« Wahrheit ganz absieht, wird sie auch als *formale* Logik bezeichnet. Den formalen Charakter logischen Folgerns kann man auch dadurch zum Ausdruck bringen, daß man die logische Folgerung in einer symbolischen Kurzschrift schreibt, d. h. formalisiert. Setzt man die Variable »a« für »Mensch«, »b« für »sterblich« und »x« für »Sokrates«, so erhält man folgende *Aussageform*:

(1) Alle a sind b.

(2) x ist ein a.

(3) Also: x ist b.

Die formale Logik hat solche Zeichensysteme eingeführt, um logische Folgerungen übersichtlich darzustellen. Sie rückt damit in die Nähe der Mathematik.

Ist man mit einer Argumentation nicht einverstanden, so gibt es aufgrund der logischen Struktur verschiedene Möglichkeiten der Kritik. *Logische Fehler* können z. B. durch nicht korrektes Folgern, mehrdeutige Ausdrücke und sog. Zirkelschlüsse entstehen. Zunächst kann die Schlüssigkeit einer logischen Folgerung bestritten werden. Eine solche Kritik versucht zu zeigen, daß bestimmte Folgerungen oder Argumente nicht aus bestimmten Prämissen ableitbar sind. So folgt aus den Sätzen »Wenn es regnet, wird die Straße naß« und »Die Straße ist naß« eben nicht, daß es geregnet hat. Fehlschlüsse können auch aufgrund von mehrdeutigen oder unklaren sprachlichen Ausdrücken zustande kommen. Aus den Annahmen »Alle Füchse haben vier Beine« und »Sokrates ist ein Fuchs« läßt sich nicht ableiten, daß Sokrates vier Beine hat, weil der Ausdruck »Fuchs« hier in zwei verschiedenen Bedeutungen verwendet wird. Formale Fehler begehen auch *zirkuläre* Argumente, das sind solche Argumente, die sich »im Kreise drehen«, weil sie das, was sie begründen wollen, in ihren Prämissen bereits voraussetzen. Sucht man etwa einen Grund dafür, warum es in der Natur

Logische Fehler

ein »Überleben der Tüchtigsten« gibt, so würde man offenbar zirkulär argumentieren, wenn man dafür wieder die Tatsache des Überlebens selber anführen würde.

Grenzen des Begründens

Argumente sollen Thesen begründen. Nun kann man die Begründungsforderung freilich stets wieder auf die Prämissen ausdehnen und dadurch anscheinend einen Begründungsprozeß ohne Ende in Gang setzen. Wie man jedoch leicht zeigen kann, führt der Versuch, alle Thesen zu begründen, in eine ausweglose Situation, die HANS ALBERT (* 1921) als »Münchhausen-Trilemma« bezeichnet hat. Die Forderung, alles begründen zu wollen, gleicht danach dem Freiherrn von Münchhausen, der sich (und sein Pferd) am eigenen Schopf aus dem Sumpf zog. Die universal gefaßte Begründungsforderung läßt nur die Wahl zwischen drei gleich unbefriedigenden Alternativen:

(1) Man setzt das Begründen ohne Ende fort. Ein solcher *unendlicher Regreß* ist jedoch faktisch undurchführbar.

(2) Man schmuggelt die zu begründende These heimlich unter die Prämissen. Damit begeht man jedoch einen *Zirkelschluß*, der gerade keine Begründung liefert.

(3) Man bricht das Begründen irgendwo ab und behauptet die zuletzt erreichten Prämissen als *evident*. Jeder solche Abbruch ist nach Albert jedoch ein *Dogmatismus*.

Die Lehre, die man aus diesem Trilemma ziehen muß, ist offenbar, daß die universalisierte Begründungsforderung unsinnig ist. Ein »Rationalismus«, der alles begründen möchte, ist paradox und daher keine akzeptable philosophische Position. Alles Begründen hat irgendwo ein Ende.

Ergebnisse der Logik und Sprachphilosophie

Fragt man abschließend nach dem Beitrag, den die Philosophie zur Klärung des Verhältnisses von Denken und Sprache geleistet hat, so kann man zunächst auf die Logik als Lehre vom Argumentieren verweisen. In keinem anderen Gebiet darf die Philosophie für sich beanspruchen, derart gesicherte Erkenntnisse gewonnen zu haben. Fast ebenso bedeutend sind die Ergebnisse, die die logische Analyse der Sprache in unserem Jahrhundert zutage gefördert hat. Die Sprache kann nicht länger als ein in jeder Hinsicht zuverlässiges und unproblematisches Instrument des Denkens gelten, sondern erhält durch die Logik eine Reihe von Präzisierungen. Die Unterscheidungen zwischen All- und Existenzaussage sowie zwischen Objekt- und Metasprache gehören zu solchen nicht mehr wegzudenkenden Differenzierungen. Solche Präzisierungen helfen uns zwar nicht unmittelbar dabei, die Welt besser zu begreifen, aber sie helfen uns doch Irrtümer und Irrwege zu entdecken und zu vermeiden. Die Entwicklung der modernen Semantik hat gezeigt, daß die klassische Auffassung von der Bedeutung als geistigem Gehalt ihre Selbstverständlichkeit verloren hat und sich nunmehr mit der pragmatischen Theorie der Bedeutung als Gebrauch auseinandersetzen muß. In ähnlicher Weise muß auch für die philosophische Frage nach dem Verhältnis von Sprache, Denken und Weltsicht festgestellt werden, daß die traditionelle Auffassung von der Sprache als bloßem Ausdruck des fertigen Denkens nicht mehr vorbehaltlos akzeptiert werden kann. Sprachphilosophie und Logik haben sich damit als unverzichtbar für eine vernünftige Auseinandersetzung mit philosophischen Fragen erwiesen.

Weiterführende Literatur:

MAX BLACK: *Sprache*, München 1973 (Wilhelm Fink Verlag).– Eine sehr klare Einführung in alle Themen der philosophischen und wissenschaftlichen Sprachbetrachtung.

GÜNTHER PATZIG: *Sprache und Logik*, 2. Aufl. Göttingen 1981 (Kleine Vandenhoeck-Reihe 1281).– Dieses Bändchen (132 S.) enthält drei Aufsätze zur logischen Analyse der Sprache. Insbesondere der Titelaufsatz und der Aufsatz über Frege sind als Einführung in die Thematik empfehlenswert.

WESLEY C. SALAMON: *Logik*, Stuttgart 1983 (reclam 7996).– Eine elementare Einführung in die Logik mit vielen Beispielen und Veranschaulichungen.

VI. Wissenschaft

Ein empirisch-wissenschaftliches
System muß an der Erfahrung
scheitern können.
Karl Popper

Wir fühlen, daß selbst, wenn alle
möglichen wissenschaftlichen
Fragen beantwortet sind, unsere
Lebensprobleme noch gar nicht
berührt sind.
Ludwig Wittgenstein

*Die Rolle der
Wissenschaft
im modernen
Leben*

Es ist eine schlichte, nur durch ihre Selbstverständlichkeit verdeckte Tatsache, daß Handeln und Denken des modernen Menschen durch Wissenschaft und Technik entscheidend geprägt sind. Man rufe sich nur in Erinnerung, wie eng und isoliert die Lebensverhältnisse noch zu Beginn des 19. Jahrhunderts waren. Reisen mußte man mit Kutsche und Schiff, Zeitungen und Briefverkehr waren die kommunikativen Drähte zur Welt. In unserem alltäglichen Leben vertrauen wir dagegen ständig auf die Zuverlässigkeit technischer Erfindungen, wie Auto, Telefon oder Medikamenten, deren Funktionsweise wir meist nicht verstehen. Politik greift auf wissenschaftliche Beratung zurück. In Diskussionen spielt die Idee der Wissenschaftlichkeit eine große Rolle. Häufig hören wir die Argumente »Das ist unwissenschaftlich« und »Das ist wissenschaftlich bewiesen«. Selbst in der Werbung treten regelmäßig sich als seriöse Wissenschaftler präsentierende Personen auf und preisen die Produkte ihres Unternehmens als »wissenschaftlich getestet« an. Die Wissenschaften können also auf große Erfolge verweisen und genießen im modernen Leben ein hohes Ansehen.

*Der Aufstieg
der Wissen-
schaften*

Im Gegensatz zur unbestreitbaren Bedeutung der Wissenschaften ist das Prestige der Philosophie in der Öffentlichkeit zweifellos gesunken. Angesichts der großen Erfolge der Wissenschaften wird sogar immer wieder von einer »Krise« oder gar vom »Tod« der Philosophie gesprochen. Diese Situation ist ein Ergebnis der neuzeitlichen Trennung von Philosophie und Wissenschaften. In der Antike waren beide noch vereint in der Kritik des mythischen Weltbildes, und im Mittelalter standen beide im Dienst der Theologie. Erst in der Neuzeit haben sich nacheinander Astronomie, Physik, Chemie,

Biologie, Psychologie, Soziologie und die Geisteswissenschaften von der Philosophie emanzipiert und als eigenständige Wissenschaften etabliert. So wurden nacheinander immer weitere Bereiche der Realität durch die wissenschaftliche Forschung erschlossen.

Angesichts dieses Siegeszugs der Wissenschaften kann man die allgemeine Frage stellen, welche Aufgabe die Philosophie überhaupt noch hat. Um diese Frage zu klären, fragt man am besten nach den *philosophischen Voraussetzungen* der Wissenschaften selber. Gibt es bestimmte Annahmen, die so fundamental sind, daß sie von den Wissenschaften gewöhnlich ungefragt vorausgesetzt werden? Nun lassen sich in der Tat wenigstens drei grundlegende philosophische Fragestellungen gegenüber den Wissenschaften unterscheiden. Die erste Fragestellung betrifft die *methodischen* Grundlagen der Wissenschaften. Mit dieser Thematik, in deren Zentrum das Wesen der Wissenschaften und die wissenschaftlichen Methoden stehen, befaßt sich die Wissenschaftstheorie. Die zweite Fragestellung zielt auf die *metaphysischen* Voraussetzungen, die die Wissenschaften über das Wesen von Natur und Mensch machen. Wie z. B. das Verhältnis von Körper und Geist bzw. die Freiheit des Menschen zu deuten ist, läßt sich durch wissenschaftliche Methoden allein nicht eindeutig klären (→ III). Thematisiert werden solche Fragen in Metaphysik bzw. Ontologie. Die dritte Fragestellung zielt auf die *ethische* Basis der Wissenschaften und beschäftigt sich mit Fragen wie »Ist die Wissenschaft wertfrei oder basiert sie auf bestimmten Interessen oder Wertungen?« oder »Gibt es eine Verantwortlichkeit des Wissenschaftlers für die sozialen Folgen seines Tuns?«. Solche ethischen Probleme der Wissenschaften sind gerade in jüngster Zeit zu einer wichtigen philosophischen Thematik geworden und werden in der sog. »Wissenschaftsethik« diskutiert.

Philosophische Probleme der Wissenschaften

Die Idee der Wissenschaftlichkeit ist im wissenschaftlich-technischen Zeitalter zum Modell von Rationalität überhaupt geworden. Wissenschaftlichkeit ist dabei nicht durch irgendwelche inhaltliche Resultate der Wissenschaften definiert, sondern durch ihre *Methoden*. Der zentrale Kern der wissenschaftlichen Methoden ist die wissenschaftliche Erklärung. Die Wissenschaftstheorie bemüht sich daher vor allem um die Klärung des Wesens der wissenschaftlichen Erklärung.

Analyse wissenschaftlicher Methoden

Eine *wissenschaftliche Erklärung* besteht, kurz gesagt, in der Angabe von Gründen oder Ursachen für ein Phänomen. Von

Wissenschaftliche Erklärung

Erklärungen sind bloße Beschreibungen zu unterscheiden. Während *Beschreibungen* gegebene Phänomene in sprachlichen Aussagen wiederzugeben versuchen und damit Antworten auf Wie- oder Was-Fragen sind, stellen *Erklärungen* Antworten auf Warum-Fragen dar. Fragt man etwa nach der Ursache für einen Unfall, so besteht eine (mögliche) Erklärung in dem Hinweis auf ein bestimmtes Phänomen, wie etwa eine gerissene Bremsleitung, die das zu erklärende Phänomen verursacht hat. Eine solche Erklärung, die ein Phänomen A als Ursache für ein Phänomen B angibt, bewegt sich noch ganz im vorwissenschaftlichen Alltagsverständnis. Eine wissenschaftliche Erklärung ist nun jedoch nichts anderes als eine logisch präzisere Fassung solcher alltäglichen Erklärungen. Zu einer präziseren Fassung gelangt man, wenn man der Frage nachgeht, unter welchen Bedingungen eine Aussage wie »Die Tür hatte sich ausgedehnt (und klemmte), weil sie übermäßiger Hitzezufuhr ausgesetzt gewesen war« als Erklärung anerkannt werden kann. Eine solche Behauptung ist nur deshalb als Erklärung akzeptabel, weil sie die allgemeine Aussage voraussetzt, daß alle Körper sich bei Hitzezufuhr ausdehnen. Eine allgemeine Aussage wie »Immer dann, wenn ein Körper erhitzt wird, dehnt er sich aus« nennt man eine *Gesetzeshypothese*. Eine solche Hypothese behauptet zwar die Geltung eines kausalen Zusammenhangs für unbegrenzt viele Fälle, aber sie sagt nichts darüber aus, wann und wo ein solcher Fall vorliegt. Um ein konkretes Phänomen zu erklären, braucht man daher nicht nur eine Gesetzeshypothese, sondern auch eine Aussage, die das Vorliegen eines konkreten Falles behauptet. Eine Aussage wie »Dieser Körper (Tür) wurde erhitzt« wird dabei als *Anfangsbedingung* bezeichnet. Eine wissenschaftliche Erklärung hat damit folgende logische Form:

Prämisse (1): Immer dann, wenn ein Körper erhitzt wird, dehnt er sich aus. (*Gesetzeshypothese*)

Prämisse (2): Dieser Körper (Tür) wurde erhitzt. (*Anfangsbedingung*)

Konklusion: Also dehnte sich die Tür aus. (*Explanandum*)

Wissenschaftliche Erklärungen lassen sich also in die Form *logischer Schlüsse* bringen, wobei das zu erklärende Phänomen in der Konklusion beschrieben ist. Unter den Prämissen einer wissenschaftlichen Erklärung treten immer *zwei Typen von Aussagen* auf, nämlich *Allaussagen* und *Existenzaussagen*. In Allaussagen wie »alle Schwäne sind weiß« werden Hypothesen über allgemeine

Gesetze (»Gesetzeshypothesen«) formuliert; in Existenzaussagen wie »dieser Schwan ist weiß« wird eine Behauptung über das Vorliegen bestimmter konkreter Umstände (»Anfangsbedingungen«) gemacht. Eine Gesetzeshypothese allein kann das fragliche Phänomen nicht erklären, weil sie nichts über konkrete Fälle aussagt; aber auch die Anfangsbedingung allein erklärt es nicht, weil aus ihr keine neuen Phänomene abgeleitet werden können. Erst beide zusammen, also Gesetzeshypothese *und* Randbedingungen, erklären das Phänomen.

Die in wissenschaftlichen Erklärungen verwendeten allgemeinen Gesetze können deterministischer und statistischer Natur sein. Während *deterministische Gesetze* die Form »Alle A sind B« haben, also strenge Allgemeingültigkeit für alle Fälle behaupten, haben *statistische Gesetze* die Form »Es besteht die Wahrscheinlichkeit von p%, daß A ein B ist«, behaupten also nur eine bestimmte Wahrscheinlichkeit eines Ereignisses. In beiden Fällen handelt es sich jedoch um Erklärungen durch Gesetze. Da wissenschaftliche Erklärungen Ereignisse unter allgemeine Gesetze subsumieren, spricht man auch vom Subsumtionsmodell oder Gesetzesschema der wissenschaftlichen Erklärung. Auf der Basis dieses Modells lassen sich einige wesentliche Züge wissenschaftlichen Erklärens und die Idee der Wissenschaftlichkeit überhaupt präzisieren.

Deterministische und statistische Erklärungen

Zunächst läßt sich der Unterschied zwischen Erklärungen und Voraussagen verdeutlichen. Voraussagen spielen in den Wissenschaften ebenfalls eine wichtige Rolle. Nach der verbreiteten wissenschaftstheoretischen Auffassung haben Erklärung und Voraussage die gleiche logische Struktur. Ihr Unterschied ist mehr pragmatischer Natur, insofern die jeweilige Kenntnis der Situation verschieden ist. Bei der *Erklärung* ist das zu erklärende Phänomen bekannt, und man sucht die Umstände, die es (zusammen mit einer Gesetzeshypothese) erklären; bei der *Voraussage* sind die Anfangsbedingungen bekannt, und man versucht aus ihnen (zusammen mit einer Gesetzeshypothese) ein noch unbekanntes Ereignis vorauszusagen. So läßt sich z. B. auf der Basis astronomischer Gesetze eine Sonnenfinsternis vorausberechnen.

Erklärungen und Voraussagen

Neben den bereits genannten logischen Bedingungen gibt es eine zentrale inhaltliche Bedingung, die wissenschaftliche Erklärungen erfüllen müssen: Die in der Erklärung auftretenden Prämissen (»Explanans«) müssen einen *empirischen Gehalt* haben. Was

Wissenschaftliche und pseudowissenschaftliche Erklärungen

dies bedeutet, kann man sich an einer nicht-wissenschaftlichen, mythischen Erklärung klarmachen. Angenommen, jemand schlägt als Erklärung für ein Gewitter das Grollen Jupiters vor. Stellt man nun die Frage, woher er denn wisse, daß Jupiter grolle, so kann er offenbar nur auf das Donnern und Blitzen selbst verweisen. Das Grollen Jupiters kann nicht für sich allein, also unabhängig von dem zu erklärenden Phänomen, beobachtet und untersucht werden. Diese Hypothese hat keine *weiteren* prüfbaren Folgerungen. Im Gegensatz dazu kann etwa die Erhitzung einer Tür auch unabhängig von dem durch sie (vorgeblich) verursachten Phänomen überprüft werden, und zwar indem man etwa untersucht, welchen Einflüssen sie ausgesetzt war, ob sie sich verfärbt und verformt hat etc. Daß wissenschaftliche Erklärungen einen empirischen Gehalt haben müssen, ist nur eine andere Formulierung des Prinzips der *Objektivität* der Wissenschaft, demzufolge wissenschaftliche Aussagen und Erklärungen im Prinzip von jedermann überprüfbar sein müssen. Diese objektive oder auch intersubjektive Kontrollierbarkeit unterscheidet Wissenschaft von Pseudowissenschaft ebenso wie von metaphysischen Spekulationen und religiösen Ideen.

Der hypothetische Charakter wissenschaftlicher Theorien

Zweifel an dem Anspruch der Beweisbarkeit wissenschaftlicher Aussagen hat im 20. Jahrhundert KARL POPPER (1902-1994) formuliert. Zu seiner These, daß auch wissenschaftliche Aussagen nicht bewiesen, sondern nur mehr oder weniger gut bestätigt werden können, gelangte er durch eine Analyse des »Induktionsproblems«, d. h. der Frage, ob der (»induktive«) Schluß von einzelnen Fällen auf eine allgemeine Regel gerechtfertigt ist. Darf man aus der Tatsache, daß alle bisher beobachteten Schwäne weiß waren, folgern, daß alle Schwäne weiß sind? Ein solcher Schluß wäre, wie Popper gezeigt hat, in der Tat logisch korrekt, wenn ein allgemeines Prinzip vorausgesetzt werden dürfte, das so etwas wie die Gleichförmigkeit des Naturverlaufs in Vergangenheit und Zukunft garantiert (»Induktionsprinzip«). Ein solches Prinzip würde es in der Tat gestatten, vom bisher Beobachteten auf Unbeobachtetes zu schließen. Nun ist jedoch ein solches Prinzip selber nicht mehr durch Erfahrung zu begründen: Da es nämlich die *Voraussetzung* aller Schlüsse vom Beobachteten auf Unbeobachtetes ist, kann es selber nicht durch Erfahrung gerechtfertigt werden. Und dies bedeutet: Aus der Tatsache, daß die Welt in der Vergangenheit bestimmte Regelmäßigkeiten aufwies, folgt logisch eben nicht, daß dies in Zukunft genau so sein wird. Die Zukunft *kann* auch anders ausfallen. Allgemeine Aussagen können daher nicht bewiesen werden, sondern bleiben stets »Gesetzes*hypothesen*«! Aus der Einsicht in die Unbeweisbarkeit wissenschaftlicher Gesetzeshypothesen hat Popper die Folgerung gezogen, daß die Wissenschaften nicht versuchen sollen, ihre Theorien und Hypothesen zu beweisen, sondern sie möglichst harten Tests auszusetzen, um durch die Widerlegung von Irrtümern sich der Wahrheit anzunähern. Denn wenn auch ein Beweis von Allaussagen ausgeschlossen ist, so kann eine Allaussage doch durch Gegenbeispiele, im Prinzip durch ein einziges Gegenbeispiel, widerlegt, also »falsifiziert« werden. Dies gilt auch für wissenschaftliche Theorien. Gelingt es nicht, eine Theorie zu falsifizieren, hat sich vielmehr eine Theorie in ihren Erklärungen und Voraussagen bisher bewährt, dann darf sie damit in diesem Sinne als »wissenschaftlich bestätigt« gelten. Wissenschaftliche Theorien haben daher immer den Status von Hypothesen, die durch den wissenschaftlichen Fortschritt auch völlig revidiert werden können.

Zur Idee der Wissenschaftlichkeit gehört also die Offenheit für Kritik, d. h. insbesondere die Bereitschaft, Hypothesen und Theorien, die durch Erfahrung und Experimente widerlegt wurden, auch aufzugeben. Eine wissenschaftliche Theorie zeichnet sich also dadurch aus, daß sie etwas »riskiert«, d. h. Aussagen über die Realität macht, die sich auch als falsch herausstellen können. In der konkreten Forschungspraxis wird freilich niemand eine gut bestätigte Theorie nur aufgrund einer einzigen oder auch mehrmaligen Falsifikation sofort verwerfen. Daß auch eine solche Haltung nicht generell unwissenschaftlich sein muß, läßt sich ebenfalls an der logischen Struktur des Gesetzesschemas verdeutlichen. Erweist sich eine Prognose als falsch, so muß wenigstens eine Prämisse, also die Gesetzeshypothese oder die beschriebene Anfangsbedingung, falsch sein. In der Praxis wird man den Fehler daher zunächst einmal bei der Anfangsbedingung suchen, und erst wenn an deren Wahrheit kein vernünftiger Zweifel mehr möglich ist, wird man die Falschheit der Gesetzeshypothese ernsthaft in Betracht ziehen. Aus diesem Dilemma zwischen dem Verwerfen und Aufrechterhalten (»Ausschöpfen«) einer Hypothese angesichts widerstreitender Erfahrungen, haben einige Philosophen, wie etwa PAUL FEYERABEND (1924-1994), radikal skeptische Folgerungen gezogen, die den Unterschied von Wissenschaft und Aberglaube relativieren oder gar ganz aufheben. Diese radikale Wissenschaftsskepsis hat jedoch

Wann ist eine Theorie widerlegt?

weder in der Wissenschaftstheorie noch gar in der Wissenschaftspraxis viel Gehör gefunden.

Wissenschaftlicher Fortschritt

Nach Poppers Auffassung vollzieht sich der *wissenschaftliche Fortschritt* dadurch, daß alte Theorien widerlegt werden und durch neue bessere Theorien ersetzt werden. Eine davon abweichende Theorie hat THOMAS S. KUHN (* 1922) formuliert. In Zeiten »normaler« Wissenschaft, wenn eine Theorie (»Paradigma«) allgemein akzeptiert wird, kann nach Kuhns Auffassung von einem Bemühen um Falsifikation keine Rede sein. Vielmehr bestehen die Anstrengungen der Wissenschaftler im wesentlichen darin, mit Hilfe der akzeptierten Theorie neue Phänomene zu erklären. Stoße man dagegen einmal auf einen Widerstreit von Theorie und Erfahrung, dann werde dies eher der Unfähigkeit des Wissenschaftlers als dem Versagen der Theorie zur Last gelegt! Erst wenn solche »Anomalien« sich zu einer tiefen Krise auswachsen, kommt es zum Auftreten von konkurrierenden Theorien. Werde dann eine alte Theorie durch eine neue ersetzt (»Paradigmenwechsel«), so handelt es sich nach Kuhn um eine »wissenschaftliche Revolution«, die weit weniger rational abläuft, als es nach Popper sein sollte. Nach Kuhn findet nämlich weder eine wirkliche Widerlegung der alten Theorie statt, noch stellt die neue Theorie ohne weiteres eine bessere Annäherung an die Wahrheit dar.

Das Problem einer sozial- und geisteswissenschaftlichen Methode

Das Gesetzesschema der wissenschaftlichen Erklärung wurde durch die Analyse *naturwissenschaftlicher* Erklärungen gefunden. Seine Geltung für die Naturwissenschaften ist daher unstrittig. Ob es jedoch auch auf die Geistes- und Sozialwissenschaften übertragen werden kann, ist dagegen bis heute eine offene wissenschaftstheoretische Streitfrage. Während die Naturwissenschaften wie Astronomie, Physik, Chemie und Biologie sich mit der außermenschlichen Natur befassen, haben die Geistes- und Sozialwissenschaften den Menschen und die Produkte menschlichen Handelns zum Gegenstand. In dem alten Methodenstreit darüber, ob das naturwissenschaftliche Erklärungsmodell auch auf die Geistes- und Sozialwissenschaften übertragbar ist, stehen sich zwei Lager gegenüber. Auf der einen Seite stehen naturwissenschaftlich orientierte Philosophen, die die universale Geltung des Gesetzesschemas für alle Realwissenschaften behaupten (»Einheit der wissenschaftlichen Methode«). Auf der anderen Seite stehen geistes- und sozialwissenschaftlich orientierte Philosophen, die die Anwendung des Gesetzesschemas auf den Menschen für prinzipiell unangemessen halten und daher eine eigenständige Methode der Geistes- und Sozialwissenschaften propagieren.

In diesem letzteren Sinne stellte WILHELM DILTHEY (1833-1911) dem naturwissenschaftlichen *Erklären* das geisteswissenschaftliche *Verstehen* gegenüber. Während die Naturwissenschaften Naturvorgänge durch Ursachen erklären, versuchen die Geisteswissenschaften, das Handeln eines Menschen durch »Einfühlung« in sein individuelles Seelenleben zu verstehen. So läßt sich etwa das Handeln eines Politikers aus der konkreten politischen Situation sowie aus seinem Charakter, seinen politischen Zielen, seinen weltanschaulichen Überzeugungen etc. verständlich machen. Dem Erklären der Natur durch allgemeine Gesetze wurde damit das *Verstehen* menschlicher Handlungen in ihrer Individualität entgegengesetzt. In ähnlicher Tendenz unterschieden die Neukantianer Natur- und Kulturwissenschaften durch ihre Ziele. Die Naturwissenschaften sind danach *nomothetisch* (gesetzgebend), insofern sie die Erkenntnis allgemeiner Naturgesetze anstreben; die Kulturwissenschaften sind dagegen *idiographisch* (individualisierend), insofern sie ihren Gegenstand in seiner Einmaligkeit zu erfassen versuchen. Auch im sog. »Positivismusstreit« in der deutschen Soziologie, der in den 60er und 70er Jahren zwischen dem *Kritischen Rationalismus* (Popper, Albert) und der *Frankfurter Schule* (Adorno, Habermas) ausgetragen wurde, ging es nicht zuletzt um die Frage der Übertragbarkeit des naturwissenschaftlichen Erklärungsmodells auf die Sozialwissenschaften.

Philosophische Theorien des Verstehens

Daß der Methodenstreit zwischen Natur- und Geisteswissenschaften immer noch andauert, hängt vermutlich damit zusammen, daß sich hinter ihm *metaphysische Vorentscheidungen* über das Wesen des Menschen verbergen. Vertritt man die Geltung des Erklärens durch Gesetze auch für das menschliche Verhalten, dann setzt man offenbar voraus, daß der Mensch ein Naturwesen ist, dessen Verhalten, wie alle übrigen Ereignisse der Natur auch, allein durch Gesetze bestimmt wird. Die Gegner dieser naturalistischen Sicht wenden dagegen ein, daß die Ideen von Freiheit und Verantwortlichkeit zu Illusionen werden, wenn der Mensch als eine (wenn auch so noch komplizierte) Maschine gedacht wird. Die Vertreter der Eigenständigkeit der Geistes- und Sozialwissenschaften setzen vielmehr voraus, daß der Mensch ein Wesen ist, dessen Handeln nicht nur durch Gesetze, sondern auch durch freie Entscheidungen zustandekommt. Gegner dieser Auffassung wen-

Wissenschaftliche Methoden und Menschenbilder

den wiederum ein, daß damit der Mensch aus der Ordnung der Natur herausfällt.

Metaphysische Probleme der Wissenschaften

Diesem Methodenstreit liegt also eine metaphysische Dimension zugrunde. Erneuerer der Metaphysik, wie N. Hartmann oder Bunge, führen daher gegen die Beschränkung der Philosophie auf Logik, Semantik, Erkenntnis- und Wissenschaftstheorie gern die These an, daß die Wissenschaften selber *metaphysische Voraussetzungen* haben. Die metaphysischen Probleme, die hinter dem Methodenstreit ansatzweise sichtbar werden, sind das *Leib-Seele-Problem* und das Problem der *Willensfreiheit*. Eine Stellungnahme zu diesen Fragen – ob Körper und Geist zwei verschiedene Substanzen sind oder ob der Geist nur eine Funktion oder Erscheinungsform des Körpers ist, bzw. ob menschliches Handeln frei oder determiniert ist –, ist offensichtlich für die philosophische Deutung des Menschen von entscheidender Bedeutung (→ III). Weitere metaphysische Probleme, die in den Voraussetzungen der Wissenschaften liegen, sind die klassischen Probleme von *Substanz* und *Kausalität*. Die Frage, wie das fundamental Reale (Substanz) zu denken ist (ob als Materie, Prozeß, Energie und/oder Geist), ist ebenso von zentraler metaphysischer Bedeutung wie die Frage, welche fundamentalen Gesetze (ob deterministischer und/oder statistischer Art) die Natur beherrschen.

Hypothetische Metaphysik

Philosophie in ihrer Ausprägung als Metaphysik beschäftigt sich mit den grundlegenden Prinzipien, die den von den Wissenschaften untersuchten Naturgesetzlichkeiten zugrundeliegen. Dabei ist es eine inzwischen weitgehend akzeptierte Meinung, daß die Philosophie ihre Thesen nicht gegen oder unabhängig von den Wissenschaften entwickeln kann. Sie ist keine »apriorische« Metaphysik mehr, sondern eine »hypothetische« Metaphysik, d. h. sie orientiert sich an wissenschaftlichen Ergebnissen und hält ihre Thesen für eine durch den wissenschaftlichen Fortschritt erforderlich werdende Revision bewußt offen. Sie treibt zwar keine empirische Forschung, aber sie wertet Forschungsergebnisse aus, indem sie versucht, mit Hilfe von logischer Analyse die metaphysischen Voraussetzungen der Wissenschaften herauszustellen und damit der rationalen Diskussion zugänglich zu machen.

Wertfreiheit der Wissenschaft

Die Aufgabe der Wissenschaften ist es, die Welt so zu erfassen, wie sie tatsächlich ist. Natur-, Sozial- und Kulturwissenschaften sind daher wesentlich *deskriptiv*. Sie stellen Tatsachen fest, enthalten sich jedoch der Wertung. Diese Forderung der *Wertfreiheit* der

Wissenschaft, die besonders von dem Soziologen und Philosophen MAX WEBER (1864-1920) formuliert worden war, wird gewöhnlich als eine Folge der Objektivität der Wissenschaft betrachtet. Da Wissenschaft sich nur auf jedermann zugängliche Gründe stützen darf, würde durch das Einfließen von Wertungen – seien diese nun persönlicher oder sozialer Herkunft – die Objektivität der Wissenschaft preisgegeben. Nun ist das Postulat der Wertfreiheit insbesondere in den Sozialwissenschaften, die sich ja auch mit der Erforschung gesellschaftlicher Mißstände befassen, keineswegs unumstritten. Insbesondere die *Frankfurter Schule* hat dagegen die Auffassung gestellt, daß eine »kritische Sozialwissenschaft« nicht nur soziale Tatbestände zu beschreiben, sondern auch zu bewerten hat, um damit auch zur politischen Veränderung dieser Zustände beizutragen. In diesem Sinne hat JÜRGEN HABERMAS (* 1929) in seinem Buch *Erkenntnis und Interesse* (1968) zu zeigen versucht, daß die These der Wertfreiheit ohnehin illusorisch ist, da jede wissenschaftliche Tätigkeit von bestimmten Interessen geleitet sei. Wie die »kritische Sozialwissenschaft« auf einem »emanzipatorischen Erkenntnisinteresse« beruhe, so seien die Naturwissenschaften von einem »technischen« und die Geschichtswissenschaften von einem »praktischen« Interesse (an zwischenmenschlicher Verständigung) geleitet. Diese Herausforderung durch das Programm einer »kritischen Sozialwissenschaft« hat dazu beigetragen, daß die *normativen Hintergründe* der Wissenschaften besser in den Blick kamen, ohne daß jedoch das Postulat der Wertfreiheit selber damit fallengelassen worden wäre. Bestimmte »außerwissenschaftliche« Wertungen finden sich sowohl bei der persönlichen Wahl eines Forschungsthemas als auch bei politischen Entscheidungen über die Finanzierung bestimmter Forschungsprojekte oder -institute. Auch wenn es immer wieder Fälle gibt, wo persönliche oder politische Interessen zur bewußten Fälschung von Forschungsergebnissen geführt haben, ändert dies nach der weitgehend akzeptierten Auffassung doch nichts daran, daß weder Wissenschaftspolitik noch das Interesse an einer wissenschaftlichen Karriere mit dem Postulat der Wertfreiheit grundsätzlich unvereinbar sind.

Mit der Anerkennung des Postulats der Wertfreiheit stellt sich sofort die Frage, ob die *Verantwortlichkeit des Wissenschaftlers* sich damit nur auf den »innerwissenschaftlichen« Bereich, also nur auf die Frage der Wahrheit seiner Theorien erstreckt. Nach der

Verantwortung des Wissenschaftlers

Einsteins Formel – Atomkraftwerk

traditionellen Auffassung wurde dies tatsächlich genau so gesehen: Der Wissenschaftler ist danach nur für die Wahrheit, Zuverlässigkeit und Eindeutigkeit seiner Forschungen und seiner Theorien zuständig, während die technische Anwendung dieser Theorien von Ingenieuren, Politikern und Industriellen zu verantworten ist. Diese traditionelle Sicht ist jedoch nach der Entwicklung der Atombombe ins Wanken geraten. Mittlerweile hat sich die Auffassung weitgehend durchgesetzt, daß der Wissenschaftler auch für die sozialen Folgen seines Tuns verantwortlich ist. Zu den ethischen Problemen, mit denen Wissenschaftler konfrontiert werden, gehören u. a.: Welche Experimente sind mit menschlichen Versuchspersonen, aber auch mit Tieren zulässig? Wie weit kann und soll der Wissenschaftler die wahrscheinlichen sozialen Folgen seiner Theorien abschätzen? Indem solche Fragen gestellt werden, zeigt sich, daß nunmehr die Verantwortung des Wissenschaftlers zu einem wichtigen philosophischen Thema geworden ist. Es geht dabei um einen in der Ethik häufig auftretenden Normenkonflikt (→ IX), wie sich der Anspruch der wissenschaftlichen Wertfreiheit mit dem Anspruch an den Staatsbürger vereinbaren läßt, für die Folgen seiner Handlungen einzustehen.

Entgegen dem in der Öffentlichkeit verbreiteten Eindruck einer Krise der Philosophie erweist sich bei näherem Hinsehen, daß die Philosophie verschiedene aktuelle und eigenständige Fragestellungen gegenüber den Wissenschaften hat. Die bedeutendsten Resultate hat zweifellos die Wissenschaftstheorie hervorgebracht. Insbesondere die Objektivität der Wissenschaft, die logische Struktur wissenschaftlicher Erklärungen und damit der Unterschied zwischen wissenschaftlichen und pseudowissenschaftlichen Erklärungen gehören zu ihren unverzichtbaren Errungenschaften. Auch die Unbeweisbarkeit wissenschaftlicher Gesetzeshypothesen als Folgerung aus der Induktionsproblematik gehört hierher. Strittig geblieben ist dagegen nicht nur die Deutung des wissenschaftlichen Fortschritts, sondern vor allem auch die methodische Grundlage der Sozial- und Geisteswissenschaften. Der tiefere Grund dafür dürfte in den verschiedenen Menschenbildern liegen, die als metaphysische Voraussetzungen dahinterstehen. Von einem Konsens in den zentralen metaphysischen Fragen (Leib-Seele-Verhältnis, Willensfreiheit) ist man jedoch noch weit entfernt. Hinsichtlich der ethischen Grundlagen zeichnet sich demgegenüber eine Übereinstimmung ab, insofern Wertfreiheit der Wissenschaft und Verantwortlichkeit des Wissenschaftlers grundsätzlich weitgehend anerkannt werden. Alles in allem scheinen Philosophie und Wissenschaft in vielfältiger Weise aufeinander bezogen zu sein.

Resultate und offene Fragen der Philosophie der Wissenschaft

Weiterführende Literatur:

JOHN LOSEE: *Wissenschaftstheorie. Ein historische Einführung*, München 1977 (Beck'sche Elementarbücher).– Ein geschichtlicher Abriß wissenschaftstheoretischer Auffassungen von Aristoteles bis Popper.

HELMUT SEIFFERT: *Einführung in die Wissenschaftstheorie*, 3 Bände, München 1977/1980 (Beck'sche Schwarze Reihe 60, 61, 270).– Eine Einführung in die Theorie der Natur- und Geisteswissenschaft sowie verwandter phil. Disziplinen und Traditionen, die sehr elementare Kenntnisse vermittelt, aber gelegentlich etwas oberflächlich ist.

VII. Kunst

Jedenfalls läßt sich ohne weiteres sagen, daß eine Kunsttheorie wertlos ist, wenn sie uns nicht die Funktion der Kunst im Vergleich zu anderen Formen der Erfahrung erkennen läßt.

John Dewey

Zur Selbstverständlichkeit wurde, daß nichts, was die Kunst betrifft, mehr selbstverständlich ist.

Theodor W. Adorno

Probleme mit der Kunst im Alltag

Es gibt kaum ein Gebiet des kulturellen Lebens, in dem es so viel Meinungsstreit und gleichzeitig so viel unkritische Verehrung gibt wie im Bereich der Kunst. Niemand bestreitet, daß bedeutende Kunstwerke zum Gipfel dessen gehören, was menschliche Kreativität hervorbringen kann. Doch wann können wir überhaupt von einem Kunstwerk sprechen, und wie sollen wir uns den z. T. sehr fremden und schwierigen Werken gegenüber verhalten, die als »Kunstwerke« gelten? Mit diesen Fragen befindet man sich bereits mitten in der Philosophie, und zwar in der philosophischen Disziplin, für die sich seit dem 18. Jahrhundert der Name »Ästhetik« eingebürgert hat. Daß diese Fragen in unserem alltäglichen Leben eine Rolle spielen, zeigt sich z. B. an den zahllosen Auseinandersetzungen über moderne und zeitgenössische Kunst. Hier streiten sich selbst die sog. Experten immer wieder darüber, ob ein Werk überhaupt als Kunst anzusehen ist oder nicht. Daß Menschen, die nur wenig vertraut im Umgang mit Kunst sind, besondere Schwierigkeiten haben, insbesondere die moderne Kunst zu würdigen, ist eine bekannte Erfahrung.

Das Beispiel »Torso II«

Eine Begebenheit, die sich in der neuseeländischen Stadt Auckland im Jahre 1963 abgespielt hat, kann für viele solcher Erfahrungen repräsentativ stehen. Die dortige Galerie wollte eine Skulptur der englischen Avantgarde-Bildhauerin Barbara Hepworth kaufen. Das Werk hatte eine nichtgegenständliche Form und trug den Namen »Torso II«. Es kam zu heftigen Meinungsverschiedenheiten zwischen Gegnern und Befürwortern des geplanten Kaufs, die auch in den Medien ausgetragen wurden. Der Stadtrat von Auckland lehnte es mit knapper Mehrheit ab, Gelder für den Kauf zu bewilligen. Ein Mitglied des Stadtrats bezeichnete die Skulptur verächtlich als »Hintern einer toten Kuh«. Schließlich kaufte ein Mäzen die Skulptur und schenkte sie der Galerie. Die Werke Barbara Hepworths gehören inzwischen zu den anerkannten Klassikern der Bildhauerei des 20. Jahrhunderts, doch haben zeitgenössische Werke auch gegenwärtig große Schwierigkeiten, in der Öffentlichkeit anerkannt zu werden. Die Frage ist nun: Hat die Philosophie vernünftige Vorschläge unterbreitet, die uns helfen, solche Probleme zu lösen? Ist Verstehen und Beurteilen von Kunst mehr als eine subjektive Geschmacksfrage?

Die Philosophie ist der Lösung von Problemen immer dadurch näher gekommen, daß sie die damit verbundenen Fragen überhaupt erst deutlich und sinnvoll gestellt hat. Somit wäre zunächst zu klären, mit welchen Fragen die Ästhetik sich genau beschäftigt. Von Beginn an hat die Philosophie die Frage gestellt, welche Rolle die Kunst im menschlichen Leben und innerhalb der menschlichen Gemeinschaft spielt. Aber auch die Fragen, was Kunst eigentlich ist oder wie man die Entstehung von Kunst erklären kann, waren bereits früh Gegenstand philosophischer Überlegungen. Doch die Ästhetik beschäftigt sich auch mit Fragen, die über die Kunst im engeren Sinne hinausgehen. Eine davon ist, was es bedeutet, einen Gegenstand als »schön« zu charakterisieren. Zwar werden primär Kunstwerke als »schön« bezeichnet, doch findet der Begriff »schön« bekanntlich auch außerhalb der Kunst Verwendung. Das Paradebeispiel dafür ist die Natur. Bestimmte Naturszenerien werden allgemein als »schön« charakterisiert, doch diese Wertschätzung war in der Geschichte nicht immer einheitlich. Grandiose Berggipfel z. B., die vielen heute als »schön« gelten, waren für manche Betrachter des 18. Jahrhunderts lediglich störende Hindernisse in der Landschaft. Werden mit »schön« also Eigenschaften eines Gegenstandes *beschrieben* oder *bewertet*?

Fragen der Ästhetik

Doch auch mit diesen Fragen ist der Untersuchungsbereich der Ästhetik nicht erschöpft. Die ursprüngliche Bedeutung des Begriffs »Ästhetik« selbst führt uns zu einem weiteren Fragenkomplex. Der griechische Begriff »aisthesis« heißt so viel wie »sinnliche Anschauung«. Die Philosophen des 18. Jahrhunderts, die damit begannen, »Ästhetik« als Namen für eine neue philosophische Disziplin zu verwenden, wollten mit diesem Begriff darauf hinweisen, daß für sie der Ausgangspunkt zur Erklärung des Schönen und der Kunst in bestimmten Wahrnehmungs- und Er-

Die Frage der »ästhetischen Perspektive«

kenntnisweisen des Subjekts lag. Sie versuchten zunächst zu bestimmen, was es bedeutet, einen Gegenstand »ästhetisch« oder unter einem »ästhetischen Gesichtspunkt« zu betrachten, um dann angeben zu können, wie ein Leser, Betrachter oder Hörer von Kunst an diese herangehen sollte. Daß wir ein- und denselben Gegenstand unter verschiendenen Gesichtspunkten betrachten können, ist aus dem Alltag vertraut. Ich kann z. B. ein Auto hinsichtlich seiner Verkehrstüchtigkeit oder auch hinsichtlich seiner materiellen Haltbarkeit betrachten. Was bedeutet es aber nun, z. B. ein Auto »ästhetisch« zu betrachten? Diese Frage nach dem, was »ästhetischer Gesichtspunkt« oder »ästhetische Perspektive« bedeutet, ist geradezu zur zentralen Frage der philosophischen Ästhetik geworden.

Kunst als Teil kultischer Lebensformen

Wie ist nun die philosophische Tradition mit diesen Fragen umgegangen und welche Lösungsvorschläge hat sie erarbeitet? In der Antike und im Mittelalter gab es noch keine eigenständige Ästhetik oder Kunstphilosophie, u. a. deshalb, weil das, was wir heute Kunst nennen würden, selbst noch nicht als eigenständiger, unabhängiger Gegenstandsbereich gesehen wurde. Kunst war in der Regel Bestandteil kultischer oder allgemein der Gemeinschaft dienender Handlungen. So wurden berühmte Kunstwerke wie der Parthenon, der Apoll von Belvedere oder auch die mittelalterlichen Kathedralen nicht als Kunstwerke im heutigen Sinn geschaffen und angesehen; sie hatten vielmehr eine bestimmte Funktion in kultischen und sozialen Lebensformen, deren religiöses und weltanschauliches Selbstverständnis sie zugleich zum Ausdruck brachten. Im Rahmen der heute üblichen philosophischen Arbeitsgebiete könnte man sagen: Kunst war in der Antike und im Mittelalter Gegenstand der Religionsphilosophie, der Sozialphilosophie, aber auch der Metaphysik. Wenn antike oder mittelalterliche Philosophen über das Schöne oder die Kunst schrieben, so ging es ihnen vornehmlich um Wahrheit und Wirklichkeitserkenntnis, z. T. aber auch um die Klärung politischer und ethischer Fragen.

Kunst in Platons Ideenlehre

Platon und Aristoteles, die beiden größten Philosophen der Antike, geben dafür ein Beispiel. In seinem berühmten Dialog *Symposion* diskutiert PLATON (427-347 v. Chr.) das Schöne vor einem ethischen und metaphysischen Hintergrund. Das Wohlgefallen am Schönen wird als untergeordneter Ausdruck eines Triebs begriffen, der schließlich zur Erkenntnis der Idee des Guten führt, der höchsten Form philosophischer Erkenntnis im platonischen System der *Ideenlehre*. In diesem System ist die sinnlich erfahrbare Welt nur eine untergeordnete Form der Wirklichkeit gegenüber der geistigen, unveränderlichen Welt der »Ideen«. Für Platon sollte alles menschliche Streben auf die Erkenntnis dieser Ideen gerichtet sein. Auch die Kunst hat für ihn nur dienende Funktion. Dies wird besonders deutlich in seinem philosophiegeschichtlich bedeutendsten Werk *Politeia*, in dem es um den Entwurf eines idealen Gemeinwesens geht. Kunst ist für Platon nur eine sehr niedere Form der Wirklichkeitserkenntnis und wird in seinem Staatsentwurf nur insoweit erlaubt, als sie der staatsbürgerlichen Erziehung dient. Kunst ist für Platon eine Form der *mimesis*, der Abbildung von Wirklichkeit. Da die empirische Wirklichkeit für ihn selbst wiederum nur ein Abbild der Ideen ist, erhält die Kunst lediglich den Rang einer Wirklichkeit dritter Ordnung. Dennoch hatte Platon ein Bewußtsein davon, daß das Schaffen von Kunst etwas anderes ist als das bloße Erfassen und Reproduzieren von Wirklichkeit. In seinem frühen Dialog *Ion* charakterisiert er das Kunstschaffen als einen Prozeß, der aus einer göttlichen Eingebung und Begeisterung entsteht. Diese Auffassung entspricht traditionellen orientalischen Lehren, wonach ein Dichter zugleich ein »Seher« im religiösen Sinne ist und Zugang zu einer übernatürlichen Wirklichkeit hat. Immerhin enthält diese These einen rationalen Kern, der auch in heutigen Theorien über Kunst noch enthalten ist: Ästhetische Erfahrung und Gestaltung ist etwas grundsätzlich anderes als die begriffliche oder auch wissenschaftliche Erfassung der Welt.

ARISTOTELES (382-322 v. Chr.) hat ein fragmentarisches Manuskript hinterlassen, das später unter dem Titel *Poetik* zusammengefaßt und als Ursprung der europäischen Dramentheorie berühmt wurde. Manche sehen darin auch den Ansatz einer allgemeinen Kunsttheorie. Doch beide Auffassungen treffen nicht ganz die Absichten des Werks. Der griechische Begriff *poiesis* hat eine viel weitergehende Bedeutung als das, was wir heute »Poetik« nennen. Er bezeichnet allgemein eine Hervorbringung von Wirklichkeit. Aristoteles geht es um eine Beschreibung der Art, wie im griechischen Drama menschliche Handlungsmöglichkeiten exemplarisch vorgeführt werden. Der Kunst wird hier die Funktion zugeschrieben, den Betrachter mit möglichen Welten zu konfrontieren, in denen der Mensch allerdings in typischer Weise und in typischen Situationen agiert. Das griechische Drama, das sich aus einer kultischen und gemeinschaftsbildenden Rolle entwickelt hat, hat für

Die Poetik des Aristoteles

Aristoteles also die Funktion, typische menschliche Handlungen und deren Konsequenzen spielerisch vorzuführen. In diesem Sinne ist auch für Aristoteles Kunst eine Form der *mimesis*, d. h. der Nachahmung.

Die Aufgabe der Kunst bei Horaz

Der Begriff der *mimesis* oder der lateinischen *imitatio* bleibt der zentrale Begriff für die Kunsttheorie der Antike. Der römische Dichter HORAZ (68-8 v. Chr.) versteht diesen Begriff in seiner *Ars Poetica* (17/16 v. Chr.) so, daß Kunst die sichtbare Ordnung der Natur auf immer neue Art darstellen müsse. Dabei äußert Horaz noch einen weiteren Gedanken: Kunst muß eine moralische und erzieherische Wirkung ausüben, sie steht also im Dienst der Persönlichkeitsentwicklung. Neben der Wirklichkeitsdarstellung ist dies die zweite Funktion der Kunst, die von beinahe allen Denkern der Antike herausgestellt wird.

Die religiöse Funktion der Kunst im Mittelalter

Diese Auffassung von Kunst hat sich Mittelalter nicht grundsätzlich verändert. Auch hier hat die Kunst dienende Funktion, und die Reflexion über Kunst ist immer Teil umfassenderer theoretischer Überlegungen. Inzwischen war die christliche Theologie zur herrschenden Lehre geworden, und zwar in einer von der griechischen Philosophie angereicherten Form. Die Künstler des Mittelalters schufen ihre Werke zum Ruhme Gottes und stellten sie bewußt in den Zusammenhang religiösen Lebens. Das berühmteste Beispiel dafür sind die großen gotischen Kathedralen Europas, die zum Beeindruckendsten zählen, was die mittelalterliche Kunst hervorgebracht hat, und die von vielen heute nur noch als »reine« Kunstwerke betrachtet werden. Es ist offensichtlich, daß diese Bauwerke Zentren des religiösen Gemeinschaftslebens waren und daß jedes ihrer Gestaltungsmerkmale eine religiöse Symbolik aufweist. Dies gilt für die Anordnung der Pfeiler, für die Ornamentik und selbst für die gewählten Maße und Größenverhältnisse. Als Diener einer religiösen Sache hinterließen die Baumeister dieser Kathedralen nicht einmal ihre Namen. Die Philosophen betrachteten entsprechend das Schöne und die Kunst als besondere Stufen der Gotteserkenntnis und als Mittel der moralischen Unterweisung.

Kunst in außereuropäischen Kulturen

Eine ähnliche Auffassung von Kunst wie in Antike und Mittelalter findet sich heute noch in vielen außereuropäischen Kulturen, z. B. in Afrika oder bei den australischen Aborigines. Kunst steht auch dort nicht für sich, sondern ist zweckgebunden und Teil kultischer und sozialer Handlungen und hat eine über den »ästhetischen« Charakter hinausgehende Bedeutung.

In Europa hat sich die Auffassung von der Eigenständigkeit und Eigengesetzlichkeit (»Autonomie«) der Kunst in der Renaissance entwickelt. Jedoch erst in der Aufklärung wurde die Kunst und das Schöne zum Thema einer eigenständigen philosophischen Disziplin. In der Philosophie war mittlerweile die Erkenntnistheorie zur Grundlagendisziplin geworden, und so ist es nicht verwunderlich, wenn die nun so genannte »Ästhetik« ebenfalls von erkenntnistheoretischen Fragen geleitet wurde. Die Grundfrage war nun also nicht mehr »Was ist Kunst?« oder »Was ist das Schöne?«, sondern »Was bedeutet es, einen Gegenstand ästhetisch wahrzunehmen oder zu betrachten?« Alle anderen Probleme wurden in ihrer Lösung von der Beantwortung dieser Frage abhängig gemacht.

Autonomie der Kunst in der Neuzeit

Einer der ersten, der die ästhetische Erkenntnis in den Mittelpunkt seiner Untersuchung stellte und gleichzeitig den Begriff »Ästhetik« als Name einer neuen philosophischen Disziplin in die Philosophie einführte, war ALEXANDER BAUMGARTEN (1714-1762). Baumgarten definierte in seiner *Ästhetik* (1750-58) die ästhetische Wahrnehmung als eine Form der sinnlichen, empfindungsgeleiteten Erkenntnis von Gegenständen, gleichzeitig jedoch auch als eine »niedere und verworrene« Form der Erkenntnis. Auch für EDMUND BURKE (1729-1797) war ästhetische Wahrnehmung eine bestimmte Art, sinnliche Eindrücke zu empfangen und zu verarbeiten. Burke wies daraufhin, daß diese Eindrücke nicht nur von den normalerweise als »schön« (im Sinne von »regelmäßig«, »wohlgeformt« und »angenehm«) geltenden Dingen erzeugt werden, sondern auch z. B. von überwältigenden oder grotesken Schauspielen der Natur, die er als »erhaben« bezeichnet.

Ästhetische Wahrnehmung bei Baumgarten und Burke

IMMANUEL KANT (1724-1804) hat in seiner *Kritik der Urteilskraft* (1790) die Ansätze von Baumgarten und Burke weiterentwickelt. Ästhetische Wahrnehmung bleibt auch für ihn mit einer bestimmten sinnlichen Empfindung und mit dem Gefühl der Lust verbunden. Er bezeichnete die ästhetische Wahrnehmung für unseren Sprachgebrauch ungewöhnlich als »ästhetisches Urteil«. Auch heute noch ist in der Philosophie die Meinung verbreitet, die Anschauung des Schönen und der Kunst habe sehr viel mit bestimmten Empfindungen des anschauenden Subjekts zu tun. Die Denker des 18. Jahrhunderts waren allerdings nicht der Ansicht, daß diese Empfindungen rein »subjektiv« seien. Vielmehr wollten sie deren »Intersubjektivität«, d. h. ihre Allgemeingültigkeit nachwei-

Das »ästhetische Urteil« bei Kant

sen. Bei Kant ist ästhetische Empfindung Folge eines für alle Subjekte nachvollziehbaren Erkenntnisprozesses, den er aber von der begrifflichen Erkenntnis unterscheidet. Deshalb lassen sich für Kant ästhetische Wahrnehmungen generell und Kunstwerke im besonderen auch nicht begrifflich adäquat erfassen.

Kants »interesseloses Wohlgefallen«

Doch Kant grenzt ästhetische Wahrnehmung auch von einer zweckgebundenen Wahrnehmung ab, z. B. einer solchen, die einen Gegenstand im Hinblick auf seine Nützlichkeit betrachtet. Dies ist der Sinn der berühmten Wendung vom »interesselosen Wohlgefallen«. Kant benutzt den Begriff »Interesse« hier in der ursprünglich lateinischen Bedeutung als »Inter-esse«, d. h. wörtlich als »Dazwischensein«. Zwischen den Betrachter und den Gegenstand darf sich kein anderer Zweck schieben als der der ästhetischen Anschauung selbst. Dies ist in der Geschichte der Ästhetik eine revolutionäre Erkenntnis und bedeutet nichts anderes, als daß das Betrachten des Schönen keinen ideologischen, moralischen, politischen oder religiösen Zwecken untergeordnet werden darf. Es bedeutet z. B. auch, daß Kunst kein Erziehungs- und Propagandamittel ist, aber auch keine bloße Veranschaulichung philosophischer Weltbilder. In diesem Sinne sind die Kunst und das Schöne für Kant »autonom«, d. h. es sind Gegenstände mit einer eigenen Gesetzlichkeit, und sie erfordern eine Zugangsweise des Betrachters, Hörers oder Lesers, die die »Einbildungskraft« aktiviert und alle kunstfremden Zusammenhänge zurückstellt.

Kunst und Kulturgeschichte bei Hegel

Im 19. Jahrhundert wurde sowohl der erkenntnistheoretische Ansatz als auch der Gedanke der Autonomie in den Hintergrund gedrängt. Der *Deutsche Idealismus* beschäftigte sich vor allem mit der Rolle, die die Kunst in der menschlichen Kulturgeschichte spielt. Für GEORG WILHELM FRIEDRICH HEGEL (1770-1831) gehört Kunst zwar zu den höchsten Ausdrucksformen des menschlichen Geistes, sie bleibt aber als »Wissen in Gestalt und Form des Sinnlichen« eine Vorstufe der Religion und Philosophie. In der Kunst hat sich also für Hegel die Selbsterkenntnis des Menschen noch nicht zu ihrer philosophisch-begrifflichen Form entwickelt.

Die besondere Rolle der Kunst bei Schopenhauer und Nietzsche

In der Moderne hat man die »rationalistische« Auffassung, daß ästhetische Erfahrung gegenüber dem begrifflichen Wissen eine niedere Form von Erkenntnis darstellt, weitgehend aufgegeben. ARTHUR SCHOPENHAUER (1788-1860) knüpfte in seiner Kunsttheorie einerseits an Kants Auffassung des »interesselosen Wohlgefallens« an, betonte aber andererseits im Rückgriff auf Platons Ideenlehre den besonderen Erkenntnischarakter der Kunst. Während alltägliche und wissenschaftliche Erkenntnis nach Schopenhauer die individuellen Naturgegenstände und ihre Gesetze erfaßt, vermittelt die Kunst (ähnlich wie die Philosophie) ein »intuitives« Schauen des *allgemeinen* Wesens von Natur und Mensch. Kunst liefert nach Schopenhauer damit eine besondere Form metaphysischer Erkenntnis. Zugleich erhält sie aber auch eine ethische Funktion: Sie hilft dem Menschen, den »Willen«, d. h. die Abhängigkeit von Leidenschaften und Trieben zu überwinden. Während des Kunstgenusses ist der Mensch von jeder Art Leid erlöst. Dies gilt insbesondere für die Musik, die bei Schopenhauer als die höchste Kunstform angesehen wird. Diese hohe Wertschätzung der Musik hat auch FRIEDRICH NIETZSCHE (1844-1900) übernommen. Dabei vertritt zumindest der frühe Nietzsche eine Form des »Ästhetizismus«, d. h. eine Anschauung, die das Leben frei von allen moralischen Bewertungen wie ein Kunstwerk ansieht. Diese Ansicht steht in engem Zusammenhang mit den »l'art pour l'art«-Theorien, die gegen Ende des 19. Jahrhunderts verbreitet waren.

Zu den Kunstphilosophen, die in der Moderne wieder an die Ästhetik Kants angeknüpft haben, gehört BENEDETTO CROCE (1866-1952). Croce stellt in seiner *Ästhetik als Wissenschaft vom Ausdruck* (1902) sehr ähnliche Fragen wie Kant, doch seine Antworten gehen in einigen Punkten über Kant hinaus. Er begreift ästhetische Wahrnehmung, die er »Intuition« nennt, als völlig eigenständige, »bildliche«, aber nicht mehr sinnliche Erkenntnisform. In ihr werden Wahrnehmungsinhalte auf völlig neue Weise zusammengefaßt und transformiert. Sie hat für ihn ebenso wie die begriffliche Erkenntnis den Status einer rationalen Erkenntnisform. Das Kunstwerk ist für ihn ein einzigartiger, individueller Gegenstand, bei dem man das, *was* ausgesagt wird, nicht mehr trennen kann von der Art, *wie* es ausgesagt wird. Auf diese Art werden nach Croce im Kunstwerk Form und Inhalt zu einer Einheit verschmolzen. Hierin sieht Croce die Autonomie der Kunst begründet. Im Unterschied zu den »l'art pour l'art«-Theorien ist die ästhetische Erkenntnisform für Croce aber nicht die höchste oder einzige, sondern eine Möglichkeit menschlicher Erkenntnis neben anderen.

Kunst als autonome Erkenntnisform bei Croce

Bereits im 18. Jahrhundert hatte sich eine Erkenntnis vorbereitet, die bei Croce schon deutlich entwickelt wurde und in der Ästhetik des 20. Jahrhunderts einen zentralen Platz einnimmt: Das Kunst-

Kunst als ästhetische Erfahrung

werk als Gegenstand wird erst endgültig zu einem *ästhetischen* Gegenstand, wenn es in einer ästhetischen Weise wahrgenommen und aufgefaßt wird. Das Werk ist also eine Art Angebot, das vom Betrachter, Leser oder Hörer ausgefüllt bzw. erst »realisiert« werden muß. Der amerikanische Philosoph JOHN DEWEY (1859-1952) geht in seinem Werk *Kunst als Erfahrung* (1934) sogar noch weiter, wenn er die These aufstellt, daß Kunst ein Beispiel für eine erfüllte, ganzheitliche Erfahrung des Menschen ist.

Kunst und Gesellschaft bei Benjamin und Adorno

Im 20. Jahrhundert mußte sich die Ästhetik mit den neuen technischen Medien, den experimentellen Mitteln der modernen Kunst und mit den neu entwickelten Methoden der Sprachphilosophie auseinandersetzen. WALTER BENJAMIN (1892-1940), der dem Umkreis der *Frankfurter Schule* angehörte, hat in seinem Aufsatz *Das Kunstwerk im Zeitalter seiner technischen Reproduzierbarkeit* (1936) die These aufgestellt, daß mit der Entwicklung von Reproduktionstechniken wie der Photographie oder dem Film das Kunstwerk seine »Aura«, d. h. seine Einzigartigkeit und Unwiederholbarkeit verliert. Dies stelle das gesamte traditionelle Kunstverständnis in Frage. Kunst werde damit zu einem Massenkommunikationsmittel und erhalte dadurch eine Funktion in der politisch-gesellschaftlichen Auseinandersetzung. THEODOR W. ADORNO (1903-1969), ein Hauptvertreter der *Frankfurter Schule*, versuchte in seiner *Ästhetischen Theorie* (1970) eine Neubestimmung der Autonomie der Kunst. Sein Ziel war es, Autonomie und gesellschaftliche Funktion der Kunst zu verbinden. Diese Verbindung sieht er in der »Negativität« der modernen Kunst, d. h. in der Art, wie sie sich gegen jede Einordnung und gegen jeden vorgefaßten Begriff sperrt. Die gesellschaftskritische Funktion der Kunst besteht für Adorno also gerade darin, daß sie sich in einer entfremdeten Gesellschaft jeder »Funktionalität« entzieht.

Das Problem der ästhetischen Kommunikation

Eine große Zahl von Kunstphilosophen widmete sich, in Anlehnung an die Sprachphilosophie, der Frage, welche Art von Kommunikation eigentlich vorliegt, wenn wir die Dinge ästhetisch betrachten. So fragte man z. B., wie Sprache verwendet wird, wenn sie ästhetischen Zwecken dient. Da jedoch Kunst auch nichtsprachliche Werke umfaßt, wurde diese Untersuchung von anderen auf ästhetische Kommunikation im weitesten Sinne ausgedehnt. Man kann vereinfachend sagen, daß es bei jeder Kommunikation einen Sender gibt, der eine Botschaft an einen Empfänger vermittelt. Er benutzt dabei einen bestimmten Code und auch bestimmte Über-

mittlungswege (Kanäle). Wendet man dieses Modell auf Kunsterfahrung an, so muß man das Kunstwerk als eine codierte Botschaft
verstehen, die vom Künstler an den Rezipienten übermittelt wird
und die von diesem entschlüsselt werden muß. Kann man also eine
»ästhetische« Botschaft so verstehen lernen wie eine Nachricht, die
über einen Morse-Code vermittelt wird? Unter den Theoretikern
scheint Einigkeit darüber zu herrschen, daß es sich bei der Kunsterfahrung um einen äußerst komplexen und atypischen Fall einer
Kommunikation handelt, die sich z. B. dadurch auszeichnet, daß
jedes Kunstwerk seinen eigenen individuellen Code hat und daß es
außerdem beim Kunstwerk kaum möglich ist, »Code« und
»Botschaft« klar voneinander zu trennen. Im Grunde gibt es in der
Kunstrezeption keine »Botschaft« im üblichen Sinne.

Ähnliche Probleme stellen sich, wenn man versucht, den *Ästhetische*
Prozeß der Kunsterfahrung mit den Mitteln der Semiotik, der *Zeichentheorie*
Zeichentheorie, zu beschreiben (→ V). Hier lautet die Frage
entsprechend: Welcher Art von Zeichensprache bedienen sich
Kunstwerke? Unsere Verbalsprache z. B. kann als ein Zeichensystem aufgefaßt werden, bei dem Wörtern (Zeichen) Bedeutungen
zugeordnet sind, die selbst auf sog. Referenten Bezug nehmen,
also auf konkrete Dinge, die in unserer Erfahrungswelt vorkom-
men. Ein Beispiel: Das deutsche Wort »Stuhl« wäre ein Zeichen,
dessen Bedeutung man in der Definition »vierbeinige, für eine
Person verfertigte Sitzgelegenheit« zusammenfassen kann. Referenten dieser Bedeutung sind z. B. die vielen konkreten Stühle, die
wir jeden Tag sehen. Was ist nun Zeichen, Bedeutung und Referent
eines Kunstwerks? Auch hier zeigt sich, daß der »ästhetische
Zeichenprozeß« einen komplexen Grenzfall darstellt, da bei einem
Kunstwerk Zeichen, Bedeutung und realer Bezug nicht klar zu
trennen sind. Deshalb bezeichnet der amerikanische Philosoph
CHARLES W. MORRIS (1901-1979) das Kunstwerk auch als
»ikonisches Zeichen«, weil wie bei einer Ikone der *bezeichnende*
Gegenstand ähnliche oder gleiche Eigenschaften hat wie der
bezeichnete Gegenstand, d. h. der Gegenstand, auf den verwiesen
wird.

Gibt es also eine vernünftige Antwort auf Fragen wie: Welche *Merkmale*
Rolle spielt Kunst in der menschlichen Kultur? Was ist Kunst? Was *der ästhetischen*
bedeutet es, einen Gegenstand »ästhetisch« wahrzunehmen? Wie *Wahrnehmung*
kann man den Begriff »schön« sinnvoll verwenden? Viele Philosophen würden heute der Behauptung zustimmen, daß es ein Merkmal

ästhetischer Wahrnehmung ist, einen Gegenstand von der Art seiner individuellen Erscheinung, seiner Präsentation her zu betrachten. Der ästhetische Betracher richtet seinen Blick darauf, wie die Elemente einer Erscheinung zusammengefügt sind und ob sie auch dann eine unverwechselbare Einheit bilden, wenn man von äußeren Zwecken und Funktionen völlig absieht? Ein Auto ästhetisch zu betrachten bedeutet so z. B., die Elemente eines »Designs« aufeinander zu beziehen und zu prüfen, ob Farbe, Größe, Material usw. miteinander einen einheitlichen Gesamteindruck erzeugen oder nicht. Wenn ja, kann man das Auto durchaus als »schön« bezeichnen. Kunstwerke als exemplarisch schöne Gegenstände sind immer so beschaffen, daß sie einen solchen Eindruck erzeugen.

Kriterien der Kunstkritik

Dies liefert uns gleichzeitig ein Kriterium für sinnvolle Kunstkritik. Ein Kunstwerk wäre demnach ästhetisch um so bedeutender, je mehr es der ästhetischen Wahrnehmung entgegenkommt und je weniger es sich auf äußere Funktionen und Zwecke reduzieren läßt. Wenn wir z. B. ein literarisches Werk vor uns haben, dessen »Botschaft« so eindeutig ist, daß man als Leser überzeugt ist, daß die gleiche Botschaft auch auf eine andere Art, z. B. durch ein Flugblatt oder eine Rede, hätte vermittelt werden können, muß das Werk als »mißlungen« gelten. Ein »ästhetisch gelungenes« Werk läßt sich niemals in ein anderes Medium übersetzen, und es läßt sich ebensowenig auf eine eindeutige »Aussage« reduzieren. Versucht man z. B. Tolstois »Krieg und Frieden« nur als moralischen Traktat oder als ein Werk russischer Geschichtsschreibung zu lesen, wird man schnell bemerken, daß man viele wichtige Aspekte wie die komplexe Figurengestaltung, die kunstvolle Handlungsentwicklung usw. außer acht läßt. Man hat dann das Werk in seiner Komplexität nicht »ausgeschöpft«.

Das Beispiel »Komposition in Oval«

Was bedeutet dies nun für die Betrachtung von Kunst im Alltag? Nehmen wir als ein Beispiel ein berühmtes Bild des frühen 20. Jahrhunderts, die »Komposition in Oval« von Piet Mondrian, ein Werk der nichtgegenständlichen Malerei. Es zeigt ein beiges Oval auf braunem Untergrund, das von zahlreichen, zunächst undurchschaubaren Strukturmustern durchzogen ist. Ein geübter und kenntnisreicher Betrachter wird sehen, daß die Strukturmuster des Bildes sich aus einer Darstellung von Baumrinden entwickelt haben. Er wird sich jedoch davor hüten, im Bild eine »Abbildung« von Rindenmustern zu sehen. Vielmehr wird er sich darauf konzentrieren, wie Farbe, Muster und Einzelteile des Bildes aufeinander bezogen sind.

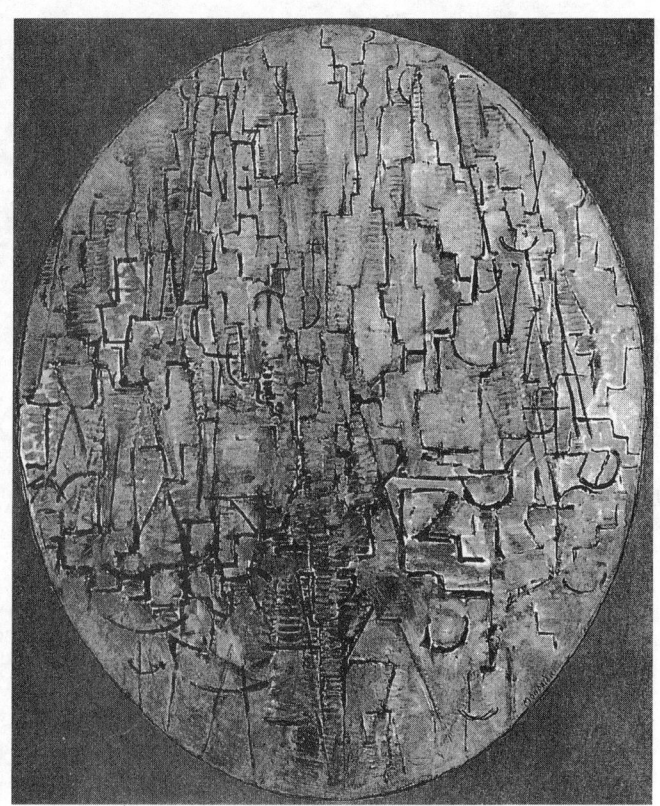

Piet Mondrian, Komposition in Oval, 1913

Er wird sich in dem Bild bewegen wie in einem neuen, fremden Haus, für dessen Erkundung man sich Zeit nimmt. Er wird von vornherein darauf verzichten, eine »Aussage« oder »Belehrung« in diesem Bild zu suchen. Er wird dabei von persönlichen Neigungen und Abneigungen absehen, die mit den Bedürfnissen seines praktischen Lebens zu tun haben. Ästhetische Rezeption von Kunst ist etwas, was durch lange Praxis eingeübt werden muß. Die philosophische Ästhetik kann vor allem den Blick dafür öffnen, daß Kunstwerke Gegenstände völlig eigener Art und eigenen Rechts sind, und auf Rezeptionsarten von Kunst aufmerksam machen, die einer *ästhetischen* Rezeption im Wege stehen. Doch auch wenn diese Kriterien der Kunstkritik akzeptiert sind, ist ihre Anwendung im konkreten Fall zum Teil recht schwierig und erfordert vom Kritiker eine große Erfahrung im Umgang mit Kunst.

Die Rolle der Kunst in Kultur und Leben

Über die Rolle der Kunst innerhalb der menschlichen Kultur und des menschlichen Lebens gibt es die verschiedensten Aussagen. Für manche ist Kunst eine Art Religionsersatz oder sogar Lebensinhalt. Wenn man davon ausgeht, daß die Kunst ein völlig eigenständiger Gegenstandsbereich ist, der nicht im Dienst irgendeines anderen Zweckes steht, dann könnte man behaupten, daß Kunst eine eigene Wirklichkeit schafft, die nicht unbedingt identisch mit der erfahrenen Wirklichkeit ist, aber auch nicht von ihr unabhängig ist. Kunst hat es, so könnte man in Anlehnung an Aristoteles sagen, mit möglichen Welten zu tun, mit einer Wirklichkeit also, die menschliche Erfahrung verarbeitet und ergänzt. Kunst *sagt* nicht in erster Linie etwas über Wirklichkeit, sondern sie *ist* eine neue Wirklichkeit, der wir uns in einer besonderen Weise nähern müssen. Sie hat aber auch durchaus eine enge Beziehung zu unserer Erfahrung und kann sogar helfen, diese Erfahrung besser zu verstehen und zu bewältigen. So hat man z. B. seit dem 18. Jahrhundert immer wieder darauf hingewiesen, daß in der Kunst die Zwänge des Alltags und der Gesellschaft aufgehoben sind und somit ein Erfahrungsbereich entstanden ist, der dem Menschen mehr Freiheit und Kreativität ermöglicht als andere Erfahrungsbereiche. Auch schärft der Umgang mit Kunst unsere Sensibilität und Wahrnehmungsfähigkeit. In der Psychologie wird er sogar teilweise als Therapiemittel eingesetzt. Für diejenigen, die »Kunstgeschmack« entwickelt haben, ist der Umgang mit Kunst auch stets eine Quelle von Genuß und Lebensglück.

Weiterführende Literatur:

Zu einer überblicksmäßigen Einführung in die Ästhetik der Antike und des Mittelalters eignen sich:

ERNESTO GRASSI: *Die Theorie des Schönen in der Antike*, Köln 1962;

ROSARIO ASSUNTO: *Die Theorie des Schönen im Mittelalter*, Köln 1963 (Du Mont). Beide Bücher enthalten auch Auszüge aus der Primärliteratur.

Eine repräsentative Textsammlung von Primärtexten aus der Geschichte der Ästhetik liegt vor in:

MICHAEL HAUSKELLNER (Hrsg.): *Was das Schöne sei. Klassische Texte von Platon bis Adorno*, München 1994 (dtv 4626).

Ein nützliches Nachschlagewerk für diejenigen, die sich kurz und knapp über Begriffe der Ästhetik informieren wollen, ist:

WOLFHART HENCKMANN u. KONRAD LOTTER (Hrsg.): *Lexikon der Ästhetik* (Beck'sche Reihe 466).

VIII. Politik und Geschichte

Der Mensch wird frei geboren, aber
überall liegt er in Ketten.
Jean-Jacques Rousseau

Die Weltgeschichte ist der
Fortschritt im Bewußtsein der
Freiheit.
Georg Wilhelm Friedrich Hegel

Viele Dinge in unserem Leben können wir unabhängig von anderen Menschen entscheiden, planen und gestalten. Dazu gehören unsere Freundschaften, unsere Freizeitbeschäftigung, zuweilen auch unsere Berufswahl. In den meisten Bereichen unseres Lebens sind wir dagegen direkt oder indirekt den Einflüssen der Politik unterworfen. Dazu kann auch bereits die Wahl unseres Berufs zählen, wenn wir z. B. in einem Land leben, in dem die Meinungsfreiheit eingeschränkt ist und Berufe wie Journalist, Wissenschaftler oder Staatsbeamter nur von solchen Menschen ausgeübt werden können, die die offizielle Staatsmeinung teilen. Verfolgungen aufgrund von Rasse, Hautfarbe oder Religion sind ebenso Folgen von politischen Verhältnissen wie z. B. die Möglichkeit, mit dem Paß des eigenen Landes in manche Länder reisen zu dürfen und in andere nicht. Aber auch diejenigen, die sich von der Politik fernhalten wollen, werden ständig mit ihren Folgen konfrontiert. Der Staat, in dem wir leben, erhebt Steuern, erläßt Verkehrsgesetze und verpflichtet uns zu bestimmten Diensten, z. B. in der Armee. Es ist daher ein berechtigtes Interesse der Menschen zu erfahren, nach welchen Maßstäben man die Maßnahmen der Politik beurteilen kann und wie das Idealbild eines Staates aussehen könnte, an dem sich der wirkliche Staat, in dem man lebt, messen lassen müßte. Man kann dieses Anliegen auch auf die Frage reduzieren, was unter einer »gerechten« Politik und einer »gerechten« staatlichen Ordnung zu verstehen ist. Dies ist auch das zentrale Thema der politischen Philosophie.

Einflüsse der Politik im Alltag

Die *politische Philosophie* betrachtet den Menschen, ebenso wie die *Rechtsphilosophie* und die *Ethik* (→ IX), in seiner Beziehung zu anderen Menschen und zu den Regeln, die er im Zusammenleben mit ihnen einhalten muß. Weil sie sich mit Handlungsregeln oder auch »Normen« beschäftigt, gehört die politische Philosophie eben-

Probleme der politischen Philosophie

so wie die Ethik oder Rechtsphilosophie zur *praktischen Philosophie*. Ihr spezielles Thema ist die Art, wie sich die Gesellschaft am besten organisieren sollte. Sie diskutiert die Eignung verschiedener *Staatsformen* wie z. B. die der Monarchie oder Republik, verschiedener *Regierungsformen* wie z. B. die eines Präsidialsystems oder die Formen parlamentarischer Repräsentation, aber auch die generellere Frage der *Herrschaftsformen* wie Diktatur oder Demokratie. Hinter der Diskussion solcher politischer Organisationsformen steht die grundsätzliche Frage nach der Gerechtigkeit einer Staatsordnung, eine Frage, die sich innerhalb der politischen Diskussion in mehreren Einzelfragen äußert, z. B.: Wann entspricht eine solche Ordnung den Bedürfnissen der *Bürger*? Wieviel *Freiheit* muß der Mensch aufgeben und wieviel Freiheit muß ihm in einer solchen Ordnung garantiert sein? Welche *Rechte* soll man einem Staatsbürger zugestehen und welche *Pflichten* muß man ihm zumuten? Gerade bei der Diskussion grundlegender Rechte und Pflichten von Staatsbürgern überschneiden sich die Fragen der politischen Philosophie und der Rechtsphilosophie.

Geschichts-bewußtsein im Alltag

Viele politische Philosophen haben die Verwirklichung des besten Staates an das Ende der Geschichte verlegt, d. h. sie glaubten, daß es einen Fortschritt in der Geschichte gibt, so daß schließlich, vielleicht nach mehreren Generationen oder vielleicht auch erst nach mehreren hundert Jahren, ein politischer Idealzustand erreicht sein würde. Die Frage, ob es neben dem wissenschaftlich-technischen Fortschritt auch einen politischen Fortschritt gibt, kann geradezu als die zentrale Frage der Geschichtsphilosophie angesehen werden. Auch die Geschichte macht sich in unserem Alltag ständig bemerkbar. Wir vergleichen z. B. ständig, wie sich die politischen Verhältnisse im Vergleich zu der Zeit geändert haben, in der unsere Eltern und Großeltern in unserem Alter waren. Im Ausland werden wir häufig mit der Geschichte unseres eigenen Landes konfrontiert. Deutsche und Japaner werden dabei an die Opfer erinnert, die anderen Völkern im 2. Weltkrieg zugefügt wurden. Franzosen leben bis heute im Bewußtsein der Ereignisse der Französischen Revolution. Wir schätzen die Chancen einer Demokratie in einem Land danach ein, ob es dort demokratische Traditionen gibt, d. h. ob es dort in der Vergangenheit bereits Demokratie gegeben hat. Geschichtsphilosophie diskutiert, anders als die politische Philosophie, keine Normen, sondern sie versucht zu beschreiben oder zu erklären, nach welchen übergeordneten Gesetzen sich die Geschichte entwickelt hat und noch entwickeln wird. Ihre Fragen sind somit *deskriptiv*. So untersucht sie z. B., durch welche ideologischen, militärischen oder ökonomischen Kräfte die Geschichte bestimmt wird. Gibt es also so etwas wie eine Regelmäßigkeit oder Vorhersehbarkeit des Geschichtsverlaufs?

Für die griechischen Philosophen war die Geschichte noch kein großes Thema. Sie waren nicht der Meinung, daß die geschichtliche Entwicklung sich auf ein bestimmtes Ziel zubewegt. Eine solche *teleologische*, d. h. zielgerichtete Geschichtsauffassung begann sich erst in der Spätantike allmählich durchzusetzen. Die Griechen glaubten vielmehr, daß allen Geschehnissen letztlich dieselbe Ordnung zugrundeliegt und daß sich somit bestimmte »typische« Abläufe immer wiederholen würden. Die Gesetze der Geschichte zu verstehen war daher nichts anderes als die immer gleichbleibende Ordnung des Kosmos zu durchschauen. Die Geschichte wurde also als eine Art Kreisbewegung aufgefaßt. Eine solche Geschichtsauffassung nennt man *zyklisch*. Auch in der europäischen Neuzeit wurde eine solche zyklische Geschichtsauffassung noch vertreten. So vertrat GIAMBATTISTA VICO (1668-1744) eine Geschichtstheorie, nach der ein theokratisches, mythisches und rationales Zeitalter periodisch immer wieder aufeinanderfolgen. Auch FRIEDRICH NIETZSCHE (1844-1900) nahm, ähnlich wie die Griechen an, daß sich die Geschichte in ihrem Grundmuster immer wiederholt. Entsprechend sprach er von einer »ewigen Wiederkehr des Gleichen«. In unserem Jahrhundert hat OSWALD SPENGLER (1880-1936) in seinem seinerzeit berühmten Werk *Der Untergang des Abendlandes* (1918-1922) eine stark pessimistisch gefärbte Version der zyklischen Geschichtstheorie vertreten. Danach hat jede Kultur, wie das Leben einer Pflanze, Phasen der Blüte und des Verfalls, des Aufstiegs und des Niedergangs. Durch einen Kulturvergleich kam Spengler zu der Prognose, daß die europäische Kultur bereits dem Untergang zustrebt.

Zyklische Geschichtstheorien

Daß viele europäische Philosophen politische Theorie und Geschichtsphilosophie miteinander verbunden haben, ist auf den Einfluß des Christentums zurückzuführen. Die Christen glaubten, daß die irdische Geschichte im Jenseits ihre Vollendung durch Gott erfährt. Ein Beispiel dafür findet sich bei dem frühchristlichen Philosophen AUGUSTINUS (354-430) in seinem Buch *Vom Gottesstaat* (428). Den Verfall des römischen Weltreiches vor Augen, setzt Augustinus den vergänglichen weltlichen Staaten die Kirche als

Teleologische Geschichtstheorien

Gottesstaat gegenüber, der sich im »siebten Weltalter«, nämlich bei der Auferstehung am Jüngsten Tag, verwirklichen würde. Viele spätere Philosophen sind Augustinus darin gefolgt, die Weltgeschichte als eine Bewegung des *Fortschritts* aufzufassen, auch wenn bei Augustinus »Fortschritt« noch im religiösen Sinne verstanden wird. Seit der Aufklärung gingen die Philosophen zunehmend dazu über, den Gedanken einer Erfüllung oder Vollendung der Geschichte zu säkularisieren. Man nahm also an, daß die Erlösung des Menschen durch eine politische Befreiung bereits im Diesseits stattfinden würde. KARL LÖWITH (1897-1973) hat sowohl die religiöse als auch die säkularisierte Form dieser Geschichtsauffassung als »heilsgeschichtlich« charakterisiert, weil in allen Fällen angenommen wird, daß ein Heilszustand am Ende der Geschichte stehen wird.

Idealistische Teleologie bei Hegel Die beiden bedeutendsten Vertreter dieser Art von Geschichtsphilosophie waren Hegel und Marx. GEORG WILHELM FRIEDRICH HEGEL (1770-1831) glaubte, daß sich das Freiheitsbewußtsein unter den Menschen zunehmend durchsetzen wird bis hin zu einem Zustand, wo sich dieses fortgeschrittene kollektive Bewußtsein im Einklang befindet mit der Art, wie sich Gesellschaft und Staat organisiert haben. Nach Hegel ist die Vernunft in der Geschichte angelegt, und die geschichtliche Entwicklung strebt auf eine Verwirklichung dieser Vernunft zu. Weil für ihn die Vernunftentwicklung, d. h. die Entwicklung des menschlichen Geistes, der bestimmende Faktor der Geschichte ist, wird seine Geschichtstheorie als *idealistisch* bezeichnet. Am Ende der Geschichte steht für Hegel ein Staat, der mit seinen Institutionen und seinen Machtbefugnissen von den Bürgern gewollt und getragen wird. Die Entwicklung zu diesem Staat hin bezeichnet Hegel als »Selbstbewußtwerdung des Weltgeistes«, und die Art dieser Entwicklung nennt er »dialektisch«. Der griechische Begriff »dialegein« bedeutet ursprünglich so viel wie »einen Dialog führen« oder zwei Positionen einander entgegenstellen. Bei Hegel bedeutet dieser Begriff, daß der Konflikt zwischen zwei Gegensätzen sich in der Weise auflöst, daß die positiven Elemente beider Gegensätze in einem höheren Zustand bewahrt werden und sich dort nicht mehr widersprechen, sondern vielmehr ergänzen. In einer analogen Weise stellt sich Hegel die Entwicklung der Geschichte als eine ständige Überführung von Konflikten in einen höheren Zustand vor.

Auch KARL MARX (1818-1883) begreift die Geschichtsentwicklung als »dialektisch«, doch anders als Hegel sieht er die ökonomischen Bedingungen, d. h. die Art wie die Produktion von Gütern organisiert wird, als die treibenden Kräfte dieser Entwicklung an. Aus diesem Grund hat er selbst seine Geschichtstheorie als *materialistisch* bezeichnet. Marx und der mit ihm zusammenarbeitende FRIEDRICH ENGELS (1820-1895) hatten die Folgen der Industrialisierung in England vor Augen, wo sich eine weitgehend recht- und besitzlose Arbeiterklasse herausgebildet hatte, die der Bourgeoisie, also der Klasse, die die Produktionsmittel besaß, feindlich gegenüberstand. Beide nahmen an, daß es solche »Klassengegensätze« in jeder Epoche der Geschichte gegeben habe und daß die Geschichte somit als eine Folge von Klassenkämpfen aufzufassen sei, an deren Ende, nämlich mit der Befreiung der Arbeiterklasse, nicht mehr ein Staat oder ein neuer Klassengegensatz, sondern eine klassenlose Gesellschaft stehe. Diese Erfüllung der Geschichte ist das, was Marx und Engels Kommunismus nennen.

Materialistische Teleologie bei Marx

Alle teleologischen Geschichtsauffassungen werfen die Frage nach den Möglichkeiten auf, die dem Individuum verbleiben, den vorhersehbaren Geschichtsablauf zu beeinflussen. Ist das Individuum letztlich dazu verurteilt, »Einsicht in die Notwendigkeit« zu zeigen? Und wer entscheidet darüber, was dieser Notwendigkeit gerade entspricht? In der Fortentwicklung der marxistischen Philosophie durch LENIN (1870-1924), wurde die letztere Frage dahingehend beantwortet, daß es die kommunistische Partei ist, die solche Einsichten hat und entsprechend »den Massen einen Schritt voraus« ist.

Probleme der teleologischen Geschichtsauffassung

Die Vorstellung, daß die geschichtliche Entwicklung einen stetigen Fortschritt zu einer besseren Gesellschaft und zu einer besseren Welt darstellt, ist ein Grundzug europäischen Geschichtsdenkens seit der Aufklärung, der auch noch heute seine Anziehungskraft nicht ganz verloren hat. Neben diesem Geschichtsoptimismus gibt es jedoch auch die Auffassung, daß die geschichtliche Entwicklung eher einen Verfallsprozeß darstellt und Kultur überhaupt nichts anderes ist als eine Art »degenerierter« Natur. Ein solcher *Geschichts-* und *Kulturpessimismus* wurde vor allem von JEAN-JACQUES ROUSSEAU (1712-1788) vertreten. Rousseau erhob die Forderung »Zurück zur Natur«, weil er glaubte, daß mit der Entwicklung der Zivilisation die natürliche Gleichheit der Menschen verlorengegangen und die von Natur aus guten Anlagen des

Pessimistische und skeptische Geschichtsauffassungen

Menschen pervertiert worden seien. Auch im 20. Jahrhundert wurde immer wieder die These vertreten, die Geschichte sei eher als ein Rückschritt aufzufassen. Skeptische Vorbehalte gegen die These von einem gesetzmäßigen Fortschritt der Geschichte äußerten im 20. Jahrhundert Jaspers und Popper. KARL JASPERS (1883-1969) sah den Glauben an einen vorgezeichneten glücklichen Endzustand der Geschichte durch den chaotischen und zerstörerischen Gang der Geschichte widerlegt. KARL POPPER (1902-1994) wandte sich aus methodischen Gründen gegen den »Historizismus«, d. h. gegen die Auffassung, die glaubt, auf der Basis wiederholt festgestellter Entwicklungsmuster in der Geschichte wissenschaftlich begründete Voraussagen historischer Ereignisse machen zu können. Durch empirische Betrachtungen ließen sich zwar Trends, aber keine Entwicklungsgesetze in der Geschichte nachweisen.

Politische Philosophie bei den Griechen

Während die Griechen keine eigentliche Geschichtsphilosophie im oben skizzierten Sinne betrieben, üben ihre Überlegungen zur Politik einen bedeutenden Einfluß bis heute aus. Man muß dabei jedoch berücksichtigen, daß das, was die Griechen »polis« nannten und von dem unser Wort »Politik« abgeleitet ist, kein Staat im heutigen Sinne war. Bei der »polis« handelte es sich um kleine, überschaubare Gemeinwesen, etwa wie heutige Stadtstaaten, mit einer begrenzten Anzahl freier Bürger und ebenso einer Anzahl unfreier Arbeitssklaven, die z. T. aus ehemaligen Kriegsgefangenen bestanden. Marx hat diese Gesellschaften deshalb auch »Sklavenhaltergesellschaften« genannt. Die politische Philosophie der Griechen hat die Existenz von Sklaven nie in Frage gestellt. Alle Überlegungen bezogen sich auf die Art, wie sich die freien Bürger, die wiederum verschiedenen Ständen zugehörten, in einer polis organisieren sollten. Die Anerkennung sogenannter »Menschenrechte« hat sich erst in der europäischen Neuzeit, und dort auch erst sehr allmählich, durchgesetzt.

Die beiden bedeutendsten griechischen Philosophen, Platon und Aristoteles, konzentrierten sich auf folgende Fragen: Wer soll in einer idealen polis herrschen oder an der Herrschaft beteiligt sein? Wie soll das Verhältnis der Stände untereinander geregelt sein, und welche Mitwirkungsmöglichkeiten und Freiheiten hat ein Bürger in einer polis?

Die Staatsphilosophie Platons

PLATON (427-347 v. Chr.) hat in seinem Werk *Politeia*, d. h. die Lehre von der polis, den Vorschlag gemacht, daß nur diejenigen herrschen sollen, die eine gründliche philosophische Ausbildung durchlaufen haben. Für viele heute ist die Vorstellung etwas provozierend oder vielleicht sogar lächerlich, daß ausgerechnet Philosophen die höchsten politischen Ämter besetzen sollen. Doch Platon war der Meinung, daß nur diejenigen für Gerechtigkeit im Staat sorgen können, die auch wissen, was »Gerechtigkeit« eigentlich ist. Die Beantwortung dieser Frage gehört aber zu der Beschäftigung eines Philosophen. Nur wenn die Philosophen zugleich die Herrscher wären, so war Platons Argumentation, wären Macht und Weisheit miteinander verbunden und die Bürger somit vor dem Machtmißbrauch einer tyrannischen Herrschaft geschützt. Im übrigen baut Platons Idee von der idealen polis auf einer Analogie auf: So wie im einzelnen Menschen Begierden, Wille und Vernunft im richtigen Verhältnis zueinander stehen müssen – wobei die Vernunft der beherrschende Teil sein soll –, so müssen auch im Staat die drei Stände der Güter Produzierenden und Vertreibenden, der Krieger und der Aristokraten in ein richtiges Verhältnis zueinander gesetzt werden. Platons Aristokratie ist dabei die herrschende Schicht, die aus einer Auslese hervorgeht, wobei die philosophische Ausbildung eine wesentliche Rolle spielt. In dieser herrschenden Schicht gibt es keinen Privatbesitz. Alle wichtigen Güter werden untereinander geteilt. Platon hat sich bei diesem Gedanken z. T. von dem historischen Vorbild Sparta leiten lassen. Auf viele spätere Philosophen hat die Idee, daß Besitz und Macht getrennt werden müssen, daß die Machthaber sich also bis zu einem gewissen Grad der *Askese* verpflichten sollen, eine große Faszination ausgeübt. Die Vorstellung, daß alle Bürger gleiche Rechte haben sollen, ist Platon dagegen, wie allen griechischen Philosophen, noch fremd. Auch ist in seiner idealen polis kein Raum für Veränderungen oder Reformen. Platon zeichnet das Bild eines Gemeinwesens, in dem alles perfekt geregelt ist und die Erziehung und das Leben eines jeden Bürgers vom Staat kontrolliert wird. Die individuelle Freiheit der Bürger ist sehr begrenzt: Abweichungen und Veränderungen werden als etwas Negatives gesehen.

Anlehnend an Platon haben viele spätere Staatsphilosophen versucht, das Bild einer idealen Gesellschaft und eines idealen Staats zu zeichnen. Vor allem in der Renaissance wurden mehrere dieser »Staatsutopien« geschrieben, darunter der *Sonnenstaat* (1602) des italienischen Dominikanermönchs THOMAS CAMPANELLA (1568-1639) und die berühmte *Utopia* (1516) des englischen Bischofs THOMAS MORUS (1478-1535). In ihnen wird das Bild einer rational

Staatsutopien der Neuzeit

durchorganisierten Gesellschaft entworfen, die den Anspruch erhebt, das Leben des einzelnen bis ins kleinste Detail zu regeln und zu kontrollieren. Bei Morus müssen die Bürger des Idealstaats sogar eine Sondergenehmigung einholen, wenn sie innerhalb des Landes von einem Ort zum anderen reisen wollen. Alle diese Entwürfe einer Utopie stützen sich auf sehr ähnliche Grundannahmen über den Menschen: Man glaubt, daß der Mensch ein auf die Verwirklichung von Vernunftprinzipien angelegtes Wesen ist. Daraus folgt, daß ein nach den Prinzipien der Vernunft durchorganisierter Staat die Menschen glücklich macht. Daraus wird dann auch abgeleitet, daß diejenigen, die wissen, was vernünftig ist, nämlich die Philosophen oder die jeweiligen Herrscher, die Vernunft auch gegen diejenigen Bürger durchsetzen dürfen, die sich unvernünftig verhalten. Ähnlich haben bekanntlich auch die Jakobiner in der Französischen Revolution argumentiert. Auch marxistische Philosophen stehen dieser Auffassung nahe. Nicht zufällig haben die Renaissanceutopien bei Marxisten eine große Wertschätzung erfahren. POPPER hat demgegenüber in seinem Werk *Die offene Gesellschaft und ihre Feinde* (1945) diese Versuche kritisiert und darauf hingewiesen, daß solche Utopien totalitäre Züge tragen und den Bürger zu einem Sklaven der staatlichen Obrigkeit erniedrigen. Eine berühmt gewordene literarische Kritik an solchen Utopievorstellungen findet sich in George Orwells Roman »1984«.

Der Ansatz des Aristoteles

ARISTOTELES (384-322 v. Chr.) ist mit seinen Aussagen über den idealen Staat wesentlich vorsichtiger. Anders als Platon schlägt er vor, von praktischen Erfahrungen mit verschiedenen Staatsformen auszugehen und die besten Elemente z. B. der Demokratie oder auch der aristokratischen Herrschaftsform miteinander zu verbinden. Der beste Staat beruht für ihn somit auf einer Art Mischverfassung. Auch Aristoteles bezieht seine Überlegungen immer auf die Bedingungen der griechischen polis. Doch hat sein Ansatz, praktische Erfahrungen mit Institutionen zur Grundlage einer politischen Philosophie zu machen, großen Einfluß auf spätere Philosophen gehabt, z. B. auf den französischen Aufklärer Montesquieu.

Das neuzeitliche Modell des Gesellschaftsvertrags

Die politische Philosophie der europäischen Neuzeit hat, anders als die griechische Philosophie, den einzelnen Bürger, das Individuum, zum Ausgangspunkt ihrer Überlegungen gemacht. Von daher mußte zunächst einmal begründet werden, warum sich Menschen

Titelbild der Schrift »Leviathan« von Thomas Hobbes

überhaupt zu einem Staat zusammenschließen sollen und wie ein Staat, der sich vor der Vernunft rechtfertigen läßt, entsteht. Man fragte also nicht nach dem tatsächlichen *historischen* Ursprung des Staates, sondern nach seiner *Legitimation*, also nach der Rechtmäßigkeit seines Bestehens. Als Rechtfertigungsmodell haben eine ganze Reihe von Philosophen den sog. »Gesellschaftsvertrag« eingeführt. Durch diesen Vertrag treten die Menschen freiwillig aus einem Zustand ohne staatliche Institutionen, dem sog. »Naturzustand«, in einen staatlich organisierten Zustand über. Das Modell eines solchen Vertrages findet sich z. B. bei den englischen Philosophen Hobbes und Locke, aber auch bei Rousseau und Kant. In den Augen aller dieser Philosophen ist ein Staat keine von Natur oder von Gott gegebene Einrichtung, sondern Menschenwerk. Der Staat ist deshalb nur dann legitimiert, wenn er auf der durch freiwillige Vereinbarung geäußerten Zustimmung der Bürger beruht und deren

Sicherheit, Leben und Eigentum schützt. Vertreter dieses Modells des Gesellschaftsvertrages unterscheiden sich allerdings darin, daß sie die Frage nach dem Verhältnis zwischen Bürger und Staat jeweils anders beantworten. Wie viele Rechte überantwortet der Bürger dem Staat, wenn er einen solchen Vertrag eingeht? Kann der Staat, wenn er sich einmal durch den Willen der Bürger gebildet hat, auch bestimmte Entscheidungen gegen den Mehrheitswillen der Bürger treffen, z. B. einem anderen Staat den Krieg zu erklären? Haben Minderheiten einen Anspruch auf Schutz?

Probleme im Verhältnis zwischen Bürger und Staat

Betrachtet man die jeweiligen Antworten der Philosophen, so kann man eine mehr autoritäre und mehr liberale Variante unterscheiden. Welche Variante man vertritt, hat ganz konkrete Auswirkungen auf die Art, wie Konflikte zwischen Bürger und Staat gelöst werden. Hat ein Bürger z. B. das Recht, den Dienst in der Armee zu verweigern oder nicht? Nicht alle Staaten räumen ihren Bürgern dieses Recht ein. Auch z. B. das Problem der Weitergabe persönlicher Daten durch staatliche Stellen wird ganz unterschiedlich gehandhabt. Eine andere, ganz grundsätzliche und auf die Funktionsweise politischer Institutionen bezogene Frage ist die, ob der Bürger oder von ihm gewählte Repräsentanten die Möglichkeit haben, eine Regierung des Amtes zu entheben, wenn sie offensichtlich unrechtmäßige Maßnahmen ergreift. So gibt es in den USA z. B. ein parlamentarisches Absetzungsverfahren für den Präsidenten, das auch schon angewandt wurde.

Autoritäre und liberale Interpretationen des Gesellschaftsvertrags

Die *autoritäre* Variante wird z. B. von Philosophen wie Hobbes, Rousseau und Hegel vertreten. Sie treten für einen starken, zentralisierten Staat ein, der vom Bürger eine weitgehende Unterwerfung unter staatliche Maßnahmen verlangt. Die *liberale* Variante findet sich vor allem bei JOHN LOCKE (1632-1704). Er war der Meinung, daß der Bürger bestimmte individuelle Freiheitsrechte nie verlieren kann und daher auch berechtigt ist, dem Staat Widerstand zu leisten, wenn dieser die Grundrechte verletzt. Zu diesen Rechten gehört z. B. die Unverletzlichkeit der Person oder auch das Recht auf Eigentum. Locke plädiert in seinen *Zwei Abhandlungen über die Regierung* (1690) dafür, die Macht im Staat auf verschiedene Institutionen zu verteilen, die sich gegenseitig kontrollieren. Dieses System der »Gewaltenteilung« wurde besonders von MONTESQUIEU (1689-1755) in seinem Buch *Vom Geist der Gesetze* (1748) propagiert. Es sieht eine Trennung zwischen der gesetzgebenden Gewalt (Legislative), der ausübenden Gewalt (Exekutive) und der Rechtsprechung (Judikative) vor. Diese Trennung zwischen Parlament, Regierung und Gerichten hat sich seitdem in demokratischen Regierungssystemen durchgesetzt.

Noch radikaler als Locke, aber auf anderer theoretischer Grundlage hat JOHN STUART MILL (1806-1873), der bedeutendste Vertreter des Liberalismus im 19. Jahrhundert, die individuelle Freiheit in den Mittelpunkt seiner politischen Philosophie gestellt. An die Stelle des Gesellschaftsvertrags tritt bei Mill eine utilitaristische Begründung (→ IX). Die individuellen Freiheiten der Meinung und der Lebensgestaltung sind danach nicht deshalb gerechtfertigt, weil sie unveräußerliche Grundrechte wären, sondern weil sie unverzichtbare Mittel zur Förderung des allgemeinen Wohls sind. Wie Mill in seiner Schrift *Über Freiheit* (1859) ausführt, ist ein Pluralismus von Meinungen und Lebensformen im Interesse der Gesellschaft. Staatliche Einschränkungen der individuellen Freiheiten sind nur zulässig, um die Rechte und Interessen der Gesellschaft zu schützen. Unzulässig ist dagegen jeder Versuch, den Menschen zu bevormunden und ihn zu seinem Glück zu zwingen.

Der Liberalismus Mills

Für eine möglichst breite Verteilung staatlicher Macht und eine Stärkung individueller Bürgerrechte tritt auch POPPER ein, der den Begriff der »offenen Gesellschaft« geprägt hat. Damit ist gemeint, daß eine Gesellschaft darauf verzichten soll, sich eine angeblich perfekte Ordnung zu geben, und statt dessen das bestehende System ständig auf seine Schwächen überprüfen und durch Reformen verbessern soll. Die unmittelbaren praktischen Erfahrungen der Bürger sollten dabei ausschlaggebend sein. Wie Locke oder Mill würde Popper die Frage, wie das Verhältnis von staatlicher Macht und individueller Freiheit zu gewichten ist, mit dem liberalen Grundsatz »Im Zweifel für die Freiheit« beantworten.

»Die offene Gesellschaft« Poppers

Ebenfalls in der Tradition des politischen Liberalismus machte HANNAH ARENDT (1906-1975) die Untersuchung der Wurzeln totalitärer Herrschaft zu einem zentralen Thema der politischen Philosophie. Arendt betont die Rolle basisdemokratischer Institutionen, in denen die Bürger Politik verantwortlich gestalten können, und orientiert sich dabei am Vorbild der republikanischen amerikanischen Verfassung von 1776.

Basisdemokratischer Liberalismus bei Hannah Arendt

Die Vorstellung einer idealen Gesellschaft, verbunden mit einer optimistischen Geschichtsphilosophie, wurde im 20. Jahrhundert in erneuerter Form von ERNST BLOCH (1885-1977) vertreten. Bloch wertet in Weiterentwicklung des marxistischen Ansatzes den

Das »Prinzip Hoffnung« bei Bloch

Begriff der Utopie wieder auf. Das »Prinzip Hoffnung«, d. h. die auf die Verwirklichung der Utopie einer freien und glücklichen Gesellschaft gerichtete Energie, wird bei ihm zur Triebkraft des Fortschritts.

Die Idee eines Völkerbundes

Besonders im 20. Jahrhundert, dem Jahrhundert der Weltkriege, ist ein anderes Problem der politischen Philosophie zunehmend aktueller geworden, nämlich das des Verhältnisses der Staaten untereinander. Gibt es so etwas wie Grundrechte von Staaten oder begründbare zwischenstaatliche Verhaltensregeln, oder befinden sich solche Staaten, die keine Abmachung untereinander getroffen haben, in einer Art Naturzustand, in dem alles erlaubt ist, z. B. auch ein Eroberungskrieg? Sollen Staaten, die die Freiheit ihrer Bürger respektieren, andere Staaten, in denen Unterdrückung und Diktatur herrscht, als gleichberechtigte Vertragspartner anerkennen? Das Problem einer vertraglich geregelten Weltordnung wurde in der Philosophie z. B. bereits durch IMMANUEL KANT (1724-1804) in seiner Schrift *Zum Ewigen Frieden* (1795) angesprochen. Kant plädiert dafür, Staaten und Völker im Verhältnis zueinander wie Individuen zu behandeln und aufgrund eines allseitig akzeptierten Vertrags, der dem Gesellschaftsvertrag analog wäre, einen Zustand des allgemeinen Weltfriedens herzustellen. Krieg als Mittel der Politik wäre verhindert, wenn sich die Staaten zu einem »Friedensbund« zusammenschließen würden. Kant gelangte allerdings nicht dazu, die Möglichkeit zentralisierter Institutionen zu diskutieren, die befugt wären, solche Vereinbarungen auch durchzusetzen. Aber selbst solche Versuche, wie sie durch den Völkerbund in der ersten Hälfte und durch die UNO in der zweiten Hälfte des 20. Jahrhunderts unternommen wurden, sind noch weit von den Forderungen entfernt, die der Aufklärer Kant bereits im 18. Jahrhundert erhoben hat.

Akzeptierte Grundsätze der politischen Philosophie

Dennoch werden viele Grundsätze der politischen Philosophie der Aufklärung heute zwar nicht überall durchgesetzt, doch zumindest offiziell allgemein akzeptiert: Dies gilt z. B. für das Recht auf körperliche Unversehrtheit, für das Recht auf freie Meinungs- und Religionsausübung und für den Schutz des Eigentums. Es gibt kaum noch Menschen, die Formen der Sklaverei befürworten oder für einen Eroberungskrieg eintreten, was nicht bedeutet, daß die Menschen nicht wieder in barbarische Praktiken zurückfallen können. Der Grundsatz der Aufklärung, daß ein politisches System nicht gegen den Willen der Mehrheit der Bürger durchgesetzt werden darf, hat sich zumindest in der öffentlichen Diskussion und in den Absichtserklärungen der Politik durchgesetzt.

Andere Fragen bleiben ungelöst bzw. entstanden erst in den letzten beiden Jahrhunderten neu, z. B. die, ob es neben den individuellen Rechten auch soziale Rechte des Menschen gibt. Hat der Bürger z. B. das Recht auf einen Arbeitsplatz, und ist es die Pflicht des Staates für soziale Gerechtigkeit zu sorgen? Oder auch die Frage, wie liberal eine Demokratie mit ihren Gegnern umgehen soll. Wie soll man sich z. B. verhalten, wenn sich die Mehrheit der Bürger in freier Wahl für eine Abschaffung ihrer Freiheit entscheidet? Die Philosophie kann auch hier dazu beitragen, diese Fragen präziser zu stellen und auch gewisse Grundregeln zu empfehlen, nach denen das Verhältnis zwischen Bürger und Staat gestaltet werden kann. Politik praktisch durchzusetzen, ist allerdings nicht mehr Aufgabe der Philosophie, sondern Aufgabe der Bürger selbst.

Offene Probleme

Weiterführende Literatur:

Eine Textsammlung zur Staatsphilosophie mit einer erläuternden Einleitung liegt vor in:

NORBERT HOERSTER (Hrsg.): *Klassische Texte zur Staatsphilosophie*. München 1976 (dtv 6067).

Eine verständliche Diskussion wichtiger zeitgenössischer Probleme der politischen Philosophie gibt:

OTFRIED HÖFFE: *Den Staat braucht selbst ein Volk von Teufeln. Philosophische Versuche zur Rechts- und Staatsethik*, Stuttgart 1988 (Reclam 8507).

Eine Sammlung repräsentativer Texte zur Geschichtsphilosophie findet sich in:

WILLI OELMÜLLLER u.a. (Hrsg.): *Philosophische Arbeitsbücher 4. Diskurs: Geschichte*, 2. Aufl. Paderborn 1983 (UTB 1007).

Eine sprachlich mitunter schwierige, aber sehr informative Einführung in die Geschichtsphilosophie gibt:

EMIL ANGEHRN: *Geschichtsphilosophie*. Grundkurs Philosophie 15, Stuttgart 1991 (Urban TB 399).

IX. Moral und Recht

Zwei Dinge erfüllen das Gemüt mit
immer neuer und zunehmender
Bewunderung und Ehrfurcht, je öfter
und anhaltender sich das Nachdenken
damit beschäftigt: der bestirnte
Himmel über mir und das moralische
Gesetz in mir.

Immanuel Kant

Was die Philosophen
»Begründung der Moral«
nannten und von sich forderten,
war, im rechten Lichte besehen,
nur eine gelehrte Form des
Glaubens an die herrschende
Moral.

Friedrich Nietzsche

Moral und Recht im Alltagsverständnis

    Nirgendwo scheint die Verbindung zwischen Philosophie und Alltagsleben enger zu sein als im Bereich von Moral und Recht. Es gibt kaum jemanden, der zur Frage »Was ist moralisch und was unmoralisch?« nicht etwas beizutragen wüßte. Ebenso berufen sich ständig Menschen auf »ihr Recht«, sei es bei einem Verkehrsunfall oder bei einer Notlage wie bei Arbeitslosigkeit oder Krankheit. Doch die Begriffe »Moral« und »Recht« werden im Alltag in vielfältiger und keineswegs immer klarer Weise verwendet. So werden etwa Nacktbaden und der Bruch eines Versprechens gleichermaßen als »unmoralisch« bezeichnet. Ebenso werden wir immer wieder mit Äußerungen wie »Dies ist mein gutes Recht!« konfrontiert, wobei eine solche Äußerung eine Berufung auf ein einklagbares Recht oder auch einfach ein Appell an ein Gerechtigkeitsgefühl sein kann. Die alltägliche Rede von »Recht« und »Moral« ist also durch eine Mehrdeutigkeit gekennzeichnet, die der Aufklärung bedarf. Eine Aufgabe der Philosophie besteht zunächst darin, die Begriffe von Recht und Moral zu präzisieren. Den Ausgangspunkt bildet dabei die Einsicht, daß Moral und Recht dazu dienen, menschliches Handeln und Zusammenleben zu regeln bzw. zu normieren. Moral und Recht haben mit Ge- und Verboten, mit *Normen* zu tun.

Recht, Moral und Konventionen

    Man kann im Hinblick auf menschliches Zusammenleben drei Arten von Normen unterscheiden, nämlich Rechtsnormen, moralische Normen und Konventionen. *Rechtsnormen* sind in Gesetzen kodifiziert und ihre Durchsetzung wird von Institutionen (Polizei, Gerichte) garantiert. Man kann z. B. sein Recht vor Gericht einklagen und andererseits für die Übertretung von Rechtsnormen auch bestraft werden. Rechtsnormen gelten also innerhalb einer Rechtsordnung und ihre Funktion besteht darin, diese Rechtsordnung zu sichern. Von daher spricht man auch von Rechtsgütern, zu deren Erhaltung Rechtsnormen aufgestellt werden. Dazu gehören z. B. die öffentliche Sicherheit oder der Schutz des Eigentums. Rechtliche Normen regeln aber nicht alle Bereiche menschlichen Zusammenlebens, sondern nur solche, die für das Funktionieren einer Gesellschaft als unerläßlich gelten. *Moralische Normen* betreffen das menschliche Zusammenleben im weitesten Sinne, auch unabhängig davon, ob es Institutionen gibt, die ihre Einhaltung überwachen und durchsetzen. Wenn ich z. B. einem Freund eine Hilfeleistung verspreche und dieses Versprechen breche, habe ich eine moralische Norm, aber keine Rechtsnorm verletzt. Die Anerkennung der moralischen Norm »Du sollst abgegebene Versprechen einhalten!« ist für jede menschliche Gemeinschaft wichtig, die verläßlich funktionieren soll und in der jedermann gleichermaßen respektiert wird. Moralische Normen beanspruchen also eine »universale« Verbindlichkeit, d. h. ihre Geltung ist nicht auf ein Land oder auf eine bestimmte Epoche beschränkt. Im Unterschied zu moralischen Normen sind *Konventionen*, wie z. B. Umgangs- und Höflichkeitsformen, je nach Ort und Zeit ganz unterschiedlich ausgeprägt. So können z. B. Tischsitten oder Grußformen sicher keine universale Geltung beanspruchen. Für die philosophische Betrachtung ist das Verbot des Nacktbadens eine Konvention, aber keine moralische Norm von universaler Verbindlichkeit. Im Unterschied zu Rechtsnormen wird weder auf die Verletzung moralischer Normen noch auf den Verstoß gegen Konventionen mit der Bestrafung durch Institutionen reagiert, sondern z. B. mit dem Entzug des Vertrauens oder mit gesellschaftlicher Isolierung.

Die philosophische Disziplin, die moralische Normen zum Gegenstand hat, heißt Ethik. Die Rechtsphilosophie beschäftigt sich entsprechend mit rechtlichen Normen. Ethik und Rechtsphilosophie gehören zum großen Teilgebiet der praktischen Philosophie, die es mit Zielen, Zwecken und Regeln menschlichen Handelns zu tun hat. Alle Normen haben die Form von sog. »Sollenssätzen« der Art »Du sollst x tun!«. Ethik und Rechtsphilosophie betonen immer wieder den grundsätzlichen Unterschied zwischen solchen »Sollenssätzen« und »Seinssätzen«, also Tatsachenbehauptungen, in denen ausgesagt wird, was der Fall ist. Nehmen wir z. B. die Sätze

Sein und Sollen

»Der Mensch ist ein aggressives Lebewesen« und »Der Mensch soll seine Aggressionen ausleben!«. Im ersten Fall haben wir eine anthropologische These, die sich, z. B. durch Untersuchungen der Wissenschaft, als wahr oder falsch erweisen kann. Der Sollenssatz dagegen kann weder wahr noch falsch sein. Seinssätze und Sollenssätze formulieren also jeweils verschiedene Ansprüche, nämlich Wahrheit bzw. Verbindlichkeit. Aus dieser grundsätzlichen Unterscheidung her leiten viele Philosophen die Behauptung ab, daß »Seinssätze« nie aus »Sollenssätzen« abgeleitet werden können. Wenn ich den Satz »Der Mensch ist ein aggressives Lebewesen« als wahr akzeptiert habe, habe ich damit noch keineswegs als verbindlich akzeptiert, daß die Menschen ihre Aggressivität auch ausleben sollen. Eine solche von vielen kritisierte Ableitung einer Norm aus einer Tatsachenbehauptung nennt man einen »naturalistischen Fehlschluß«. Von einem »Sein« darf nicht auf ein »Sollen« geschlossen werden. Diesen Begriff des naturalistischen Fehlschlusses hat GEORGE EDWARD MOORE (1873-1958) geprägt. Doch auf den fundamentalen Unterschied zwischen Seins- und Sollenssätzen hat bereits DAVID HUME (1711-1776) aufmerksam gemacht. Ganz im Sinne der angeführten Beispielsätze könnte man z. B. Nietzsche vorwerfen, seine Moralphilosophie beruhe auf einem naturalistischen Fehlschluß. Denn Nietzsche begründet seine Forderung, daß der Mensch seine von der christlich-europäischen Kultur unterdrückte Sinnlichkeit und Vitalität befreien müsse, mit der anthropologischen These, daß diese Vitalität ein Bestandteil der menschlichen Natur sei. Damit ist noch keineswegs ein Urteil über die Berechtigung der Forderung Nietzsches gefällt, sondern lediglich über die Art, wie sie begründet wird.

*Frage-
stellungen
der Ethik
und Rechts-
philosophie*

Innerhalb der philosophischen Auseinandersetzung mit den Normen menschlichen Handelns lassen sich drei Fragestellungen unterscheiden. Die erste zielt auf die *Begründung* moralischer und rechtlicher Grundnormen. Dabei stehen u. a. folgende konkrete Fragen im Mittelpunkt: Gibt es übergeordnete Grundnormen, die man vernünftigerweise anerkennen muß, wenn man in einer menschlichen Gemeinschaft lebt, und wie lassen sie sich rechtfertigen? Ist die Verbindlichkeit von Normen von dem Willen, also der Zustimmung und Anerkennung der Betroffenen abhängig? Oder ist die Anerkennung von Grundnormen eine Sache bloßer willkürlicher Entscheidungen? Gerade in der neuzeitlichen praktischen Philosophie standen diese Fragen im Vordergrund.

Neben diesem grundlegenden Teil der praktischen Philosophie gibt es auch eine *angewandte* Ethik und Rechtsphilosophie. So stößt man bei der Anwendung der Grundnorm »Jeder Mensch hat ein Recht auf Leben« z. B. auf die Probleme der Abtreibung und Sterbehilfe. Im Falle der Abtreibung besteht das Problem in der Vereinbarkeit des Rechts auf Selbstbestimmung der Frau mit dem Recht des ungeborenen Lebens. Die angewandte Ethik und Rechtsphilosophie beschäftigt sich also mit den praktischen Problemen, die sich aus der Umsetzung von Normen ergeben, die miteinander in Konflikt geraten können.

Probleme der angewandten Ethik und Rechtsphilosophie

Da sowohl der grundlegende wie der angewandte Teil der Ethik und Rechtsphilosophie sich mit der Begründung von Handlungsnormen beschäftigt, zählt man beide Bereiche zur *normativen* Ethik bzw. Rechtsphilosophie. Neben den normativen Fragestellungen der praktischen Philosophie gibt es seit dem 20. Jahrhundert auch eine Richtung, die sich mit der Analyse moralischer und rechtlicher Begriffe und Bewertungen auseinandersetzt. Die allgemeinste dieser Bewertungen, die wir kennen, ist die, daß wir eine Handlung oder einen Menschen als »gut« bezeichnen. Wenn man den vielfältigen Alltagsgebrauch solcher Begriffe wie »gut«, »unmoralisch«, »unerlaubt«, »gerecht«, »ungerecht« usw. analysiert, kann man dazu beitragen, die Sprache von Mehrdeutigkeiten zu befreien. Diese Disziplin hat sich vor allem in der Ethik unter dem Namen *Metaethik* herausgebildet (von griech. »meta« = über, nach) und hat demnach die Struktur von Ausdrücken und Sätzen der Ethik zum Gegenstand. Die Metaethik hat es also nicht mehr mit der Begründung moralischer Normen zu tun. Dadurch, daß ihr Untersuchungsgegenstand Begriffe, sprachliche Wendungen und Sätze sind, kann sie auch als Teil der Sprachphilosophie betrachtet werden (→ V).

Disziplinen der Ethik

Blickt man auf die *Ethik* der Antike, so ist zunächst festzustellen, daß es hier weniger um die Begründung von Normen als vielmehr um die Frage ging, welche Tugenden der Mensch entwickeln müsse, um »gut«, »gerecht« oder »glücklich« zu sein. Die philosophische Aufgabe wurde daher nicht darin gesehen, Grundnormen zu formulieren und deren Verbindlichkeit zu begründen, sondern es sollte die Lebensform bestimmt werden, die zur Erreichung dieser weitgehend als selbstverständlich betrachteten Ziele geeignet erschien. Die antike Ethik konzentrierte sich also mehr auf die Frage der Lebensgestaltung und war somit Teil der Weisheitslehre. Sofern die Tugen-

Antike Glücks- und Tugendlehren

den zur Erreichung der vorausgesetzten obersten Ziele betrachtet wurden, war sie *teleologisch*. Aber sie war auch *eudämonistisch*, d. h. sie war eine Glückslehre, in der die Vorstellung vom gerechten Leben auch immer gleichzeitig die Vorstellung vom glücklichen Leben war. Das Streben nach Glück galt den antiken Philosophen als eine selbstverständliche anthropologische Voraussetzung. Lediglich die Definitionen von »Glück« wichen etwas voneinander ab. Bei PLATON (427-347 v. Chr.) bestand Glück in einer Art intellektuellen Schau der Idee des Guten, bei EPIKUR (442/1-371/0 v. Chr.) in einem von überflüssigen Begierden und Bedürfnissen freien Zustand der Seelenruhe (»ataraxia«). Auch für ARISTOTELES (384-322 v. Chr.) ist in seiner *Nikomachischen Ethik* Glück das oberste Handlungsziel, wobei sich die höchste Form des Glücks bei ihm wie bei Platon in einer philosophischen, geistigen Lebensform verwirklicht. Allerdings macht Aristoteles auch eine ganze Reihe von Vorschlägen, wie man niedrigere Formen des Glücks, z. B. Wohlstand, erreichen kann. Er empfiehlt hier, Tugenden wie Beherrschung und Mäßigung zu entwickeln, die man als Kompromiß zwischen zwei Extremen auffassen kann. Wir würden diese Vorschläge, die sich sehr stark an der Lebensform der zeitgenössischen griechischen Aristokratie orientieren, heute eher als Vorschläge zu einer vernünftigen Lebensführung bezeichnen.

Spätere Formen der Tugendlehre

Die Weltreligionen, z. B. Christentum oder Buddhismus, betonen wiederum ganz andere Tugenden wie Demut oder Barmherzigkeit. Moralphilosophie als Tugendlehre hat auch noch viele neuzeitliche Philosophen beschäftigt. So ging es für FRIEDRICH NIETZSCHE (1844-1900) weniger darum, die Verbindlichkeit von Handlungsregeln zu begründen, sondern vielmehr darum, den Menschentyp zu beschreiben, der sich von den Fesseln der christlichen Moral befreit. So kritisierte er die christliche Tugendlehre als »Sklavenmoral« und plädierte für eine Rückkehr zu aristokratischen »Herrentugenden«, wie er sie vor allem bei den frühen Griechen zu finden glaubte. Im 20. Jahrhundert haben MAX SCHELER (1874-1928) und NICOLAI HARTMANN (1882-1950) Ethik ebenfalls noch als Tugendlehre, und zwar in der Form einer sog. *materialen Wertethik*, betrieben. Auch sie sahen im moralischen Handeln eine Verwirklichung vorgegebener Werte, und sie versuchten, die Werte zu beschreiben und sie in einer bestimmten Rangfolge zu ordnen. Bei Scheler erfolgt dies in enger Anlehnung an das Christentum. So ist für ihn das in der Liebe verwirklichte Heilige der höchste Wert.

Auch in der neuzeitlichen Ethik gibt es, wie in der Antike, eine Reihe von Philosophen, die »Glück« als das oberste Handlungsziel ansehen und für die Handeln nur dann »moralisches« Handeln ist, wenn es diesem Ziel dient. Also auch in der Neuzeit gibt es eine teleologische und eudämonistische Ethik. Doch sie unterscheidet sich in zweierlei Hinsicht von der teleologischen Ethik der Antike: Zum einen wird Glück in der Neuzeit fast immer mit gesellschaftlichem Glück gleichgesetzt und ausdrücklich von dem Glück des Einzelnen unterschieden. Wichtiger aber noch ist, daß die neuzeitliche Ethik sich nicht so sehr mit Tugenden, als vielmehr mit den Normen beschäftigt, die einzuhalten sind, um das definierte Handlungsziel zu erreichen. Die entscheidende Frage lautet also hier: Welche Normen sind geeignete Mittel, um das Wohl der Gemeinschaft zu fördern?

Teleologische Ethik in der Antike und in der Neuzeit

Die bedeutendste Form der teleologischen Ethik der Neuzeit ist der sog. *Utilitarismus* (von lat. »utile« = nützlich), der in seiner klassischen Form von JEREMY BENTHAM (1748-1832) und JOHN STUART MILL (1806-1873) vertreten wurde. Der Utilitarismus ist der Meinung, daß die Verbindlichkeit moralischer Normen sich eben dadurch begründen läßt, daß sie einen allgemeinen Nutzen zur Folge haben. Dieser Nutzen wird bei Bentham und Mill als die größtmögliche Summe von Glück für die Gesellschaft verstanden. Ob etwas moralisch ist oder nicht, bemißt sich demnach an den nützlichen Folgen einer Handlung. Für den klassischen Utilitarismus stellt sich jedoch folgendes Problem: Ist die Befolgung einer Norm nur dann verbindlich, wenn sie unmittelbar und ersichtlich zum Nutzen der Gesellschaft beiträgt, oder muß man diese Normen immer befolgen, weil sie, wenn auch nicht immer in jedem konkreten Fall, jedoch erfahrungsgemäß langfristig einen solchen Nutzen herbeiführen? Die Vertreter der ersten Position nennt man *Handlungsutilitaristen*, weil sie die Verbindlichkeit einer Norm von den Konsequenzen jeder einzelnen Handlung abhängig machen. Die Vertreter der zweiten Position, die *Regelutilitaristen*, halten diese Normen für immer verbindlich, weil sich ihrer Meinung nach erst durch die allgemeine Befolgung einer Regel die gewünschten Folgen einstellen. Ein anderes, davon unabhängiges Problem verbindet die Utilitaristen mit den Eudämonisten der Antike: Es gibt nämlich keinen Konsens darüber, was genau unter dem »Nutzen« oder dem »Glück« einer Gesellschaft zu verstehen ist, und es scheint auch schwierig, hier Übereinstimmung zu erzielen.

Utilitarismus

IMMANUEL KANTS (1724-1804) Ethik verzichtet gänzlich auf den Gedanken des zu erreichenden Zwecks. Sie ist deshalb nicht mehr teleologisch, sondern *deontologisch* (nach griech. »to deon« = das Erforderliche), d. h. Kant behauptet, daß die Verbindlichkeit moralischer Normen völlig unabhängig von den Konsequenzen oder Folgen eines Handelns besteht. Man muß nach Kant moralische Gebote aus Pflicht und nicht aus Nützlichkeitserwägungen einhalten. Für Kant wird die Gesinnung zum wichtigsten Abgrenzungskriterium zwischen moralischem und rechtlichem Handeln. Moralisch gut ist eine Handlung nur dann, wenn sie einem guten Willen entspringt. Doch nach Kants Auffassung müssen moralische Normen auch eine bestimmte Form, eine bestimmte Struktur haben, damit sie überhaupt als *moralische* Normen in Frage kommen. Den Vorschlag, wie eine solche Form aussehen muß, formulierte Kant in seinem berühmten *kategorischen Imperativ*: »Handle so, daß die Maxime deines Willens jederzeit zugleich als Prinzip einer allgemeinen Gesetzgebung gelten könne!« Dies bedeutet, daß eine moralische Norm in zweifacher Hinsicht dazu geeignet sein muß, allgemein gelten zu können, d. h. verallgemeinerungsfähig zu sein. Sie muß so beschaffen sein, daß sie sich auf alle moralisch Handelnden in gleicher Weise bezieht, und auch so, daß man voraussetzen kann, daß jeder ihr zustimmen könnte. Damit können z. B. Normen, die bestimmte Menschen auf Grund von Rasse oder Hautfarbe ausgrenzen, niemals moralische Normen sein, ebensowenig wie die Normen, die eine allgemeine Rechtlosigkeit oder Unterdrückung voraussetzen oder schaffen.

Kants Lehre vom kategorischen Imperativ ist die vielleicht einflußreichste ethische Theorie in der Geschichte der Philosophie, doch sie hat auch Fragen aufgeworfen. So ist es nicht geklärt, ob moralische Normen auch für diejenigen gelten, die überhaupt nicht moralisch handeln wollen. Auch ist die von Kant behauptete unbedingte Geltung dieser Normen in manchen Fällen umstritten. Nehmen wir z. B. das Gebot: »Du sollst nicht lügen!« Kant war hier der Meinung, daß dieses Gebot z. B. auch dann einzuhalten ist, wenn man einen Unschuldigen vor seinen Verfolgern versteckt und diese über seinen Verbleib Auskunft verlangen. Doch Kant übersieht, daß es hier einen *Normenkonflikt* gibt zwischen der Norm des Verbots der Lüge und der Norm, die körperliche Unversehrtheit des anderen zu achten und zu schützen. Kant hat keine brauchbaren Vorschläge gemacht, wie man den Konflikt zwischen zwei verschiedenen

Normen, die beide der Form des kategorischen Imperativs entsprechen, lösen kann.

Eine neuere Form der deontologischen Ethik, die sich aber in manchen Punkten an Kant anlehnt, ist die sogenannte *Diskursethik*, wie sie in Deutschland vor allem durch JÜRGEN HABERMAS (* 1929) und KARL-OTTO APEL (* 1922) repräsentiert wird. Der Name »Diskursethik« leitet sich davon ab, daß hier die Grundregeln eines Diskurses, d. h. einer geregelten sprachlichen Kommunikation, auch gleichzeitig das Modell für die Grundregeln moralischen Handelns abgeben. Dazu gehört vor allem die Anerkennung der Gleichberechtigung aller an einem Diskurs Beteiligten und der bei allen gleichermaßen vorauszusetzende Wille, die eigenen Interessen und Bedürfnisse nicht höher zu veranschlagen als die Interessen und Bedürfnisse aller anderen. In diesem Modell entsprechen moralische Grundnormen also den vorausgesetzten Spielregeln einer rational funktionierenden sprachlichen Kommunikation. Deontologisch ist diese Richtung der Ethik deswegen, weil die Verbindlichkeit moralischer Normen nicht von dem Erreichen von Zwecken abhängig gemacht wird.

Diskursethik bei Habermas und Apel

Erst in der europäischen Neuzeit hat sich eine von der Ethik unterschiedene *Rechtsphilosophie* herausgebildet. Ausschlaggebend dafür war, daß der Mensch als »autonom«, d. h. als selbstgesetzgebendes Wesen begriffen wurde und eine Rechtsordnung nicht als eine von der Natur gegebene, sondern als eine vom Menschen geschaffene Ordnung verstanden wurde. Dabei stellte sich von Anfang an das Problem einer »gerechten« Rechtsordnung: Die Erfahrung hatte vielfach gezeigt, daß der Schutz eines Rechtsguts wie z. B. die öffentliche Sicherheit auch mit Ungleichbehandlung, Unterdrückung und Gewalt durchgesetzt werden konnte. Um dieses Problem zu lösen, begann man zwischen einem *Naturrecht* und einem *positiven Recht* zu unterscheiden. Das positive Recht (von lat. »ponere« = setzen, festsetzen) umfaßt die konkreten Rechtsvorschriften in einem Staat, Vorschriften, die von Land zu Land oder auch im Verlauf der Geschichte in ganz unterschiedlicher Gestalt auftreten und sich auch verändern können. Das neuzeitliche Naturrecht ist demgegenüber, anders als der Name sagt, kein »von Natur aus« geltendes Recht, sondern ein dem positiven Recht übergeordnetes Vernunftrecht, das genau jene Prinzipien, z. B. der Gerechtigkeit enthält, nach denen sich das positive Recht richten sollte. Diese Prinzipien sind nicht historisch veränderbar. Das Naturrecht liefert

Naturrecht und positives Recht

die Beurteilungskriterien dafür, ob eine positive Rechtsordnung akzeptabel ist oder nicht. Das Naturrecht ist die moralische Basis des positiven Rechts. Kurz: Naturrecht meint genau das, was man heute Menschen- oder Grundrechte nennt und in den meisten demokratischen Staaten Teil der Verfassung ist. Dazu gehört z. B. das Prinzip der Gleichbehandlung aller Betroffenen und auch die Forderung, daß Freiheit und Verantwortlichkeit eines jeden gewahrt werden müssen. Danach verstieße eine Rechtsordnung, die Rassendiskriminierung festschreibt, ebenso gegen das Naturrecht wie ein System, in dem es möglich ist, politische Andersdenkende gegen ihren Willen in psychiatrische Kliniken einzusperren.

Neuzeitliche Rechtsphilosophie bei Hobbes und Locke

Die Frage nach dem Verhältnis von Naturrecht und positivem Recht wurde in der neuzeitlichen Rechtsphilosophie im Kontext der Frage diskutiert, wie es überhaupt zur Aufstellung von Rechtsnormen kommt und wodurch Rechtsnormen verbindlich werden. Insofern, als die Frage der Errichtung einer Rechtsordnung eng mit der Frage nach den Grundlagen eines Staates zusammenhängt, waren vor allem in der frühen Neuzeit Rechtsphilosophie und politische Philosophie oftmals identisch (→ VIII). THOMAS HOBBES (1588-1679) kann als der Begründer der Rechts- und Staatsphilosophie der Neuzeit angesehen werden. Hobbes geht davon aus, daß die Menschen von Natur aus frei und gleichberechtigt sind. Der Grund, warum sie in einem Gesellschaftsvertrag der Einschränkung ihrer Freiheit zustimmen und sich gegenseitig Rechte und Pflichten zumessen, liegt für ihn in dem Streben nach Selbsterhaltung. Wenn nicht das sog. »Recht des Stärkeren«, also die nackte Gewalt, regieren soll, wodurch der Mensch für den Menschen zum Wolf wird, muß der Mensch sich auf die Anerkennung rechtlicher Normen einlassen und ursprüngliche Rechte an den Staat abtreten, der als Gegenleistung den Schutz der Individuen übernimmt. Aus diesem Gedanken, daß der Gesellschaftsvertrag Folge des »wohlverstandenen Eigeninteresses« ist, erklärt Hobbes das Zustandekommen der Verbindlichkeit rechtlicher Normen. Bei Hobbes verlieren die Bürger alle Rechte an einen Staat, der schließlich diktatorische Züge annimmt, d. h. das Naturrecht löst sich bei Hobbes im positiven Recht auf, weil es als vorstaatliches Recht nicht durchsetzbar ist. Daraus entstand bei nachfolgenden Philosophen die Diskussion, ob es nicht auch Rechte gibt, die niemals an den Staat abgegeben werden können und die man auch evtl. gegen den Staat geltend machen kann. Eine Gegenposition zu Hobbes hat in dieser Frage be-

Die »Erklärung der Menschenrechte«, verkündet von der französischen Nationalversammlung am 26. August 1789

sonders JOHN LOCKE (1632-1704) eingenommen. Locke, der mehr die Schutz- als die Herrschaftsfunktion des Staates betont, gesteht dem Bürger ein grundsätzliches Widerstandsrecht zu. Für Locke sind z. B. das Recht auf Eigentum und Unversehrtheit der Person vorstaatliche Rechte, die auch schon verbindlich sind. Im Gegensatz zu Hobbes trennt Locke die Frage der Verbindlichkeit von Normen von der Frage ihrer Durchsetzbarkeit.

Kants Rechts-
philosophie

Auch KANT erkennt in seiner Rechtsphilosophie die Verbindlichkeit eines vorstaatlichen Naturrechts an. Anders als in seiner Ethik geht es für ihn jedoch hier nicht um die Gesinnung, sondern lediglich um die gegenseitige Respektierung von Freiheitsrechten. Rechtsnormen können nach Kant nur dann verbindlich sein, wenn die Freiheit eines Bürgers mit der Freiheit jedes anderen Bürgers zusammen bestehen kann. Dies ist Kants naturrechtliche Grundnorm, die sich wie bei Hobbes aus der Idee eines autonomen menschlichen Willens herleitet, der Verpflichtungen dadurch eingeht, daß er mit anderen autonomen Subjekten einen Rechtszustand vertraglich vereinbart. Obwohl Kant das Widerstandsrecht des Bürgers nicht so deutlich betont wie Locke, hielt er dennoch sowohl am Widerstandsrecht des Bürgers als auch an der Forderung fest, daß jedes positive Recht mit der naturrechtlichen Grundnorm vereinbar sein müsse.

Historisierung
des Rechts
bei Hegel

Nicht alle Philosophen erkennen jedoch die Existenz eines Naturrechts an. Gerade in der Zeit nach Kant gab es die weit verbreitete Auffassung, jedes Recht, auch das sog. Naturrecht, sei historischen Entwicklungen und Veränderungen unterworfen. So wird bei GEORG WILHELM FRIEDRICH HEGEL (1770-1831), dessen Rechtsphilosophie einen großen Einfluß auf den Marxismus ausgeübt hat, das Recht »historisiert« in dem Sinne, daß das neuzeitliche Naturrecht für ihn eine bestimmte Etappe auf dem Weg zur Verwirklichung der Freiheit in einem Staat ist, in dem das Bewußtsein des Bürgers, die Institutionen der Gesellschaft und die staatliche Organisationsform miteinander im Einklang sind. Obwohl nicht immer ganz deutlich wird, wie Hegel sich diesen idealen Zustand genau vorstellt, so scheint doch klar, daß seine Auffassung von einer historisch begrenzten Verbindlichkeit des Naturrechts Teil seiner Geschichtsphilosophie ist (→ VIII).

Rechtspositi-
vismus

In der Rechtsphilosophie der Moderne haben sich in der Frage des Naturrechts ganz unterschiedliche Positionen herausgebildet. Im sog. *Rechtspositivismus* wird nicht nur die historische Unveränderbarkeit des Naturrechts, sondern die Verbindlichkeit eines Naturrechts überhaupt bestritten. Wie der Name bereits andeutet, kann für die Rechtspositivisten ausschließlich das jeweils in einem Staat geltende positive Recht Verbindlichkeit beanspruchen. Eine solche Position vertrat der in der Zeit des deutschen Nationalsozialismus einflußreiche Rechtstheoretiker CARL SCHMITT (1888-1986). Für Schmitt war nicht so sehr entscheidend, welcher Art die Rechtsgrundlage war, auf die sich ein Staat berufen konnte, als vielmehr die Möglichkeit des Staates, Souveränität auszuüben, d. h. Machtentscheidungen auch gegen die Interessen Einzelner oder die Interessen anderer Staaten durchzusetzen. Für Schmitt ist das Gesetz durch die Macht legitimiert und nicht die Macht durch das Gesetz. Gerade der Fall des Nationalsozialismus macht die Problematik einer solchen Position deutlich: Wenn positives Recht in jedem Fall verbindlich ist, gibt es keine Möglichkeit mehr, zwischen einer »gerechten« und einer »ungerechten« Rechtsordnung zu unterscheiden. Man hätte damit keine rechtliche Handhabe, z. B. gegen die Morde in den nationalsozialistischen Konzentrationslagern rechtlich vorzugehen.

Andere Rechtsphilosophen des 20. Jahrhunderts haben das Problem der Begründung einer »gerechten« Rechtsordnung wieder aufgenommen. So hat der amerikanische Rechtsphilosoph JOHN RAWLS (* 1921) versucht, Elemente des Utilitarismus mit denen der neuzeitlichen Vertragstheorie zu verbinden. Seine zwei zentralen »Grundsätze der Gerechtigkeit« formulieren Prinzipien des Naturrechts, d. h. übergeordnete Grundnormen, nach denen sich konkrete Normen ausrichten sollen. Der erste Grundsatz fordert das Recht auf Grundfreiheiten für alle, der zweite läßt soziale Ungleichheiten unter der Bedingung zu, daß sie nicht zu dauerhaften Privilegien werden und dem Vorteil von jedermann dienlich sind. Anders als z. B. Schmitt steht Rawls in einer liberalistischen Rechtstradition, d. h. die Verbindlichkeit hat für ihn im freien Willen der Individuen und nicht in den Institutionen des Staates seinen Ursprung.

Gerechtigkeit bei John Rawls

Gerade in jüngerer Zeit treten wieder Probleme der angewandten Ethik und Rechtsphilosophie in den Vordergrund der Diskussion. Dazu gehört z. B. die Frage, wie das Verhältnis zwischen dem Menschen und seiner Umwelt durch Normen geregelt werden kann. Für die Rechtsphilosophie stellt sich u. a. die Frage, ob der Schutz der Umwelt zu den Rechtsgütern gehört. Sowohl für die Rechtsphiloso-

Probleme der angewandten Ethik und Rechtsphilosophie

phie als auch für die Ethik stellt sich ein Problem im Zusammenhang mit der Norm, daß jeder als für sein Handeln verantwortlich angesehen werden muß. Kann es also Verpflichtungen gegenüber der Natur oder gegenüber Tieren geben, wo diese doch nicht als »Normadressaten«, also als Wesen angesehen werden können, die Verantwortung übernehmen und eine gegenseitige Verpflichtung eingehen können? Oder ist es lediglich so, daß es sich hier nur um indirekte Verpflichtungen handelt, nämlich dadurch, daß wir letztlich durch den Schutz der Natur und des tierischen Lebens menschliches Leben schützen wollen?

Das Beispiel
»Sterbehilfe«

Auch die Fragen, die sich im Zusammenhang mit der sogenannten »Sterbehilfe« und mit der Abtreibung stellen, müssen sowohl in ethischer Hinsicht als auch in rechtsphilosophischer Hinsicht bedacht werden. Jeder Mensch hat z. B. rechtlich Anspruch darauf, daß seine körperliche Unversehrtheit geschützt wird. Auch aus ethischer Sicht ist es nicht erlaubt, jemanden ohne weiteres körperlich anzugreifen oder gar umzubringen. Dies würde die Grundlagen menschlichen Zusammenlebens untergraben. Wenn nun ein Todkranker z. B. selbst Sterbehilfe fordert, so entsteht ein Normenkonflikt zwischen der Freiheit des autonomen Subjekts, über die Gestaltung seines Lebens zu befinden, und dem Anspruch auf Schutz des eigenen Lebens.

Die Klärung ethischer und rechtsphilosophischer Fragen hat nicht nur eine theoretische Bedeutung. Sie hilft auch, Probleme des alltäglichen und staatlichen Lebens vernünftiger und gerechter zu lösen.

Weiterführende Literatur:
Empfehlenswerte Textsammlungen zur Ethik und zur Rechtsphilosophie:
DIETER BIRNBACHER u. NORBERT HOERSTER (Hrsg.): *Texte zur Ethik.* München 1976 (dtv 6042). NORBERT HOERSTER (Hrsg.): *Recht und Moral. Texte zur Rechtsphilosophie*, Stuttgart 1987 (Reclam UB 8389).
Eine allgemein verständliche systematische Einführung in die wichtigsten ethischen Theorien liegt vor in:
WILLIAM K. FRANKENA: *Analytische Ethik. Eine Einführung*, 5. Aufl. München 1994 (dtv 4640).
Eine immer noch wichtige Aufsatzsammlung, die nicht nur auf die grundlegenden Unterschiede zwischen Moral und Recht, sondern auch auf die Geschichte der praktischen Philosophie und auf Probleme der angewandten Ethik und Rechtsphilosophie eingeht, ist:
GÜNTHER PATZIG: *Ethik ohne Metaphysik*, Göttingen 1971 (V&R 1326).

X. Glück und Sinn des Lebens

Welches ist das oberste aller praktischen Güter? Im Namen stimmen wohl die meisten überein. Glückseligkeit nennen es die Leute ebenso wie die Gebildeten, und sie setzen das Gut-Leben und das Sich-gut-Verhalten gleich mit dem Glückseligsein.

Aristoteles

Es gibt nur einen angeborenen Irrtum, und es ist der, daß wir dasind, um glücklich zu seyn.

Arthur Schopenhauer

Lebenskrisen und Phasen der Orientierungslosigkeit gehören zu jedem menschlichen Leben. Unsere Partnerschaften können zerbrechen, nahestehende Menschen können sterben oder man kann selbst von einer unheilbaren Krankheit befallen werden. Aber auch dann, wenn es uns äußerlich gut geht, können wir uns unseres Wohlergehens nicht immer erfreuen: Wir werden immer wieder von dem Zweifel befallen, ob wir unser Leben richtig gestalten. Sollen wir eine Karriere anstreben oder eher unsere Energien auf Kultur, zwischenmenschliche Beziehungen oder gemeinnützige Tätigkeiten richten? Sollen wir uns eher ins Private zurückziehen oder uns in der Öffentlichkeit engagieren? Sollen wir unsere sinnlichen und materiellen Bedürfnisse ausleben oder eine mehr geistige Interessen verfolgende Lebensweise bevorzugen? Glück ist für die meisten Menschen das selbstverständliche Lebensziel. Doch worin besteht es und wie kann man es erreichen?

Das alltägliche Streben nach Glück

Doch wir legen uns nicht nur Fragen der glücklichen Lebensführung, sondern auch die Frage nach dem Sinn unseres Daseins überhaupt vor. Warum sind wir überhaupt auf der Welt? Ist der Mensch ein zufälliges Produkt der Evolution oder ist ihm eine bestimmte Aufgabe innerhalb der Natur und des Kosmos vorgegeben? Und welches ist der Sinn meines individuellen Daseins? Bin ich ein Glied in einer langen Kette, wie diejenigen meinen, die an eine Seelenwanderung glauben, oder bin ich ebenso zufällig, wie es die Begegnung meiner Eltern war? Hat mein Leben also einen vorgege-

Der Sinn des Lebens

benen Sinn, oder kann und muß ich mir den Sinn meines Lebens selbst geben? Welche Rolle spielt Glück als Bestandteil eines sinnvollen Lebens? Haben die Philosophen bessere Antworten als die, die wir uns normalerweise selbst geben?

Ablehung der Sinnfragen in der neueren Philosophie

In der Vergangenheit haben sich viele Menschen mit solchen Fragen nicht nur an die Religion, sondern auch an die Philosophie gewandt. Doch gerade die akademische Philosophie des 20. Jahrhunderts hat sich häufig geweigert, sich damit zu befassen. Man argumentierte, daß Begriffe wie »Sinn des Lebens« oder »Glück« zu unbestimmt und verläßliche Aussagen darüber im Rahmen einer philosophischen Theorie nicht möglich seien. Man betrachtete solche Themen eher als »subjektiv« oder »irrational«. Die Universitätsphilosophie wandte sich lieber »objektiveren« Fragen zu – z. B. innerhalb der Logik und Sprachphilosophie –, und überließ die Aufgabe, den Menschen beim Suchen vernünftiger Lebensziele behilflich zu sein, den Religionen, der Psychologie oder den Sinn- und Glücksangeboten der Konsumwerbung. Erst in jüngster Zeit scheint sich dies wieder geändert zu haben, und die Philosophie beginnt sich wieder einer alten Tradition zu besinnen.

Weisheitslehre in der philosophischen Tradition

Für die Philosophie der Antike war die Frage nach dem vernünftigen, sinnvollen Leben eine der wichtigsten, wenn nicht gar die wichtigste Frage der Philosophie überhaupt. Eine ganze Reihe von griechischen und römischen Philosophen haben sich in ihren Schriften hauptsächlich diesem Thema gewidmet. MARCUS TULLIUS CICERO (106-43 v. Chr.) war z. B. der Meinung, daß die Untersuchung des glücklichen Lebens der wichtigste Zweck der Philosophie sei. Aber auch Philosophen des Mittelalters, der Neuzeit und der Moderne haben sich mit dieser Thematik befaßt. Für die Philosophiegeschichte insgesamt muß man jedoch feststellen, daß in dem Maße, in dem die philosophischen Grundfragen voneinander unterschieden und in verschiedenen Teilgebieten der Philosophie behandelt wurden, die Fragen nach dem Glück und dem Sinn des Lebens in den Hintergrund gedrängt wurden. Es hat sich auch keine philosophische Disziplin entwickelt, die diesem Gegenstand eindeutig zugeordnet werden könnte. Allenfalls der Name *Weisheitslehre*, der sich an den ursprünglichen Wortsinn von Philosophie als »Liebe zur Weisheit« anlehnt, scheint sich als eine sinnvolle Bezeichnung des Gegenstandsbereichs anzubieten.

Abgrenzung der Weisheitslehre

Eine solche Weisheitslehre scheint sich in vielen Punkten besonders mit den Anliegen von Ethik (→ IX) und Religion zu überschneiden. Gegenüber den Religionen grenzt sich eine philosophische Weisheitslehre hauptsächlich dadurch ab, daß sie ihre Antworten nicht aus einer göttlichen Offenbarung, sondern aus den Erfahrungen mit der menschlichen Natur und den Überlegungen der Vernunft ableitet. Die Ethik dagegen stützt sich wie die Weisheitslehre auf Vernunftüberlegungen, und auch sie beschäftigt sich mit Empfehlungen für die Lebenspraxis, mit dem »guten Leben«. Doch geht es hier vor allem um die Frage, welche Grundregeln man einhalten muß, damit ein Zusammenleben zwischen freien und verantwortungsbewußten Menschen funktioniert. Thema der Ethik ist also das Handeln, insofern andere davon betroffen sind. In der Weisheitslehre jedoch geht es vornehmlich um Probleme und Entscheidungen der individuellen Lebensgestaltung, und zwar gerade um solche, die die Lebenssphäre anderer Menschen nicht berühren. In der Philosophiegeschichte hat man erst sehr spät zwischen dem Bereich des moralischen Handelns einerseits und dem Bereich des individuellen Glücksstrebens andererseits unterschieden. In der gesamten Philosophie der Antike z. B. werden unter dem Titel »Ethik« beide Bereiche als Einheit behandelt.

gegenüber Religion und Ethik

Bis zum Beginn der Neuzeit war die Frage der individuellen Sinngebung des Lebens mit der Frage nach einem vorgegebenen übergeordneten Sinn eng verknüpft. Die Griechen und Römer glaubten an die Wohlgeordnetheit des Kosmos, in der jedes Wesen seinen vorbestimmten Platz hat. Wenn man einmal von den griechischen Mythen absieht, findet man die einflußreichste und wichtigste Begründung dieser Ordnung in der These, daß es hinter der vor unseren Augen sich verändernden Wirklichkeit, die man in der Philosophie die »Welt der Erscheinungen« nennt, eine wahre, unvergängliche und unveränderliche Realität gibt, die sich in allen äußeren Erscheinungsformen manifestiert. Diese Theorie hat sich in vielen Variationen ausgeprägt, z. B. in Platons Ideenlehre oder bei den Stoikern in der Lehre von einer alles durchwaltenden göttlichen Vernunft. Der Sinn des individuellen Lebens ergab sich daher als Einfügung in die vernunftgemäße oder göttliche Ordnung des Kosmos. Während des gesamten Mittelalters beantwortete die Philosophie die Frage nach dem Sinn menschlicher Existenz mit Hilfe der christlichen Theologie. Nun wurde der Sinn der individuellen Existenz durch die göttliche Schöpfungsordnung bestimmt. Sowohl individuelle Eigenschaften als auch die soziale Stellung des Menschen galten als gottgewollt.

Sinn der Welt in der Antike und im Mittelalter

Doch mit der neuzeitlichen Ablösung der Philosophie von der Theologie und mit der Entstehung der Naturwissenschaften ist der selbstverständliche Bezug zu einem übergeordneten Sinn verlorengegangen. Dieser zunehmende Verlust des Vertrauens in einen göttlich vorgegebenen Sinn des menschlichen Daseins hängt damit zusammen, daß nunmehr bestimmte Grundfragen der menschlichen Existenz durch die Wissenschaften eine völlig andere Antwort erhielten als durch die mittelalterliche Philosophie, die sich sehr eng an die christliche Religion anlehnte. Die Naturwissenschaften können uns heute plausibel die Entstehung von Erde und Mensch erklären. Mit solchen Erklärungen sind freilich die Fragen nach Sinn und Zweck des menschlichen Lebens noch keineswegs beantwortet. In der neuzeitlichen Philosophie konzentriert man sich daher auf die Frage, welchen Lebenssinn sich der Mensch selbst setzen kann. Damit wird die Frage nach dem Sinn des Lebens ebenso wie die Frage der glücklichen Lebensführung gleichermaßen Teil des Problems einer vernünftigen, individuellen Lebensgestaltung.

Viele Philosophen haben ihre Erörterungen über »Glück« und »Sinn des Lebens« damit verbunden, daß sie dem Menschen die unabänderlichen Bedingungen seiner Existenz vor Augen führten und eine sinnvolle Lebensbewältigung davon abhängig machten, wie der Mensch diese Bedingungen annehmen und mit ihnen umgehen kann. Zu diesen Bedingungen gehört es z. B., daß das Leben der Menschen zeitlichen Veränderungen unterworfen und durch den Tod begrenzt ist. Vor allem aber gehört dazu die Berücksichtigung der Tatsache, daß der Mensch im Gegensatz zu den Tieren weiß, daß er altert und irgendwann sterben muß. Daß alle Sicherheiten des Lebens vor dem Tod versagen, hat EPIKUR (342-271 v. Chr.) in das Bild gefaßt, daß die Menschen dem Tod gegenüber in einer Stadt ohne Mauern wohnen. Die Bedeutung dieses Bewußtseins, daß das eigene Dasein durch den Tod begrenzt ist, ist ein zentrales Thema in MARTIN HEIDEGGERS (1889-1976) Hauptwerk *Sein und Zeit* (1927). Zur Bezeichnung dieses Bewußtseins verwendet Heidegger den Begriff »Angst«, der eine Grunderfahrung des Menschen bezeichnet, die es ihm ermöglicht, die Chance einer eigenen, bewußten Lebensgestaltung wahrzunehmen. Heideggers Begriff »Angst« ist der Philosophie SÖREN KIERKEGAARDS (1813-1855) entnommen, der als einer der Väter der modernen Existenzphilosophie gilt und für den die Auseinandersetzung mit der Zeitlichkeit des menschlichen Daseins im Zentrum seines Werks stand.

Viele Philosophen haben sich mit der Frage auseinandergesetzt, wie eine angemessene Haltung gegenüber dem Tod aussehen könnte. Die häufigste Empfehlung ist die, im Angesicht des Todes Akzeptanz und Gelassenheit zu zeigen. SOKRATES (469-399 v. Chr.) liefert uns ein Beispiel dafür, wie hier Theorie und Praxis zusammenfallen können. Der Tod des Sokrates wird uns in dem platonischen Dialog *Phaidon* geschildert. Wenige Stunden vor der Vollstreckung seines Todesurteils führt Sokrates mit seinen Schülern ein Lehrgespräch über den Tod, den er als eine Befreiung der Seele vom Köper auffaßt. In diesem Bewußtsein, das noch von der Hoffnung auf ein Fortleben nach dem Tode geprägt ist, nimmt er den ihm verordneten Giftbecher ohne Regung entgegen. MICHEL DE MONTAIGNE (1533-1592) hat in Anlehnung an Platons *Phaidon* einem seiner berühmtesten Essays den Titel *Philosophieren heißt Sterben lernen* gegeben. In ihm tritt er ebenfalls dafür ein, sich seiner eigenen Sterblichkeit bewußt zu bleiben und sie anzunehmen. Nach Montaigne gibt uns die Besinnung auf den Tod die Freiheit, dem Leben unverkrampft gegenüberzutreten. Einerseits sollten wir den Wert irdischer Dinge nicht überschätzen, andererseits sollten wir aber auch die Möglichkeiten, die das Leben bietet, nicht vorüberziehen lassen. Während Montaigne seine Auseinandersetzung mit dem Tod ganz in den Dienst einer Daseinsbewältigung im Diesseits stellt, wird ARTHUR SCHOPENHAUERS (1788-1860) Haltung zum Tod von einer philosophischen Erlösungslehre bestimmt, die vom indischen Buddhismus beeinflußt ist. Danach kann sich der Mensch durch Askese von der Verstrickung in den Kreislauf von Leben und Tod und von Werden und Vergehen befreien. Diese Überwindung aller natürlichen Triebe, die er als »Willensverneinung« begreift, führt nach Schopenhauer zu einem Zustand, der dem buddhistischen Nirwana entspricht. Damit hält Schopenhauer, ähnlich wie die Religionen, noch an einem vorgegebenen Sinn des menschlichen Daseins fest, wenn auch dieser Sinn negativ, d. h. in der Abkehr von der Welt bestimmt wird.

Die philosophische Haltung gegenüber dem Tod

Ein weiteres, wichtiges Kennzeichen des Menschen ist seine Abhängigkeit von Trieben. Die Geschichte hat immer wieder Menschen an prominenter Stelle hervorgebracht, deren Handeln eindeutig vom Streben nach Macht, Reichtum und Sex bestimmt war, wie z. B. der römische Kaiser Nero, der englische König Heinrich VIII. oder in jüngster Vergangenheit der kolumbianische Drogenboß Pablo Escobar. Die gleichen Antriebskräfte des Handelns

Die Triebbestimmtheit des Menschen

beobachten wir in kleinerem Rahmen täglich, sei es beim Verhalten von Kollegen im Betrieb oder wenn wir uns die Dinge betrachten, auf die sich die meisten Wünsche der Menschen im Privatleben richten. Die Triebbestimmtheit des Menschen wurde in der Psychoanalyse Sigmund Freuds und in der modernen philosophischen Anthropologie zu einem der wichtigsten Themen (→ II). Die Vorschläge der Philosophen zur konkreten Lebensgestaltung und zur Verwirklichung des Glücks haben deshalb auch immer das natürliche Streben der Menschen nach Genuß und Erfolg berücksichtigt.

Sinnliche Genüsse in der antiken Philosophie

Es verwundert daher nicht, daß sich die Philosophen bei der Frage, welche Dinge im Leben erstrebenswert sind und welche nicht, immer mit der Rolle der sinnlichen Genüsse auseinandergesetzt haben, da sich in ihnen die menschliche Triebbestimmtheit unmittelbar ausdrückt. Die meisten Philosophen treten hier weder für einen völligen Verzicht noch für ein Ausleben der sinnlichen Bedürfnisse ein. Sie plädieren vielmehr für einen maßvollen, begrenzten Genuß. Diese Haltung ist vor allem in der Antike verbreitet. EPIKUR z. B. war keineswegs das, was man sich heute unter einem »Epikureer« vorstellt, also ein Mensch, für den Sinnengenuß alleiniger Lebensinhalt ist. Zwar ist für ihn Freude Ziel jeden menschlichen Handelns, doch er definiert sie eher negativ, nämlich als Abwesenheit von Schmerz. Er will den Sinnengenuß auf ein vernünftiges Maß, entsprechend den einfachen natürlichen Bedürfnissen beschränken. Glücklich ist nach Epikur derjenige, der nicht hungert, dürstet oder friert. Jedes Übermaß und jeden Luxus lehnt er ab. In dieser Sicht ist er, im Gegensatz zur landläufigen Meinung, den *Stoikern* verwandt. Die stoische Lehre empfiehlt dem Menschen ebenfalls, sich in die Natur einzufügen und das ihm gesetzte Maß nicht zu überschreiten. Einer ihrer bedeutendsten Vertreter, EPIKTET (50-138 n. Chr.), gibt den Ratschlag, die Bedürfnisse nach Essen, Trinken, Bekleidung, Wohnung usw. auf die einfachste Weise zu befriedigen und jeden Überfluß zu vermeiden.

Sinnengenuß im Christentum und in der neuzeitlichen Philosophie

Für die meisten griechischen Philosophen gab die Natur das Maß und die Grenze des Sinnengenusses vor. Weder das Abtöten der Sinnlichkeit noch die Ausschweifung entsprach diesem Maß. Mit dem Christentum drang jedoch ein sinnenfeindliches Element in die europäische Philosophie ein. Fleischliche Lust galt nun als Ursprung der Sünde. So spricht AUGUSTINUS (354-430) in seinen berühmten *Bekenntnissen* (ca. 400) von den »Dornen der Begierde«, die im Paradies keinen Platz hätten. Daß FRIEDRICH NIETZSCHE (1844-1900) im 19. Jahrhundert für ein dionysisches, d. h. sinnlich rauschhaftes und ekstatisches Lebensgefühl eintritt, kann man als eine Reaktion auf die sinnenfeindliche Haltung der christlichen Tradition begreifen. Nüchterner und den Griechen wieder sehr viel näher betrachtet BERTRAND RUSSELL (1872-1970) den Menschen als einen Bürger des Alls, der unbekümmert die Freuden, die ihm das Leben schenkt, genießen soll, sofern es mit seiner Gesundheit und den Lebensinteressen anderer vereinbar ist.

Die intensivste Glückserfahrung finden die meisten Philosophen jedoch nicht in sinnlichen, sondern in geistigen Genüssen. Für PLATON (427-347 v. Chr.) wie für ARISTOTELES (384-322 v. Chr.) war die Beschäftigung mit geistigen Gütern jeder anderen vorzuziehen. In dieser Bewertung sind ihnen beinahe alle Philosophenschulen gefolgt. Der Grund liegt zum einen darin, daß dem geistigen Sein ein höherer Wert zuerkannt wurde als dem materiellen Sein, zum anderen aber auch in der Erfahrung, daß geistige Vergnügen weniger flüchtig sind und länger Bestand haben. EPIKUR empfiehlt in seinem *Brief an Menoikeus* die Beschäftigung mit der Philosophie von Jugend an. Dies bedeutet jedoch nicht, möglichst viele schwierige Bücher zu lesen und Gelehrsamkeit anzuhäufen, sondern es ist eine Aufforderung, das Nachdenken über Zusammenhänge in der Welt einzuüben. Wie im Falle der sinnlichen Genüsse unterscheidet die Philosophie hier zwischen einer wichtigen und einer unwichtigen geistigen Tätigkeit. Das reine Bücherwissen und das Fachwissen gelten im Hinblick auf ein glückliches Leben als unwichtig. Der Stoiker SENECA (4-65) betont, daß es für einen zur Ruhe gelangten Geist darauf ankommt, bei sich selbst verweilen zu können. Das Lesen vieler Bücher und Schriftsteller habe dagegen etwas Flatterhaftes und Unstetes.

Geistige Freuden

Dennoch wird der Umgang mit der Literatur und der schönen Kunst überhaupt von vielen Philosophen als eine der wichtigsten Quellen des Glücks genannt. Für GEORGE EDWARD MOORE (1873-1958) gehören ästhetische Genüsse zu den beiden größten Genüssen, die wir kennen. Als ebenso wichtig stuft er, wie viele Philosophen der Antike, den Wert enger persönlicher Beziehungen zu anderen Menschen ein. Dabei hat aber traditionellerweise die Freundschaft immer Vorrang vor der Liebe gehabt. Die Meinung des EPIKUR, daß nämlich die Fähigkeit, sich Freunde zu erwerben, von

Menschliche Beziehungen

höchster Bedeutung für ein glückliches Leben ist, war in der Antike weit verbreitet. Genauso dachte noch MONTAIGNE, der die Freundschaft, auch die zwischen Männern und Frauen, für die vollkommenste Form der zwischenmenschlichen Beziehungen hielt. In merkwürdigem Kontrast dazu steht die Tatsache, daß die Philosophen sich sehr wenig und eher negativ über Liebe und Ehe geäußert haben. Dies gilt für die Antike, aber auch noch für Philosophen des 19. Jahrhunderts wie Schopenhauer und Nietzsche, die zahlreiche abfällige Bemerkungen über Frauen gemacht haben. Überdurchschnittlich viele Philosophen waren unverheiratete Männer. Man muß dabei berücksichtigen, daß die Ehe über lange Zeit eine Einrichtung war, die wenig mit Liebe, aber sehr viel mit dem Erwerb und der Sicherung von Eigentum sowie mit der Erzeugung von Nachkommen zu tun hatte. Die Freundschaft dagegen hatte eher den Charakter einer freiwilligen und auch geistig fruchtbaren Beziehung. Im 20. Jahrhundert hat sich die Einschätzung der Ehe auch bei Philosophen verändert. RUSSELL sieht die Rolle der Ehe für ein glückliches Leben positiv und glaubt sogar, daß kein Glück so groß sei wie das der Elternschaft. In einem Punkt scheint es in der Frage des Wertes zwischenmenschlicher Beziehungen Übereinstimmung zu geben: Wenn eine solche Beziehung Teil eines sinnvollen Lebens und eine dauerhafte Quelle des Glücks sein soll, so darf sie nicht nur auf erotischer Anziehung oder auf materiellem Nutzen beruhen.

Andere Formen von Glück

Auch eine aktive Lebensgestaltung und viele kleinere Interessen, die wir im Alltag verfolgen, können Teil eines sinnvollen, glücklichen Lebens sein. RUSSELL bezeichnet solche Interessen etwas verwirrend als »unpersönlich«. Damit ist nicht gemeint, daß man an diesen Interessen keinen persönlichen Anteil nehmen darf, sondern lediglich, daß man sie um ihrer selbst willen pflegt und nicht deswegen, weil sie noch einem anderen Zweck oder Nutzen, z. B. der Karriere oder der Bereicherung dienen. Hier engagiert sich der Mensch auch meist als »ganzer Mensch« und findet einen Ausgleich für die Spezialisierung, der er oft in seinem Beruf ausgesetzt ist. Der Mensch erlebt offenbar überall dort Glück, wo wesentliche Fähigkeiten seiner Person in einer Tätigkeit sich ganz verwirklichen können. Dies kann in Spiel oder Sport, aber auch z. B. in Gartenarbeit oder im Umgang mit der Natur stattfinden.

Die beiden grundlegenden Lebensformen

Ein glückliches, sinnerfülltes Leben läßt sich nicht auf eine bestimmte Lebensform festlegen. Dabei unterscheiden die Philosophen häufig zwischen zwei grundsätzlichen Alternativen, für die sich die lateinischen Begriffe *vita activa*, d. h. ein engagiertes, der Öffentlichkeit gewidmetes Leben, und *vita contemplativa*, also ein mehr auf das Private und die Meditation ausgerichtetes Leben, eingebürgert haben. Wir sehen in unserer Umwelt, daß die meisten Menschen ihr Glück eher in einer *vita activa* suchen. Dies kann zum Zwecke des eigenen Erfolgs, aber auch im Dienste anderer Menschen geschehen. Die häufigsten Lebensziele, die uns im Alltag begegnen, sind Reichtum, Karriere oder Ruhm. Sie werden in der Philosophie sehr skeptisch und zurückhaltend, häufig auch negativ beurteilt. Anders dagegen wird die Art der *vita activa* gesehen, die in sozialem oder politischem Engagement besteht. Entgegen manchen Vorurteilen haben auch viele Philosophen auf eine solche Art gelebt. Einige von ihnen hatten höchste Ämter inne oder haben sich aktiv in öffentliche Auseinandersetzungen eingeschaltet. Der Stoiker Marc Aurel z. B. war römischer Kaiser und Francis Bacon englischer Lordkanzler. Im 20. Jahrhundert engagierten sich Philosophen wie Russell oder Sartre für Pazifismus und radikale politische Reformen. Die meisten Philosophen bevorzugten jedoch ein zurückgezogenes, der philosophischen Kontemplation gewidmetes Leben.

In einer *vita activa* wird das Glück in einer aktiven Lebensgestaltung gesucht. Dies kann durch ein Engagement in der Politik erfolgen, durch ein intensives Pflegen sozialer Beziehungen, durch eine möglichst vielseitige Entwicklung eigener Fähigkeiten und Begabungen oder durch eine offensive und positive Haltung gegenüber neuen Lebenserfahrungen. Die meisten Philosophen jedoch, die für eine *vita activa* eintraten, hatten dabei das öffentliche politische Engagement im Auge. Für die antike Philosophenschule der *Stoiker* (von »stoa poikile« = bunte Säulenhalle, der ersten Lehrstätte der Stoiker) gab es eine selbstverständliche sittliche Verpflichtung des Bürgers, sich für das Gemeinwesen zu engagieren. Nach Meinung der Stoiker gibt es eine vernunftgemäß gegliederte Weltordnung, in der der Staat als Teil der Weltordnung ebenso seinen natürlichen Platz hat wie das Individuum als Teil des Staates. Teilnahme am politischen Leben ist von daher nichts anderes als die pflichtgemäße Einordnung in die natürliche Ordnung des Kosmos. Auch die berühmte 11. Feuerbachthese von KARL MARX (1818-1883) »Die Philosophen haben die Welt nur verschieden interpretiert, es kommt darauf an, sie zu verändern« hat nicht nur die Bedeutung, daß die Änderung der materiellen Lebensgrundlagen

Vita activa

Vorrang vor theoretischer Spekulation haben muß, sondern sie kann auch in einem konkret lebenspraktischen Sinn aufgefaßt werden: Der Philosoph selbst soll nicht nur durch Nachdenken und Schreiben, sondern auch durch praktisches Engagement für eine Verbesserung der Verhältnisse eintreten. Genau in diesem Sinn hat der existenzialistische Philosoph JEAN-PAUL SARTRE (1905-1980) die menschliche Freiheit als Aufforderung verstanden, im öffentlichen Engagement Verantwortung zu übernehmen. Bei den meisten Philosophen jedoch, die einer *vita activa* positiv gegenüberstehen, gibt es eine charakeristische Einschränkung: Öffentliches Engagement kann nützlich, sinnvoll oder auch notwendig und das Streben nach Erfolg auch berechtigt sein – jedoch darf man sich nicht davon abhängig machen. Die Grenzen der *vita activa* sind dort gesetzt, wo der Mensch zum Sklaven der eigenen Erwartungshaltung oder der Erfolgserwartung anderer wird. Auch derjenige, der sich für ein der Öffentlichkeit gewidmetes Leben entschieden hat, sollte sich seine Unabhängigkeit und die Fähigkeit bewahren, sich zurückzuziehen und sich anderen wichtigen Dingen zu widmen. So warnt SENECA (4 v. Chr. - 65 n. Chr.), der selbst hohe Staatsämter in Rom bekleidete, in seinen Lehrbriefen immer wieder davor, sich vom Beifall der Menge abhängig zu machen. Für ihn wie für viele andere Philosophen gehört es zu den wichtigsten Eigenschaften einer klugen Lebensführung, daß man sich zu entziehen weiß, wenn man in Gefahr ist, von Äußerlichkeiten vereinnahmt zu werden. Anders ausgedrückt: Man sollte nie den Punkt überschreiten, an dem ein Aussteigen oder ein Rückzug noch möglich ist.

Vita contemplativa

Es verwundert nicht, daß das zurückgezogene, meditative Leben, die *vita contemplativa*, von vielen Philosophen vorgezogen wird. Es ermöglicht in ihren Augen dem Menschen eher, zu sich selbst zu finden und sich von Ablenkung und Zerstreuung fernzuhalten. Häufig wurde diese Lebensform aber auch als Reaktion auf unruhige politische Zeiten gewählt. RENÉ DESCARTES (1596-1650) hatte sich z. B. in der Zeit des 30-jährigen Krieges an die Lebensregel des Epikur gehalten: »Lebe im Verborgenen«. Die Einsamkeit, die heute einen eher negativen Klang erhalten hat und häufig mit Unglücklichsein assoziiert wird, wird bei vielen Philosophen mit einem positiven Inhalt verbunden. EPIKUR gibt z. B. den Ratschlag, sich aus dem Gefangensein des Alltagsgetriebes und des Staatslebens zu befreien. SCHOPENHAUER stellt die These auf, daß nur der die Freiheit liebe, der auch die Einsamkeit liebe. Unter Freiheit

Meditierender buddhistischer Mönch vor einer Gartenfläche

versteht er dabei nicht die politische Freiheit, sondern die Unabhängigkeit von den Konventionen und der Leere der Gesellschaft. Es stellt sich allerdings immer wieder die Frage, ob die *vita contemplativa* ethische Grenzen hat. So ist z. B. zu überlegen, ob in Zeiten einer Diktatur oder eines gesellschaftlichen Umbruchs es nicht eine bestimmte Pflicht des Philosophen gibt, sich öffentlich einzumischen.

Es ist unverkennbar, daß das, was die meisten Philosophen als Merkmal oder Teil eines glücklichen Lebens nennen, sich doch von dem unterscheidet, was im Alltag mit Glück verbunden wird. Maßvoller Umgang mit sinnlichen Bedürfnissen, die Übung der Fähigkeit, sich auf sich selbst zurückzuziehen, der ständige Umgang mit den großen Werken der Kultur und die Pflege ausgewählter zwischenmenschlicher Beziehungen scheinen vielen als entweder zu anspruchsvoll oder auch als zu langweilig und fade. Wo bleiben die spontanen, rauschhaften, überwältigenden Glückserlebnisse? Wo bleiben die Freuden, die man aus einer aktiven Lebensführung gewinnt? Und wo bleibt die Erwähnung des Glücks, das man im bewußten Umgang mit den vielen kleinen Dingen des Alltags gewinnt? Das Glücksverständnis der meisten Philosophen setzt in der Tat andere Akzente als die alltägliche Auffassung von Glück. Die Philosophen schätzen offensichtlich ein *dauerhaftes* Empfinden von Zufriedenheit, Erfülltheit und Gelassenheit als wichtiger ein als intensives Augenblickserleben. Auch wenn dieses philosophische Glücksverständnis deutlich kontemplative Züge trägt, heißt dies doch nicht, daß andere Formen eines glücklichen, sinnerfüllten Lebens ausgeschlossen wären.

Eine *philosophische Lebenshaltung* kann in einem aktiven und einem kontemplativen Leben verwirklicht werden. Sie ist vor allem etwas, was nicht allein durch Einsicht oder durch eine Entscheidung, sondern nur durch ständige Übung erworben werden kann. Dazu gehört zunächst die Bereitschaft, sein eigenes Leben im Rahmen der gegebenen Möglichkeiten zu gestalten. Sie drückt sich im praktischen Leben in einer gewissen Distanz gegenüber äußerem Erfolg oder Mißerfolg aus sowie in der Fähigkeit, sich immer wieder zurückzuziehen und sein eigenes Leben wie von außen betrachten zu können. Ein wichtiges Merkmal einer solchen Haltung ist die Wachheit und Aufmerksamkeit, die man seinem Handeln entgegenbringt. Kaum ein in normalen Verhältnissen lebender Mensch hat die Mittel und die Gelegenheit, sich völlig dem gesellschaftlichen Leben entziehen. Doch man kann versuchen, das Bewußtsein für die Gestaltung des eigenen Lebens zu erhalten und auch den Lebensgenuß, dort, wo man ihn anstrebt, bewußt und aufgrund einer eigenen Wahl zu erleben und nicht als jemand, der von außen fremdgesteuert wird. Zu einer philosophischen Lebenshaltung gehören schließlich Gelassenheit und Akzeptanz gegenüber dem Schicksal und letztlich gegenüber dem Tod. Je mehr es gelingt, eine solche philosophische Lebenshaltung einzunehmen, desto sicherer wird man im Umgang mit Lebenskrisen und Grenzsituationen.

Weiterführende Literatur:

PIERRE HADOT: *Philosophie als Lebensform. Geistige Übungen in der Antike*, Berlin 1991 (Gatza Verlag).

Der Autor gibt eine lesbare Einführung in die Grundabsichten der antiken Philosophie, zu einer vernünftigen Lebenspraxis hinzuführen. Daneben diskutiert der Band auch neuere lebenspraktisch orientierte Philosophen, wie z. B. Kierkegaard oder Nietzsche.

LUDWIG MARCUSE: *Philosophie des Glücks. Von Hiob bis Freud*, Zürich 1972 (detebe 20021)

Eine leicht verständliche, aber auch kritische Auseinandersetzung mit den Glücksvorstellungen in der Philosophie.

Kurzer Abriß der Philosophiegeschichte

Antike

Die Phil. der Antike umfaßt den ersten großen Abschnitt der europäischen Phil. vom 6. Jhdt. v. Chr. bis zu ihren Ausläufern im 6. Jhdt. n. Chr. Sie entwickelte die begrifflichen Grundlagen u. zentralen Fragestellungen für die gesamte nachfolgende europäische Phil. Sie entstand, als die ionischen Naturphilosophen in Kleinasien die mythologische Weltdeutung in Frage stellten u. sich um ein rationales Verständnis des Kosmos bemühten. Dabei wurde versucht, Natur u. Kosmos auf wenige Grundelemente u. Kräfte zurückzuführen (Heraklit, Parmenides, Demokrit). Mit der *Sophistik* setzte eine Umorientierung der griech. Phil. ein. Ausgangspunkt wurde nun der Mensch u. seine Fähigkeit, auf rationale Art mit Begriffen umzugehen – »Der Mensch ist das Maß aller Dinge« (Protagoras). Die Sophistik demokratisierte die Phil., indem sie sie als Rhetorik zu einer lehrbaren Kunst machte. Mit der Sophistik endet die Periode der sog. *Vorsokratiker.*

Mit SOKRATES beginnt im 5. Jhdt. die Blütezeit der griech. Phil. in Athen. Sie dauerte etwa bis zum Ende des 4. Jhdts. v. Chr. u. wurde neben Sokrates durch Platon u. Aristoteles geprägt. Wie bei den Sophisten stand bei Sokrates das Bemühen um die Definition von Begriffen (wie Tapferkeit, Gerechtigkeit usw.) im Mittelpunkt, doch anders als die Sophistik glaubte er an eine endgültige Lösung dieser Probleme u. lehnte jeden Relativismus ab. Daran anknüpfend entwickelte PLATON seine *Ideenlehre*, die zur Grundlage des phil. *Idealismus* wurde. Die aus den Allgemeinbegriffen abgeleiteten Ideen bilden für Platon die wahre, unvergängliche u. unveränderliche

Realität. Die Welt der materiellen, veränderlichen Erscheinungen ist dagegen nur ein Schattenbild. Aus der Idee der Gerechtigkeit entwickelte Platon die Utopie des idealen Staates, in dem es eine strenge Aufgabenteilung zwischen den verschiedenen Ständen gibt u. in dem die Philosophen die Herrscherklasse bilden.

Aus der von Platon begründeten Akademie in Athen ging ARISTOTELES hervor, der als Begründer verschiedener phil. Disziplinen gelten kann. Er war der erste, der einzelne Schriften zur Metaphysik, Politik, Ethik und Logik verfaßt hat. Auch die Entwicklung der Wissenschaft in Europa hat er stark beeinflußt. Grundlegender Gedanke der aristotelischen Phil. war der der zweckgerichteten Ordnung (Teleologie), mit dem er sowohl die Natur als auch das menschliche Handeln erklärte. Im Gegensatz zu Platon fand Aristoteles dieses Ordnungsprinzip nicht in Ideen außerhalb der Sinnenwelt, sondern als zielgerichtete Kraft (Entelechie) in den Dingen. Auch der Mensch ist nach Aristoteles auf einen Zweck, nämlich auf eine Verwirklichung als Gemeinschafts- u. Vernunftwesen angelegt. Aristoteles führte u.a. die für die europäische Metaphysik sehr einflußreichen Begriffe der Kausalität u. Substanz ein u. begründete die Lehre vom logischen Schließen (Syllogistik).

In der folgenden Epoche der antiken Phil., die die Zeit des Hellenismus u. des Römischen Weltreichs umfaßt, gewannen vor allem lebenspraktisch orientierte Philosophen einen großen Einfluß. Ihre grundlegende Absicht war es, Ratschläge für eine vernünftige u. sinnvolle Lebensführung zu geben. Zahlreiche griechische Philosophenschulen wie die

Kyniker (Diogenes), die *Epikureer* (Epikur) oder die *Stoiker* (Seneca, Epiktet, Marc Aurel) widmeten sich diesem Thema. Gemeinsam ist diesen Schulen die Empfehlung, in Übereinstimmung mit der Natur zu leben, d. h. durch Vernunft u. Maß einen Zustand des Seelenfriedens zu erlangen. Insofern sie diesen Zustand mit dem Glück identifizierten, vertraten alle Schulen einen *Eudämonismus*. Auch die Schule der *Skeptiker* (Pyrrhon), die an der Erkenntnismöglichkeit der Welt grundsätzlich zweifelte, verstand ihre Lehre zugleich als einen Weg zum Glück.

Die bedeutendste neue phil. Richtung der Spätantike war der *Neuplatonismus*, der seinen Höhepunkt im Werk PLOTINS im 3. Jhdt. n. Chr. fand. In einer Weiterentwicklung der platonischen Ideenlehre wird hier die Wirklichkeit als »Emanation«, d. h. als Ausströmung u. Manifestation einer obersten Idee begriffen, die mit dem höchsten Wesen identifiziert wird. Ziel des Menschen ist eine mystische Vereinigung mit dieser obersten Idee. Mit der Ausbreitung des Christentums innerhalb des Römischen Weltreichs verloren die antiken Philosophenschulen ihren Einfluß. Die Phil. der Antike wirkte jedoch auch in dem vom Christentum beherrschten Mittelalter weiter.

Mittelalter

Die Phil. des Mittelalters ist die Epoche der Phil., die den Zeitraum von den ersten nachchristlichen Jahrhunderten bis etwa zum Ende des 14. Jhdts. umfaßt. Sie ist geprägt durch die beherrschende Rolle des Christentums sowie durch den Versuch, christliche Theologie u. antike Phil. miteinander in Einklang zu bringen. Sie entstand, als sich das Christentum innerhalb des Römischen Reiches ausbreitete u. dort schließlich zur Staatsreligion wurde.

In ihrer frühen Phase, der *Patristik*, ging es vor allem darum, die noch junge christliche Religion als theoretisches Lehrgebäude auszuarbeiten. So bemühten sich die *Gnostiker* u. die mit ihnen verwandten *Manichäer* darum, durch die Annahme eines guten u. bösen Prinzips die Vorstellung des christlichen Gottes mit der Tatsache des Bösen in der Welt zu verbinden. Bereits bei ORIGINES machen sich platonische Einflüsse stark bemerkbar (Gott als Idee der Ideen). Dies gilt auch für den bedeutendsten Philosophen der Patristik, AUGUSTINUS. Ausgangspunkt seines Philosophierens ist die innere Selbstgewißheit; einen Zugang zur Transzendenz erhält der Mensch jedoch nur durch göttliche Gnade. Daher betont er in seiner Lehre von der Trinität (Dreifaltigkeit) u. vom Gottesstaat die grundsätzliche Kluft zwischen der Welt des Diesseits u. der göttlichen Welt des Jenseits.

Ihren Höhepunkt erreichte die Phil. des Mittelalters in der *Scholastik* (etwa seit dem 9. Jhdt.), in der die Einflüsse der aristotelischen Phil. beherrschend wurden. Vorbereitet wurde dies durch die Arbeiten der beiden islamischen Philosophen AVICENNA u. AVERROES, die die Lehre des Aristoteles für die Phil. des Mittelalters erschlossen. Eine Verschmelzung von christlicher Theologie u. aristotelischer Metaphysik findet sich im Werk THOMAS VON AQUINS, des bedeutendsten Philosophen der Scholastik. Auch für Thomas gibt es noch Wahrheiten, die sich nur dem Glauben erschließen. Doch sind z. B. die Existenz Gottes oder die Unsterblichkeit der Seele dem »natürlichen Licht« der Vernunft zugänglich. Die von verschiedenen Philosophen formulierten *Gottesbeweise* sind besonders charakteristisch für das scholastische Bemühen, der christlichen Theologie ein rationales Fundament zu geben. Daneben gab es jedoch auch antirationalistische Strömungen in der Phil. des Mittelalters. Ihr Höhepunkt lag in der deutschen *Mystik* (Eckhart), die Gott nicht beweisen, sondern durch Versenkung in sich selbst unmittelbar erfahren wollte.

Eine Streitfrage der scholastischen Phil. war die nach dem Wesen der menschlichen Seele, d. h. nach den sie beherrschenden Kräften. Während Thomas der Vernunft die Herrschaft über den Willen einräumte, vertrat DUNS SCOTUS die Gegenthese, daß der Wille die Vernunft u. die Erkenntnis lenkt (Voluntarismus). Eine andere, bis in die moderne Logik u. Sprachphil. einflußreiche Debatte wurde im sog. *Universalienstreit* ausgetragen. Der scholastische *Realismus* (Anselm von Canterbury) behauptete, daß den Allgemeinbegriffen (Universalien) eine eigenständige Realität zukomme, während der *Nominalismus* (Ockham) Begriffe lediglich als auf Konventionen beruhende Namen auffaßte.

Gegen Ende der Scholastik beschränkte sich die Phil. nicht mehr nur auf die Ausdeutung phil. u. theologischer Autoritäten, sondern öffnete sich zunehmend der äußerlichen erfahrbaren Wirklichkeit. Als sich in der Renaissance Phil. u. Wissenschaft von der Theologie zu lösen begannen, verlor die mittelalterliche Phil. ihre Grundlage.

Neuzeit

Mit den technischen u. geographischen Entdeckungen der frühen Neuzeit (Kompaß, Schießpulver, Buchdruck, Amerika) setzte im *16. Jahrhundert* auch eine geistige Revolution ein. Die neue Wertschätzung des individuellen Lebens, das nun nicht mehr allein auf das Jenseits ausgerichtet war, u. die Anerkennung des Werts rein menschlicher Bildung (»Humanismus«) waren begleitet von einer Neuentdeckung antiker Phil. u. Kunst (»Renaissance«). Die beginnende Loslösung vom Dogma der Kirche führte zu einer neuen Weltlichkeit des Denkens. In der Naturphil. wurde die Ewigkeit u. Unendlichkeit zu einer Eigenschaft der Welt. Entsprechend wurden im *Pantheismus* Gott u. Welt als Einheit verstanden (Bruno). Angesichts des sich abzeichnenden Aufschwungs der Naturwissenschaften gab es erste erkenntnistheoretische Versuche, die Induktion als die spezifische Methode der empirischen Wissenschaften herauszustellen (F.Bacon). In der politischen Phil. kam es zu Entwürfen idealer Staaten, die sich an Platon orientierten u. die auf deren Verwirklichung im Diesseits angelegt waren. Politik wurde als eine rationale, erlernbare Tätigkeit aufgefaßt (Machiavelli). Auch die schon in der Antike vertretene skeptische Haltung wurde erneuert (Montaigne).

Im *17. Jahrhundert* begann der Streit zwischen Rationalismus und Empirismus, der die theoretische Phil. bis zu Kant beherrschen sollte. Während der Empirismus seinen Höhepunkt im 18. Jhdt. erreichte, erlebte der *Rationalismus* (Descartes, Spinoza, Leibniz) seine Blütezeit im 17. Jhdt. Nach dem Vorbild mathematischer Erkenntnis versuchte er, Metaphysik auf absolut gewisse, von aller Erfahrung unabhängige Grundsätze (»angeborene Ideen«, »Vernunftwahrheiten«) zu gründen. Einflußreich war vor allem DESCARTES mit seinem Ausgehen von der Selbstgewißheit des Denkens (»Ich denke, also bin ich«) u. seinem Dualismus von Körper und Geist. Indem er den Körper als eine nach mechanischen Gesetzen funktionierende Maschine deutete, gab er den entstehenden Naturwissenschaften wichtige Anstöße (»mechanistisches Weltbild«). Daneben entwickelte sich eine neuzeitliche Form des *Materialismus*, die den Dualismus von Körper u. Geist ablehnte u. alle geistigen Prozesse auf körperliche Prozesse zurückführte (Hobbes).

In der praktischen Phil. des 17. Jhdts. wurde die traditionelle Berufung auf den göttlichen oder natürlichen Ursprung moralischer u. rechtlicher Gebote durch den Gedanken der *Autonomie* des Menschen, d. h. seiner Fähigkeit zur Selbstgesetzgebung, zunehmend verdrängt. Die erstmals von HOBBES vertretene *Vertragstheorie* sah den Ursprung einer Moral- u. Rechtsordnung in einem *Gesellschaftsvertrag*, durch den freie u. gleiche Individuen den Naturzustand verlassen u. gegenseitig ihre Rechte u. Pflichten anerkennen.

Das *18. Jahrhundert* war das Zeitalter der *Aufklärung*. Ihr Grundmerkmal war das Vertrauen in die menschliche Vernunft u. die sich darauf stützende Forderung, daß man sich in Fragen des Denkens u. Handelns nicht länger auf Traditionen u. Autoritäten verlassen dürfe. Innerhalb der englischen Aufklärung entwickelte sich die klassische Form des *Empirismus* (Locke, Berkeley, Hume). Seine Grundthese war, daß alle Erkenntnis sich auf Erfahrung stützen müsse. Einflußreich war besonders HUME mit seinen skeptischen Folgerungen aus dem Empirismus. Auch der *Materialismus* fand vereinzelte Vertreter. Die theoretische Phil. der Aufklärung erreichte ihren Höhepunkt bei KANT in dem Versuch, Rationalismus u. Empirismus zu versöhnen. Wie der Empirismus wandte Kant sich gegen die Überschätzung der Vernunft u. begrenzte Erkenntnis auf Erfahrung. Insbesondere die traditionellen metaphysischen Versuche, Gott, Freiheit u. Unsterblichkeit zu beweisen, wies er als Scheinwissen zurück. Wie der Rationalismus hielt er jedoch an der Auffassung fest, daß die Geltung einiger Grundprinzipien der »Erfahrungswelt« (z. B. Substanz, Kausalität) a priori erkannt werden können.

Das Denken der Aufklärung wirkte sich besonders nachhaltig auf die praktische Phil. aus. LOCKE und ROUSSEAU knüpften in ihrer politischen Phil. an die *Vertragstheorie* an u. betonten, daß der Ursprung des Staats im Willen des Volkes liegt. Während Rousseaus Theorie jedoch einer Diktatur ähnelt, die vorgibt, das Allgemeinwohl zu vertreten, war Lockes Konzeption von der liberalen Idee der Kontrolle staatlicher Macht bestimmt. Vor allem im Anschluß an Locke entwickelte die politische Phil. der Aufklärung eine liberale Theorie des Staates, in der durch Gewaltenteilung die Macht des Monarchen eingeschränkt werden sollte (Montesquieu). In ihrer Kulturphil. forderte die Aufklärung Toleranz gegenüber anderen Konfessionen u. die Anerkennung auch außereuropäischer Zivilisationen (Voltaire). Auch die Ethik der Aufklärung gründete sich auf den Gedanken der Eigenverantwortlichkeit des Menschen. In KANTS Pflichtethik wird der *kategorische Imperativ* zum Maßstab eines von äußeren Zwecken unabhängigen moralischen Handelns. Demgegenüber sieht der *Utilitarismus* (Bentham) Glück u. Wohlergehen der Gesellschaft als moralisches Ziel.

In der Periode des *Deutschen Idealismus*, die vom Ende des 18. Jhdts. bis zum Tod Hegels im Jahre 1831 reicht, wurde versucht, theoretische u. praktische Phil. in einem einheitlichen Ansatz zusammenzuführen. Zielpunkt des Philosophierens war das »Absolute«, das sowohl als Grundprinzip von Natur u. Geist als auch als Endpunkt der Geschichte verstanden wurde. FICHTE sah das Absolute in einem ursprünglichen, aller Erfahrung vorausliegenden Erkenntnissubjekt, das er als »absolutes Ich« bezeichnete. Für SCHELLING war das Absolute der einheitliche Grund von Natur u. Geist, die er daher als identisch betrachtete. Bei HEGEL laufen Religion, Kunst, Recht u. Politik in einem dialektischen, d. h. in einem in der Überwindung von Widersprüchen sich vollziehenden Prozeß auf ein gemeinsames Ziel zu, in dem die Vernunft sich selbst verwirklicht. In dieser »Venunftmetaphysik« wird die Vernunft als das Absolute zum Maßstab u. Ziel aller geschichtlichen Entwicklung.

Moderne

Mit dem Ende des Deutschen Idealismus beginnt die Phil. der Moderne. Ihr Grundmerkmal ist die Ablehnung der Deutung der Vernunft als Prinzip aller Wirklichkeit.

Die in der Mitte des *19. Jahrhunderts* hervortretenden Strömungen der theoretischen Phil. sind Gegenpositionen zur »Vernunftmetaphysik« des Deutschen Idealismus, ohne jedoch alle antimetaphysisch zu sein. So faßte die *Willensmetaphysik* (Schopenhauer, Nietzsche) nicht die Vernunft, sondern den triebhaften Willen als Kern des Menschen u. der Welt, u. der *Materialismus* deutete die Materie als Grundlage aller Wirklichkeit u. die ökonomischen Interessen als Triebkräfte der Gesellschaft u. Geschichte (Marx, Engels). Der *Positivismus* (Comte, Mill) verzichtete gänzlich auf Metaphysik u. beschränkte

Erkenntnis auf die Beschreibung von Tatsachen. Der *Historismus* (Dilthey) vertrat einen *Relativismus* phil. Weltanschauungen, u. der *Pragmatismus* (Peirce) wollte die Phil. auf Fragen beschränken, die praktische Bedeutung für das menschliche Handeln haben. Die praktische Phil. des 19. Jhdts. war vor allem Kultur- u. Gesellschaftstheorie. Bis ins 20. Jhdt. hinein einflußreich wurde die Kulturkritik NIETZSCHES, der sich gegen den Fortschrittsoptimismus wandte u. die europäische Geistesgeschichte als Prozeß der Dekadenz interpretierte. Im Gegensatz dazu vertrat der *Marxismus* die These von einem Fortschritt in der Geschichte u. einer Verwirklichung des Menschen in einer klassenlosen Gesellschaft. Die Frage der Rechtfertigung von Handlungsnormen wurde im 19. Jhdt. lediglich im *Utilitarismus* (Mill) diskutiert. Mit der existenziellen Grundsituation des Individuums setzte sich KIERKEGAARD auseinander.

Im *20. Jahrhundert* gab es verschiedene Versuche der theoretischen Phil., sich metaphysischen u. anthropologischen Fragen neu zuzuwenden. Dazu zählen nicht nur die *Lebensphilosophie* (Bergson) u. die *Phänomenologie* (Husserl), sondern auch die Versuche einer *Neubegründung der Ontologie* (N. Hartmann) u. die *Philosophische Anthropologie* (Scheler), die die Fragen nach dem Aufbau der Welt u. dem Wesen des Menschen durch engen Anschluß an die empirischen Wissenschaften beantworten wollten. Besonders charakteristisch für die theoretische Phil. des 20. Jhdts. ist jedoch die durch FREGE u. RUSSELL vorbereitete u. dann vor allem durch WITTGENSTEIN geprägte *Wende zur Sprache* u. die mit ihr verbundene neue Zugangsweise zu phil. Problemen. Unter dem Einfluß von Wittgensteins Frühwerk *Tractatus* stand der *Logische Empirismus* (oder »Neopositivismus«) des *Wiener Kreises* (Carnap). Mit den Mitteln der modernen Logik u. Semantik versuchte man, Metaphysik als »Pseudowissenschaft« zu entlarven u. Phil. auf die logische Analyse der Sprache zu beschränken.

Die *Analytische Philosophie* hat die Nachfolge des Logischen Empirismus nach dem 2. Weltkrieg angetreten, doch ist sie erheblich toleranter gegenüber Metaphysik eingestellt. Zwei Hauptrichtungen lassen sich unterscheiden. Auf der einen Seite steht die sog. *analytische Wissenschaftstheorie*, die wie der Logische Empirismus die naturwissenschaftliche Methode des Erklärens als universal betrachtet (Quine). In gewissem Sinne zählt dazu auch der *Kritische Rationalismus* (Popper), der die Fehlbarkeit aller Erkenntnis u. die Bedeutung der Kritik in Theorie u. Praxis betont. Auf der anderen Seite steht die vom späten Wittgenstein begründete *sprachanalytische Philosophie* (Strawson), die sich auf die Analyse der Alltagssprache konzentriert.

Die politische Phil. des 20. Jhdts. ist zu einem nicht unerheblichen Teil kritische Fortführung älterer Ansätze. Als besonders einflußreich erwies sich in der politischen Phil. die Weiterentwicklung des Marxismus zum *Neomarxismus* (Lukács, Bloch, Horkheimer, Adorno). Auch der *Neoliberalismus* (Popper, Rawls) hat die zeitgenössische politische Phil. maßgeblich beeinflußt. Eine bedeutende Kritik des Marxismus, verbunden mit einem Plädoyer für eine pluralistische Gesellschaft u. ein auf Machtkontrolle angelegtes politisches System, legte insbesondere POPPER vor.

Die Diskussion um eine Neubegründung der Ethik im 20. Jhdt. steht im Spannungsfeld zwischen Kantischer Pflichtethik und Utilitarismus. Die im Umkreis der Phänomenologie stehende sog. *materiale Wertethik* (Scheler, N. Hartmann) versuchte, die Kantische Pflichtethik durch ein System ethischer Werte inhaltlich zu erfüllen. Auch die *Diskursethik* (Habermas, Apel) will in Anlehnung an Kant die Verbindlichkeit moralischer Normen in elementaren Regeln der menschlichen Kommunikation begründen. Mehr in der Tradition des Utilitarismus steht dagegen die ethische Diskussion in der Analytischen Philosophie. Eine Sonderstellung in der praktischen Phil. des 20. Jhdts. hat die an Kierkegaard anschließende *Existenzphilosophie* (Jaspers, Heidegger, Sartre, Camus). Sie sah ihre Aufgabe nicht darin, moralische Normen zu begründen oder eine ethische Lehre zu entwickeln, sondern dem Individuum dabei zu helfen, sich der Grundlagen der eigenen Existenz bewußt zu werden u. sich der Verantwortung für das eigene Leben zu stellen. Kennzeichnend für die Phil. des späten 20. Jhdts. ist eine auffällige Annäherung u. gegenseitige Beeinflussung phil. Schulen.

Hauptströmungen der europäischen Philosophiegeschichte mit bedeutenden Vertretern

Antike

Vorsokratiker:
Heraklit (544-480 v. Chr.)
Parmenides (540-480 v. Chr.)
Demokrit (460-371 v. Chr.)
Sophisten: Protagoras (480-410 v. Chr.)

Die klassische griechische Philosophie:
Sokrates (469-399 v. Chr.)
Platon (427-347 v. Chr.)
Aristoteles (384-322 v. Chr.)

Die römisch-hellenistische Philosophie:
Epikureer: Epikur (442/1-371/0 v. Chr.)
Kyniker:
Diogenes von Synope (ca. 412-323 v. Chr.)
Skeptiker: Pyrrhon (360-270 v. Chr.)
Stoiker:
Seneca (4 v. Chr.-65 n. Chr.)
Epiktet (50-138)
Marc Aurel (121-180)
Neuplatonismus: Plotin (205-270)

Mittelalter

Patristik:
Origines (185-254)
Augustinus (354-430)

Scholastik:
Avicenna (980-1037)

Scholastischer Realismus:
Anselm von Canterbury (1033-1109)
Averroes (1126-1198)
Thomas von Aquin (1225-1274)
Voluntarismus:
Duns Scotus (1270-1308)
Deutsche Mystik:
Meister Eckhart (1260-1327)
Scholastischer Nominalismus:
William von Ockham (1300-1350)

Neuzeit

Renaissance:
Machiavelli (1469-1527)
Montaigne (1533-1592)
Bruno (1548-1600)
F. Bacon (1561-1626)

17. Jahrhundert:
Hobbes (1588-1679)
Rationalismus:
Descartes (1595-1650)
Spinoza (1632-1677)
Leibniz (1646-1716)

Aufklärung:
Empirismus und englische Aufklärung:
Locke (1632-1704)
Berkeley (1685-1753)
Hume (1711-1776)
Französische Aufklärung:
Montesquieu (1681-1755)
Voltaire (1694-1778)
Rousseau (1712-1778)
Deutsche Aufklärung:
Kant (1724-1804)

Romantik:
Deutscher Idealismus:
Fichte (1762-1814)
Schelling (1774-1854)
Hegel (1770-1831)

Moderne

19. Jahrhundert:
Kierkegaard (1813-1855)
Willensmetaphysik:
Schopenhauer (1788-1860)
Nietzsche (1844-1900)
Historischer Materialismus:
Marx (1818-1883)
Engels (1820-1895)
Positivismus/Utilitarismus:
Comte (1798-1857)
Mill (1806-1873)
Historismus: Dilthey (1833-1911)
Pragmatismus: Peirce (1839-1914)

20. Jahrhundert:
Lebensphilosophie:
Bergson (1859-1941)
Phänomenologie:
Husserl (1859-1938)

Neue Ontologie/Anthropologie/Materiale
Wertethik:
Scheler (1874-1928)
N. Hartmann (1882-1950)
Existenzphilosophie:
Jaspers (1883-1969)
Heidegger (1889-1976)
Sartre (1905-1980)
Camus (1913-1960)
Neomarxismus/Kritische Theorie:
Lukács (1885-1971)
Bloch (1885-1977)
Horkheimer (1895-1973)
Adorno (1903-1969)
Logischer Empirismus/Analytische
Philosophie:
Frege (1848-1925)
Russell (1872-1970)
Wittgenstein (1889-1951)
Carnap (1891-1970)
Quine (*1908)
Strawson (*1919)
Kritischer Rationalismus/Neoliberalismus:
Popper (1902-1994)
Rawls (*1921)
Diskursethik:
Apel (*1922)
Habermas (*1929)

Kleines Lexikon philosophischer Begriffe

analytisch: zergliedernd. Bei Kant ist eine Aussage a., wenn ihre Wahrheit sich bereits aus der Bedeutung der in ihr verwendeten Ausdrücke ergibt (Bsp.: »ein Kreis ist rund«). Die Verneinung einer a. Aussage ist ein logischer Widerspruch. A. bezeichnet auch eine Zugangsweise zu phil. Problemen, in der die Analyse sprachlicher Ausdrücke im Zentrum steht (*Analytische Philosophie*).

Anthropologie (griech. »anthropos« = Mensch): Lehre vom Menschen. Als phil. Disziplin fragt die A. nach dem Wesen u. der Stellung des Menschen in der Welt, insbesondere nach der Verwandtschaft u. dem Unterschied von Tier u. Mensch. Sie versucht, die Ergebnisse der Wissenschaften vom Menschen (Biologie, Medizin, Soziologie, Psychologie u.a.) zu einem Gesamtbild zu vereinen. Zentrale Themen der phil. A. sind das Verhältnis von Mensch u. Natur, von Vernunft u. Trieb sowie von Natur u. Kultur. In der Antike galt der Mensch als Teil des vernunftbestimmten Kosmos, im Mittelalter als Teil der göttlichen Schöpfung u. in der Neuzeit als souveränes Vernunftwesen. Das moderne anthropologische Denken beginnt im Anschluß an Schopenhauer, Feuerbach, Marx, Kierkegaard u. Nietzsche mit der Betonung der natürlichen u. sozialen Bedingungen des menschlichen Lebens.

Akzidens: im Gegensatz zur *Substanz* die wechselnde Eigenschaft eines Dinges.

Analytische Philosophie: die moderne phil. Strömung, die die Lösung phil. Probleme durch eine Analyse der Sprache erreichen will. Zwei Richtungen können dabei unterschieden werden. Die »analytische Wissenschaftstheorie« befaßt sich in der Tradition des *Logischen Empirismus* mit der logischen Analyse der Begriffe, Theorien u. Methoden der Wissenschaften. Die sog. »sprachanalytische Philosophie« wurde vom späten Wittgenstein begründet u. bemüht sich um die Analyse der Alltagssprache.

Antinomie: der Widerspruch zwischen zwei scheinbar oder wirklich wohlbegründeten Annahmen. Nach Kant besteht z. B. eine A. zwischen den Annahmen, daß das menschliche Handeln frei u. den Naturgesetzen unterworfen ist (*Willensfreiheit*).

apodiktisch: absolut gewiß, unbezweifelbar.

a priori (lat. »vom früheren her«): bezeichnet diejenigen Grundlagen des Denkens u. Erkennens, die immer vorausgesetzt werden müssen, die aber unabhängig von Erfahrung (»von vornherein«) als gültig eingesehen werden können.

Aporie (griech. »aporia«= Weglosigkeit): ein unlösbares Problem.

a posteriori (»vom späteren her«): bezeichnet solche Erkenntnisse, die erst durch Erfahrung, also »nachträglich«, gewonnen werden.

Ästhetik: die phil. Disziplin, die sich mit der Kunst u. dem Schönen beschäftigt. Die Ä. diskutiert u.a. die Fragen, was ein Kunstwerk ist, wie sich ästhetische Wahrnehmung beschreiben läßt u. was wir meinen, wenn wir einen Gegenstand als »schön« bezeichnen. Als eigene Disziplin hat sie sich erst im 18. Jhdt. ausgeprägt, als A. Baumgarten den Begriff »Ästhetik« (griech. »aisthesis« = Wahrnehmung, Anschauung) einführte. In der Antike u. im Mittelalter wurden Fragen der Ä. in engem Zusammenhang mit Problemen der *Metaphysik* u. *Ethik* gestellt, da Kunst ein Bestandteil öffentlicher kultischer Handlungen war. In der Neuzeit versuchte man, die *Autonomie*, d.h. die Eigengesetzlichkeit der Kunst u. der ästhetischen Wahrnehmung zu begründen. So definierte Kant die ästhetische Haltung des Betrachters als »interesseloses Wohlgefallen«. In der Moderne wird diese Autonomie angesichts der technischen Reproduktionsmöglichkeiten u. der Entwicklung der Unterhaltungskunst häufig wieder in Frage gestellt.

Atomismus (griech. »atomos« = unteilbar): die in der frühen griech. Philosophie (Demokrit) begründete *naturphilosophische* Position, daß alle Dinge aus unteilbaren Bausteinen bestehen u. daß jede Veränderung nur Verbindung oder Trennung dieser Bausteine ist.

Aufklärung: die Mitte des 17. Jhdts. einsetzende u. bis zum Ende des 18. Jhdts. andauernde Periode der Geistes- u. Philosophiegeschichte, die die *Autonomie* menschlicher Vernunft betonte u. sich gegen jede Art von Dogmatismus wandte. Bedeutende Vertreter waren Locke, Hume, Voltaire, Rousseau und Kant.

Autonomie (griech. »Selbstgesetzgebung«): bes. in der Neuzeit die Fähigkeit des Menschen, sich die Normen des Handelns selbst zu geben. Bezeichnet in der *Ästhetik* die Eigengesetzlichkeit des Kunstwerks.

Common sense (engl. »gemeiner Sinn«): Gemeinsinn, gemeine Menschenvernunft, auch gesunder Menschenverstand. Die im alltäglichen Leben angewandte Fähigkeit, elementaren u. offensichtlichen Einsichten der Vernunft zu folgen. Spielt eine große Rolle in der *Erkenntnistheorie* des klassischen *Empirismus*.

deduktiv (nach lat. »deducere« = herabführen): das Besondere aus dem Allgemeinen ableitend. D. ist jeder Schluß, der aus Voraussetzungen (»Prämissen«) eine Folgerung (»Konklusion«) zieht, wobei gilt: Wenn die Prämissen wahr sind, *muß* auch die Konklusion wahr sein.

deontologische Ethik (griech. »deon« = das Seinsollende): bezeichnet eine *Ethik*, in der die moralischen Normen aus Pflicht u. nicht wegen der zu erwartenden Handlungsfolgen befolgt werden müssen. Klassischer Vertreter einer solchen Pflichtethik ist Kant.

Determinismus: die Auffassung, daß alle Ereignisse der Welt durch Naturgesetze genau vorherbestimmt sind. Im D. gibt es keinen Zufall.

Deutscher Idealismus: die in Deutschland nach Kant sich entwickelnde u. bis zum Tod Hegels 1831 andauernde philosophiegeschichtliche Periode, die durch umfassende, spekulative Systementwürfe gekennzeichnet ist. Hauptvertreter waren Fichte, Schelling u. Hegel.

Dialektik (griech. »dialektos« = Unterredung): in der griech. Philosophie ein Verfahren zur Klärung von Begriffen. Bei Hegel u. Marx eine gesetzmäßige, in der Überwindung von Widersprüchen sich vollziehende Entwicklung der Wirklichkeit u. zugleich Methode des Denkens.

Dualismus: die Auffassung, daß die Welt sich durch zwei Grundprinzipien erklären läßt. Z. B.: Materie-Geist.

Empirismus: die *erkenntnistheoretische* Position, derzufolge Erfahrung die alleinige Quelle der Erkenntnis der Welt ist. Danach ist der Geist vor der Erfahrung ein unbeschriebenes Blatt (»tabula rasa«). Aussagen, die sich nicht durch Erfahrung überprüfen lassen, werden als haltlose Spekulationen verworfen. Der klassische E. (Locke, Berkeley, Hume) versucht, empirisch nicht belegbare Inhalte von Begriffen wie z. B. die Idee der »notwendigen« Folge von Ursache u. Wirkung als überflüssig zu beseitigen.

Entelechie (griech. »entelecheia« = das, was das Ziel in sich selbst hat): bei Aristoteles der Begriff für die inneren, zielgerichteten Kräfte, die die Bewegungen u. Veränderungen aller Dinge steuern (*Teleologie*).

Epikureer: die von Epikur begründete griech. Philosophenschule, die Freude (im Sinne von Abwesenheit von Schmerz) als Ziel der Lebensführung bestimmt u. die in ihrer *Naturphilosophie* die These vertritt, daß die Welt aus unteilbaren, zuweilen zufällig von ihrer Bahn abweichenden Atomen besteht. Bedeutender Vertreter der E. war der römische Dichter Lukrez.

Epiphänomenalismus (griech. »epiphainesthai« = dabei erscheinen): die *metaphysische* Position, nach der das Bewußtsein eine bloße Begleiterscheinung physiologischer Prozesse ist.

Erkenntnistheorie (auch »Epistemologie«): die phil. Disziplin, die sich mit dem Wesen, Ursprung, Umfang u. der Gewißheit menschlicher Erkenntnis befaßt. Charakteristisch ist die Orientierung an dem Verhältnis von Subjekt u. Objekt der Erkenntnis: Erkenntnis ist somit ein Erfassen eines Objekts durch ein Subjekt. Die Frage, ob überhaupt Erkenntnis erreichbar ist, verneint nur der *Skeptizismus.* Der *Empirismus* sieht den Ursprung der Erkenntnis in der Wahrnehmung u. der *Rationalismus* in der Vernunft. Die Frage der Reichweite der Erkenntnis beantwortet der *Realismus* mit der These, daß die vom Subjekt unabhängige Realität erkennbar ist, während der *Idealismus* nur ein Erfassen vom Subjekt abhängiger »Erscheinungen« für möglich hält. Mit Descartes wurde in der Neuzeit die E. zur dominierenden Disziplin, deren Höhepunkte bei Locke, Hume u. Kant liegen. Moderne Formen von E. finden sich z. B. in der *Evolutionären Erkenntnistheorie,* aber auch innerhalb der *Sprachphilosophie* u. *Wissenschaftstheorie.*

Ethik: die Disziplin der prakt. Philosophie, die sich mit den Grundlagen des moralischen Handelns u. der Begründung moralischer Normen befaßt. Neben diesem allgemeineren Teil gibt es die angewandte E., in der es darum geht, moralische Probleme u. Fragen des alltäglichen Lebens (z. B. Abtreibung) zu diskutieren. Daneben entwickelte sich im 20. Jhdt. die sog. »Metaethik«, die sich mit der Analyse ethischer Begriffe beschäftigt. In der *griech. Philosophie* ist die E. noch eine Form der Weisheitslehre, die nach der Lebensform fragt, die zum Glück führt. Die vorherrschende ethische Theorie der Antike ist deshalb der *Eudämonismus.* Im Mittelalter überlagerte die christliche Tugendlehre eine phil. E. Erst in der Neuzeit versuchte man, die Verbindlichkeit moralischer Normen unabhängig von der Theologie zu begründen. Bis in die Gegenwart einflußreich blieb der Gegensatz zwischen einer z. B. von Kant vertretenen *Pflichtethik* (deontologische Ethik), die eine unbedingte Befolgung moralischer Normen verlangt, u. dem *Utilitarismus* (Bentham, Mill), der diese Befolgung von den Handlungsfolgen abhängig macht. In der Wertethik des frühen 20. Jhdts. (Scheler, N. Hartmann)

bemühte man sich darum, eine Rangfolge moralischer Werte zu begründen. Die in der zweiten Jahrhunderthälfte entstandene *Diskursethik* (Habermas, Apel) sieht die Verbindlichkeit moralischer Normen in den Regeln einer *rationalen* Kommunikation begründet.

Eudämonismus (griech. »eudaimonia« = Glück): die Position in der *Ethik,* die Glück für das Ziel menschlichen Handelns hält. Der E. war vor allem in der Philosophie der Antike verbreitet, wo Glück als ein Zustand des Individuums gesehen u. häufig mit einer phil., geistigen Lebensform in Verbindung gebracht wurde (Aristoteles). Wird Glück im Sinne von Freude oder Lust definiert (Epikur), ist der E. zugleich *Hedonismus.* Eine neuzeitliche Form des E. vertritt der *Utilitarismus,* der Glück als einen Zustand begreift, der die Gesellschaft als Ganzes betrifft.

Evolutionäre Erkenntnistheorie: eine im 20. Jhdt. entwickelte Richtung der *Erkenntnistheorie,* derzufolge der Mensch über angeborene Formen des Denkens u. Wahrnehmens verfügt, die im Laufe seiner Evolution als Anpassungen an die Realität erworben wurden.

Existenzphilosophie/Existentialismus: eine von den Schriften Kierkegaards beeinflußte phil. Richtung des 20. Jhdts., die die Deutung u. Sinngebung der Existenz des einzelnen in den Mittelpunkt des Philosophierens stellt. Im bewußten Erleben sog. »Grenzsituationen« (Jaspers) wie Leiden oder Tod soll der Mensch sich in seiner »Eigentlichkeit« (Heidegger) verwirklichen. Der von der E. beeinflußte u. mit ihr verwandte französische Existentialismus (Sartre, Camus) betont demgegenüber stärker die zwischenmenschliche u. politische Verantwortung des einzelnen.

Frankfurter Schule: ein Kreis von neomarxistischen Philosophen u. Soziologen des 20. Jhdts., die an der Ausarbeitung der *Kritischen Theorie* beteiligt waren.

Geschichtsphilosophie: die Disziplin, in der diskutiert wird, ob die Geschichte als Ganzes einen Sinn hat u. ob ihr Verlauf durch allgemeine Entwicklungsgesetze bestimmt ist. Da in einer solchen Theorie auch häufig Aussagen über Abfolge u. Entwicklung von Kulturen gemacht werden, fällt G. oft mit Kulturphilosophie zusammen. Der Gedanke, daß sich der Geschichtsverlauf auf eine Erfüllung, ein Ziel hinbewegt, wurde in Europa vor allem durch das Christentum eingeführt. Bei Hegel u. Marx findet er sich in einer rationalisierten, verweltlichten Form wieder. Die Griechen dagegen sahen in der Geschichte eine kreisförmige Wiederholung. Eine solche zyklische Geschichtsauffassung wurde auch wiederholt in der Neuzeit (Vico) u. in der Moderne (Nietzsche, Spengler) vertreten. Sowohl gegen die heilsgeschichtliche wie gegen die zyklische G. steht die Meinung, Geschichte habe überhaupt keinen Sinn (Schopenhauer).

Gesellschaftsvertrag: in der prakt. Philosophie der Neuzeit die grundlegende Vereinbarung zwischen Individuen, mit der der gesetzlose Naturzustand verlassen u. die Geltung moralischer u. rechtlicher Normen begründet wird (*Vertragstheorie*).

Gottesbeweise: mehrere, vor allem in der mittelalterlichen Phil. unternommene Versuche, die Existenz Gottes mit Hilfe von Vernunftgründen zu beweisen. Der *kosmologische* G. schließt gemäß dem Gesetz der Kausalität auf die Existenz Gottes als erste Ursache der Welt, der *ontologische* G. folgert die Existenz Gottes aus dem Begriff eines vollkommensten Wesens u. der *teleologische* G. schließt aus der zweck- bzw. zielgerichteten Ordnung der Welt auf Gott als oberste, zwecksetzende Vernunft. Kant bestritt die Gültigkeit dieser G., vertrat aber selbst den sog. »moralischen« G., der die Existenz Gottes aus dem Vorhandensein eines moralischen Bewußtseins schließt, wie es sich im *kategorischen Imperativ* äußert.

griechische Philosophie: die Periode der Philosophie der Antike, die vom 6. Jhdt. v. Chr. bis zur römisch-hellenistischen Zeit im 3. Jhdt. v. Chr. reicht u. in Sokrates, Platon u. Aristoteles ihren Höhepunkt findet. Wird zu-

weilen auch gleichbedeutend mit der Philosophie der Antike gebraucht.

Hedonismus (griech. »hedone« = Lust): die ethische Lehre, in der Lust als das Ziel menschlichen Handelns bestimmt wird. Da Lust als eine Form des Glücks gilt, ist der H. eine Form des *Eudämonismus*.

Hermeneutik: ursprünglich die Lehre von der Auslegung von Texten, wurde die H. seit dem 19. Jhdt. (Schleiermacher, Dilthey) zu einer Disziplin, die den Geisteswissenschaften eine eigene methodische Grundlage zu geben versucht. Die H. geht davon aus, daß kulturelle Leistungen, z.B. in der Kunst, nicht wie Naturvorgänge »erklärt« werden können, sondern »verstanden« werden müssen. Die wichtigste Frage der H. ist deshalb: Wie ist Verstehen möglich? Im 20. Jhdt. wurde auf den sog. »hermeneutischen Zirkel« hingewiesen (Heidegger, Gadamer), nach dem wir nur das eigentlich verstehen können, was wir aufgrund eines Vorverständnisses bereits verstanden haben.

Historismus (lat. »historia« = Geschichte): eine im 19. Jhdt. entstandene Richtung phil. Denkens, die bestreitet, daß es allgemeine Gesetzlichkeiten in der Geschichte u. überzeitliche Wahrheiten gibt. Jedes Ereignis muß vielmehr in seiner geschichtlichen Besonderheit verstanden werden. Der H. steht in engem Zusammenhang mit der Entwicklung der *Hermeneutik*, z.B. bei Dilthey.

Idealismus: im weiteren Sinne eine phil. Position, die dem Geistigen einen Vorrang vor dem Materiellen einräumt. In der Erkenntnistheorie leugnet der *subjektive I.* (Berkeley, Fichte) die Existenz einer vom Subjekt unabhängigen Realität, während der *transzendentale I.* (Kant) ihre Erkennbarkeit bestreitet. In der Metaphysik ist der *objektive I.* bzw. *Spiritualismus* (Hegel) die Position, die das Geistige als Grund der materiellen Realität deutet. Im ethischen Sinne ist I. die Einstellung, die sich an moralischen Idealen statt an persönlichen Interessen orientiert.

Ideenlehre: das Kernstück der *Metaphysik* Platons, der damit den *Idealismus* begründete. Nach Platon bilden die aus den Allgemeinbegriffen abgeleiteten Ideen den Bereich der wahren, unvergänglichen u. unveränderlichen Realität, der gegenüber die Welt der sinnlichen Wahrnehmung nur ein vergängliches u. trügerisches Schattenbild ist.

immanent (lat. »immanere« = darin bleiben): zum Bereich der Erfahrung gehörend.

induktiv (lat. »inducere« = hineinführen): das Allgemeine aus dem Besonderen ableitend. Induktiv ist der Schluß von Einzelbeobachtungen auf allgemeine Gesetzmäßigkeiten. Die Frage nach der Berechtigung entsprechender Schlüsse ist Gegenstand des sog. Induktionsproblems.

intelligibel (lat. »intellegere« = erkennen, begreifen): bei Kant das, was nicht der Welt der Erfahrung zugehört u. nur durch die Vernunft zugänglich ist.

Intersubjektivität: (lat. »inter« = zwischen): das allen Subjekten Gemeinsame. Gesetze oder Regeln sind intersubjektiv, wenn sie für alle gelten.

Kategorie (griech. »kategoria« = Aussage): in der Philosophie einer von in der Regel mehreren Grundbegriffen, auf die sich metaphysische Weltdeutungen letztlich stützen.

Kategorischer Imperativ: bei Kant der oberste Maßstab moralischen Handelns, der unabhängig von zu erreichenden Zwecken gilt. Eine Formulierung lautet: »Handle nur nach derjenigen Maxime, durch die du zugleich wollen kannst, daß sie ein allgemeines Gesetz werde«.

Kausalität (lat. »causa« = Ursache): die notwendige u. gesetzmäßige Verknüpfung zwischen einer Ursache u. ihrer Wirkung. Das sog. Kausalprinzip behauptet, daß alle Ereignisse der Welt Ursachen haben.

kontingent (lat. »contingere« = sich ereignen): zufällig, nicht notwendig.

Kritische Theorie: eine besonders in der *Frankfurter Schule* im 20. Jhdt. entwickelter neomarxistischer Ansatz, der versucht, Elemente des *Marxismus*, der Psychoanalyse u. der empirischen Sozialwissenschaften zu einer antikapitalistischen Gesellschaftstheorie zu verbinden. Zu den Hauptvertretern sind Horkheimer, Adorno, H. Marcuse u. Habermas zu zählen.

Kritischer Rationalismus: die von Popper begründete phil. Position, die die maßgebende Rolle der Kritik als korrigierender Instanz in Wissenschaft u. Gesellschaft betont. Wissenschaftliche Theorien erweisen sich solange als tragfähig, als sie nicht widerlegt sind. Der K.R. wendet sich gegen die Suche nach absoluter Gewißheit. Ebenso erweist ein politisches System seine Vorzüge dadurch, daß es für Kritik u. Reform offen ist. Deshalb wird die Bedeutung der Kontrolle der Macht durch demokratische Institutionen betont.

Kyniker (griech. »kyon« = Hund): griech. Philosophenschule, die für eine Lebensweise der Bedürfnislosigkeit eintrat u. gesellschaftliche Konventionen verachtete. Einer ihrer bedeutendsten Vertreter war Diogenes von Synope, der in einer Tonne lebte, die einer Hundehütte glich.

Lebensphilosophie: die gegen Ende des 19. Jhdts. entstandene philosophische Bewegung, die im Anschluß an Schopenhauer u. Nietzsche das Irrationale und Schöpferische der Lebensprozesse betont. Gefühl und Intuition werden gegenüber Verstand und begrifflicher Erkenntnis bevorzugt. Hauptvertreter sind Bergson und Dilthey. Wichtiger Einfluß auf die *Existenzphilosophie*.

legal: dasjenige, was einer Rechtsnorm entspricht u. in Übereinstimmung mit einer Rechtsnorm geschieht.

legitim: dasjenige, was sich durch grundlegende Normen, z.B. durch das Naturrecht, rechtfertigen läßt.

Leib-Seele-Problem: die Frage nach dem grundsätzlichen Verhältnis von Körper u. Geist. Ausgangspunkt ist die alltägliche Erfahrung der anscheinenden Verschiedenheit körperlicher u. seelischer Prozesse. Dabei stellt sich einerseits die Frage, ob physische u. psychische Prozesse aufeinander einwirken können oder ob sie parallel laufen. Andererseits ist umstritten, ob Körper u. Geist zwei gleichermaßen ursprüngliche Seinsarten sind

(Dualismus) oder ob eines von beiden grundlegender ist (*Materialismus, Spiritualismus*).

Logik (nach griech. »logike«/»techne« = Kunst des Denkens): die phil. Disziplin, die sich mit den Regeln korrekten Schließens u. mit den Beziehungen zwischen Begriffen bzw. Aussagen befaßt. Galt lange Zeit als die Lehre von den Gesetzen des Denkens. Die von Aristoteles begründete »klassische Logik« stützte sich auf Grundsätze wie den Satz der Identität, den Satz des Widerspruchs u. den Satz vom ausgeschlossenen Dritten. In ihrem Mittelpunkt stand die Lehre vom logischen Schließen (Syllogistik). Die auf Frege zurückgehende »moderne Logik« hat die »klassische Logik« u.a. durch die »Aussagenlogik« erweitert, die die logischen Beziehungen zwischen Sätzen untersucht.

Logischer Empirismus (auch »logischer Positivismus« u. »Neopositivismus«): die phil. Strömung, die in den 20er Jahren in Wien um Schlick u. Carnap entstand (»Wiener Kreis«) u. die die Sprache zum zentralen Thema der Philosophie machte. Alle sinnvollen Aussagen sind entweder logische oder empirische Aussagen u. müssen beweisbar sein. Begriffe u. Aussagen, wie sie in Metaphysik, Ethik u. Theologie auftreten (z. B. Aussagen über ein »Jenseits«), sind für den L. E. nicht beweisbar u. daher sinnlos. Die Aufgabe der Philosophie wird damit auf die logische Analyse der Sprache beschränkt.

Marxismus: die phil. Richtung, die die Lehre von Karl Marx zugrundelegt bzw. diese weiterentwickelt. Zentrale Thesen des M. sind die sog. »Basis-Überbau-Theorie« (das Sein bestimmt das Bewußtsein), der Glaube an einen Fortschritt in der Geschichte, die sich in der klassenlosen Gesellschaft erfüllt, und die führende Rolle der kommunistischen Partei als Vertreterin des Proletariats, das als Träger des geschichtlichen Fortschritts gilt. Ein klassischer Vertreter des M. war Engels. Seine orthodoxe Form erhielt der M. durch Lenin im sog. »Marxismus-Leninismus«.

Materialismus: im weiteren Sinne eine phil. Position, die der Materie einen Vorrang vor dem Geist einräumt. Als metaphysische Position deutet der M., im Gegensatz zum *Spiritualismus*, alles Wirkliche als eine Erscheinungsform der Materie. Der *Marxismus* als sog. »dialektischer« u. »historischer« Materialismus erklärt menschliches Handeln u. gesellschaftliche Veränderungen durch ökonomische Interessen.

Metaphysik (griech. »meta ta physika« = hinter der Physik): die phil. Disziplin, die sich mit den Grundprinzipien u. dem Aufbau der Welt befaßt. Im Unterschied zur *Ontologie* werden in der M. auch Fragen behandelt, die religiösen Ursprungs sind (z. B. Gott, Unsterblichkeit). Klassische Themen sind außerdem Substanz u. Gesetzlichkeit der Welt (*Kausalität, Teleologie*), das *Leib-Seele-Problem* u. das Problem der *Willensfreiheit*. *Skeptizismus, Empirismus* u. *Positivismus* bestreiten die Möglichkeit von M. Bei Aristoteles, wie in der Antike überhaupt, war M. »Erste Philosophie«, u. im Mittelalter war sie eng mit der christlichen Theologie verknüpft. In der Neuzeit verdrängte die *Erkenntnistheorie* die M. aus ihrer führenden Rolle. In der Moderne entwickelte sich eine auf die Wissenschaften stützende »induktive« oder »hypothetische« M.

Monismus (griech. »monas« = allein, einzig): die Auffassung, daß die Welt sich durch ein einziges Grundprinzip erklären läßt.

Mystik, deutsche: eine antirationalistische Strömung des späten Mittelalters, die einen intuitiven, unmittelbaren Zugang zur Gotteserkenntnis lehrte. Ein Hauptvertreter war Meister Eckhart.

Naturalismus: Bezeichnung für eine Auffassung, die die Wirklichkeit ohne Bezugnahme auf »übernatürliche« Faktoren (z. B. Eingriffe Gottes) erklären will.

Naturalistischer Fehlschluß: ein als nicht gültig angesehener Schluß von einer beschreibenden Aussage auf ein Handlungsgebot (z. B.: »Weil der Mensch ein Vernunftwesen ist, soll er vernünftig handeln!«). Der Begriff wurde von Moore geprägt. Nach Moore bezeichnet der Begriff »gut«

keine natürliche Eigenschaft eines Gegenstandes. Deshalb ist ein Handlungsgebot, das auf die Verwirklichung des »Guten« gerichtet ist, auch nicht unmittelbar aus Beschreibungen von Eigenschaften ableitbar.

Naturphilosophie: die phil. Disziplin, die sich mit dem Wesen u. dem Aufbau der Natur befaßt. Im Unterschied zur *Metaphysik* verzichtet N. auf Aussagen über den Ursprung u. das Wesen des menschlichen Geistes. Wichtige Themen der N. sind *Substanz* u. Gesetzlichkeit der Natur (*Kausalität*, *Teleologie*). So fragt man in der N. z. B., ob die Prinzipien der Physik auch zur Erklärung der belebten Natur ausreichen.

Naturrecht: der Bereich der grundlegenden Normen, in denen die Maßstäbe der Gerechtigkeit für die in einem Staat tatsächlich geltenden Rechtsnormen (positives Recht) formuliert werden. In der Antike, besonders in der *Stoa*, wurde das N. aus der Ordnung des Kosmos abgeleitet, mit der sich der handelnde Mensch in Übereinstimmung bringen sollte. Im Mittelalter leitete man das N. aus der von Gott geschaffenen sittlichen Weltordnung ab. In der Neuzeit wurde das N. als grundlegendes Vernunftrecht neu begründet. Besonders einflußreich war die *Vertragstheorie* der Aufklärung (Hobbes, Locke), die das N. in der Freiheit u. Gleichheit von Individuen begründet, die ihre Handlungsmöglichkeiten durch gegenseitig anerkannte Rechte und Pflichten definieren. Der *Rechtspositivismus* bestreitet die Möglichkeit eines N.

Neomarxismus: unterschiedliche Weiterentwicklungen des *Marxismus* im 20. Jhdt., in denen z. T. Thesen des orthodoxen Marxismus revidiert wurden. Bedeutende Vertreter des N. waren u.a. Lukács, Bloch u. die *Frankfurter Schule*.

Neukantianismus: die gegen Ende des 19. Jhdts. entstandene phil. Strömung, die sich vor allem um die Weiterentwicklung der Erkenntnistheorie Kants bemüht.

Neuplatonismus: eine spätantike phil. Richtung, die in Anlehnung an Platons *Ideenlehre* die Existenz einer höchsten Idee behauptet,

die als Ursache u. Grund der Wirklichkeit gilt. Alle Dinge entstehen für den N. durch ein »Ausströmen« (Emanation) dieser höchsten Idee. Der bedeutendste Vertreter des N. war Plotin.

Nominalismus (lat. »nomen« = Name): die in der mittelalterlichen Scholastik im Gegensatz zum *Realismus* vertretene Position, nach der Allgemeinbegriffe lediglich durch Konvention vereinbarte Namen sind, die keine eigenständige Realität beanspruchen können. Im Mittelalter u. a. von Ockham vertreten, hatte der N. großen Einfluß auf die Sprachauffassung der *Analytischen Philosophie*.

Norm: ein Sollensatz, der ein allgemeingültiges Handlungsgebot formuliert. In der Philosophie unterscheidet man u. a. zwischen rechtlichen u. moralischen Normen.

Normen, Rechtfertigung von: das Problem, wie die Geltung moralischer u. rechtlicher Handlungsgebote begründet werden kann. Diese Geltung wird im Unterschied zur Geltung von Naturgesetzen auch »Verbindlichkeit« genannt. In der *Ethik* u. *Rechtsphilosophie* der Neuzeit sieht man den Grund dieser Verbindlichkeit u.a. in Prinzipien der Vernunft (Kant, Diskursethik), in der Übereinstimmung von Handlungsfolgen mit Zielen wie Glück oder Lust (*Utilitarismus*) oder auch in einer freiwilligen Anerkennung der Normen.

Objekt (lat. »objectum« = das Entgegengestellte): ein O. ist ein Gegenstand, der dem erkennenden Bewußtsein gegenübersteht, wobei es sich entweder um einen Gegenstand der Außenwelt oder um eine Vorstellung handelt.

objektiv: Eine Erkenntnis ist o., wenn sie auf nicht bloß gefühlsmäßigen, sondern von jedermann nachprüfbaren Gründen beruht.

Ontologie (griech. »on« = seiend): Lehre vom Sein (*Metaphysik*).

Panpsychismus (griech. »pan« = all u. »psyche« = Seele): die metaphysische Position, daß alles Wirkliche beseelt ist.

Pantheismus (griech. »pan« = all u. »theos« = Gott): die Lehre von der Einheit von Gott u.

Natur bzw. Gott u. Welt. Im P. gibt es keinen Gott außerhalb der Welt, sondern nur eine in der Welt gegenwärtige u. wirkende göttliche Kraft. Bedeutende Vertreter des P. waren in der Antike die Stoiker u. in der Neuzeit Spinoza.

Patristik (lat. »patres« = Väter): die frühe Periode der mittelalterlichen Philosophie (ca. 1. bis 9. Jhdt.), in der die sog. »Kirchenväter« die christliche Religion zum theologischen Lehrgebäude entwickelten. Hauptvertreter waren Origines u. Augustinus.

Phänomenologie: die von Husserl begründete phil. Strömung, die den Wesensgehalt von Bewußtseinsphänomenen wie Wahrnehmung, Denken und Emotionen sichtbar machen will. Ihre Methode ist die alle individuelle Besonderheiten ausklammernde sog. »Wesensschau«.

Platonismus: eine in der europäischen Philosophie immer wieder vertretene Haltung, die auf Platons *Ideenlehre* zurückgeht. Kern des P. ist der Glaube an ideale, überzeitliche u. unvergängliche Formen der Realität. Der P. wurde in der Antike von Platons Schülern u. in erneuerter Form im *Neuplatonismus* (Plotin) vertreten. Er wirkte fort im scholastischen *Realismus*, in der Philosophie der Renaissance, im neuzeitlichen *Rationalismus* u. *Idealismus* u. auch in der modernen *Logik* u. *Sprachphilosophie* (Frege).

Politische Philosophie: die Disziplin, die sich mit den Maßstäben für eine gerechte u. vernünftige Politik u. mit den Entwürfen für einen idealen Staat (deshalb auch »Staatsphilosophie«) auseinandersetzt. Staatsutopien gab es vor allem bei Platon u. in der Renaissancephilosophie, während im Mittelalter die Bedeutung des weltlichen Staats hinter der göttlichen Ordnung im Jenseits zurücktrat. Seit der Aufklärung haben sich Freiheit, Gleichheit u. soziale Gerechtigkeit als politische Leitideen durchgesetzt, doch gibt es unterschiedliche Vorstellungen über ihre Verwirklichung. Die liberale Staatsidee (Locke) geht von den Rechten des Individuums aus u. fordert die Gewaltenteilung zwischen Exekutive, Legislative u. Jurisdiktion. Demgegenüber stehen Theorien, die dem Staat Vorrang vor dem Individuum geben (Hobbes, Rousseau). Bei Hegel u. im *Marxismus* wird die p. P. Teil der *Geschichtsphilosophie*. So wird im *Marxismus* die Abschaffung des Staates als Ziel des geschichtlichen Prozesses gesehen. Grundsätzliche Kritik an den politischen Utopien Platons, Hegels und Marx' wurde im 20. Jhdt. von Popper geübt.

Positives Recht: (lat. »ponere« = setzen, festsetzen): umfaßt diejenigen Rechtsvorschriften, die gerade in einer jeweiligen Gesellschaft in Kraft, d.h. »gesetzt« sind.

Positivismus: die *erkenntnistheoretische* Position, die alle Erkenntnis auf das »unmittelbar Gegebene« der Wahrnehmung zurückführen will. Im Unterschied zum *Empirismus* ist im P. die Erfahrung nicht nur das entscheidende Erkenntniskriterium, sondern meist der ganze Inhalt der Wirklichkeit. Der *klassische P.* des 19. Jhdt. (Comte, Mill, Mach) betrachtet die *Metaphysik* als überwundenes vorwissenschaftliches Stadium der Geistesgeschichte.

Pragmatismus: die von Peirce begründete amerikanische phil. Bewegung, die das Handeln u. die konkrete Erfahrung zum Ausgangspunkt nimmt. Theorien werden hinsichtlich ihrer praktischen Konsequenzen bewertet. Einige Pragmatisten identifizieren Wahrheit u. soziale Nützlichkeit.

rational: durch Vernunftgründe einsehbar u. für alle nachvollziehbar.

Rationalismus: im weiteren Sinne eine Position, die nicht Erfahrung oder Gefühl, sondern der Vernunft die maßgebende Rolle für Erkennen u. Handeln zuspricht. *Erkenntnistheoretisch* behauptet der R. im Gegensatz zum *Empirismus*, daß die Vernunft die Quelle grundlegender Erkenntnisse ist. Der klassische R. (Descartes, Spinoza, Leibniz) versuchte, nach dem Vorbild der Mathematik, das gesamte System der Philosophie auf einige wenige Vernunftprinzipien zu stützen.

Rationalität: die von der Philosophie geforderte Haltung u. Fähigkeit, die Lösung von

Problemen mit Hilfe nachvollziehbarer Vernunftgründe anzugehen. *Zweckrationalität* ist ein Handlungsprinzip, das unter Abwägung der Folgen die wirksamsten Mittel zur Erreichung bestimmter Zwecke sucht.

Realismus: In der seit der Neuzeit üblichen Bedeutung ist R. die *erkenntnistheoretische* Position, die die Existenz u. Erkennbarkeit einer vom *Subjekt* unabhängigen Realität behauptet. Während der *naive R.* die Wahrnehmung als getreues Bild der Realität faßt, vertritt der *kritische R.* die These, daß die Struktur der Realität aus den Wahrnehmungen mit Hilfe der Wissenschaften erdeutet werden kann. In der mittelalterlichen Metaphysik war R. im Gegensatz zum *Nominalismus* diejenige Position, nach der den Allgemeinbegriffen (»Universalien«) eine eigenständige Realität zukommt. Daher wird dieser R. häufig auch »Begriffsrealismus« genannt.

Rechtsphilosophie: die Disziplin der prakt. Philosophie, die sich mit den Grundlagen einer Rechtsordnung u. mit der Begründung von Rechtsnormen beschäftigt. Darunter versteht die R. solche Handlungsregeln, die für das Funktionieren einer Gesellschaft unerläßlich sind u. auch durch Institutionen (Polizei, Gerichte) durchgesetzt werden. Zwischen R. u. *Ethik* als auch zwischen R. u. *politischer Philosophie* gibt es enge Zusammenhänge u. zahlreiche Überschneidungen. Eine für die Neuzeit bestimmende Frage war die Möglichkeit eines *Naturrechts*, d. h. nach der Begründbarkeit universeller, überzeitlicher Prinzipien der Gerechtigkeit. Die *Vertragstheorie* der Aufklärung (Hobbes, Locke, Rousseau) sieht den Ursprung dieser Prinzipien in einer ursprünglichen, auf Gleichheit beruhenden Vereinbarung zwischen Individuen. Im sog. *Rechtspositivismus* wird dagegen die Möglichkeit eines Naturrechts bestritten u. nur die jeweils geltenden, konkreten Rechtsvorschriften (positives Recht) werden als bindend anerkannt. Eine Weiterentwicklung der Vertragstheorie findet sich im 20. Jhdt. bei Rawls.

Rechtspositivismus: diejenige Position in der Rechtsphilosophie, die die Möglichkeit eines *Naturrechts* leugnet u. nur das positive Recht für verbindlich hält.

Relativismus: die phil. Position, die Erkenntnis u. Normen als historisch, sozial, psychologisch u. biologisch bedingt betrachtet u. daher deren Allgemeingültigkeit leugnet.

Religionsphilosophie: die phil. Disziplin, die sich mit den Aussagen der Religion(en) und mit denen über Religion(en) auseinandersetzt. Im Unterschied zur Theologie stützt sich die R. nicht auf eine religiöse Offenbarung, sondern fragt nach der Vereinbarkeit von Offenbarung und Vernunft. R. kann als Kritik der Religion auftreten (Feuerbach), aber auch als Versuch, religiöse Inhalte rational zu erfassen (Kant). Eine rationalisierte Gottesvorstellung findet sich seit Aristoteles in der These vom obersten Prinzip der Wirklichkeit (der »Gott der Philosophen«), wie sie von der traditionellen *Metaphysik* vertreten wird.

römisch-hellenistische Philosophie: die Periode der Phil. der Antike vom 3. Jhdt. v. Chr. bis zu ihren letzten Ausläufern im 5. u. 6. Jhdt. n. Chr. War vor allem geprägt durch die lebenspraktisch orientierten Philosophenschulen der *Epikureer*, *Stoiker*, *Kyniker* u. *Skeptiker*.

Scholastik (lat. »schola« = Schule): die spätere Periode der mittelalterlichen Philosophie (ca. 9 bis 14. Jhdt.), in der die christliche Theologie mit Hilfe der aristotelischen *Metaphysik* weiterentwickelt wurde. Hauptvertreter waren Thomas von Aquin, Duns Scotus u. William von Ockham.

Semiotik (griech. »sema« = Zeichen): wörtlich Lehre von den Zeichen, als solche ein wichtiger Ansatz der *Sprachphilosophie*, der Sprache als Zeichensystem versteht, das der Kommunikation dient. Die S. wird eingeteilt in die »Syntaktik« als die Lehre von der Beziehung der Zeichen untereinander, die »Semantik« als die Lehre von der Beziehung zwischen den Zeichen u. ihren Bedeutungen u. die »Pragmatik« als die Lehre von der Beziehung zwischen den Zeichen u. den Zeichenbenutzern.

Skeptizismus: diejenige Position in der *Erkenntnistheorie*, die die Möglichkeit einer absoluten Wahrheit oder einer allgemeingültigen Erkenntnis bezweifelt. Der Hauptvertreter der antiken Philosophenschule der Skeptiker war Pyrrhon. Eine neuzeitliche Form des S. vertrat Hume.

Solipsismus (lat. »solus« = allein u. »ipse« = selbst): die *erkenntnistheoretische* Position, die nur die eigene Bewußtseinswelt als real anerkennt.

Sophisten/Sophistik: eine Bewegung von im 5. Jhdt. v. Chr. lebenden Vorsokratikern, die den Menschen in den Mittelpunkt des Philosophierens stellten u. Philosophie als lehrbare Kunst betrachteten. Ein bedeutender Vertreter war Protagoras.

Spiritualismus (lat. »spiritus« = Geist): die *metaphysische* Position, derzufolge der Geist oder die Vernunft der letzte Grund alles Wirklichen ist (*Idealismus*).

Sprachphilosophie: die phil. Disziplin, die sich mit den Strukturen u. Funktionen der Sprache befaßt. Häufig wird sie als Zeichentheorie betrieben (*Semiotik*). Zentrale Themen sind das Verhältnis von Sprache u. Denken u. die Frage, was unter der »Bedeutung« eines sprachlichen Ausdrucks zu verstehen ist. Die moderne S. entstand, als Frege u. Russell die *Logik* zur Analyse sprachlicher Unklarheiten einsetzten. Die logische Analyse der Sprache wird seit Wittgenstein als eine der wichtigsten Aufgaben der Philosophie betrachtet.

Stoa/Stoiker (griech. »stoa poikile« = bunte Säulenhalle): eine nach ihrem Versammlungsort in Athen benannte antike Philosophenschule. Die S. teilte die Philosophie in Logik, Physik u. Ethik ein. Sie vertrat eine pantheistische *Naturphilosophie*, nach der alle Dinge von einer göttlichen Vernunft durchdrungen sind. Entsprechend zielt die stoische Ethik auf eine Vereinigung des Menschen mit dieser Vernunft. Man unterscheidet zwischen einer älteren, einer mittleren u. einer jüngeren Stoa. Vor allem letztere wurde durch ihre römischen Vertreter (Seneca, Marc Aurel) einflußreich.

Subjekt (lat. »subjectum« = das Zugrundeliegende): In der Erkenntnistheorie versteht man unter S. das erkennende Ich oder Bewußtsein, in Logik u. Grammatik den Gegenstand einer Aussage.

subjektiv: Eine Erkenntnis ist s., wenn sie auf bloß persönlichen, nicht objektiv kontrollierbaren Gründen beruht. Als Subjektivität bezeichnet man die Gesamtheit der Vermögen des Subjekts.

Substanz (lat. »substantia« = das darunter Bestehende): der den wechselnden Eigenschaften eines Dinges zugrundeliegende beharrliche Kern. Im Gegensatz zum *Akzidens* ist die S. das selbständig Existierende.

synthetisch: verbindend, zusammensetzend. Nach Kant ist eine Aussage s., wenn sie nicht allein aufgrund der in ihr verwendeten Ausdrücke wahr oder falsch ist (Bsp.: »Kupfer leitet Elektrizität«). Im Gegensatz zu *analytischen* Aussagen erweitern s. Aussagen die Erkenntnis.

synthetische Urteile a priori: nach Kant solche Aussagen, die als synthetische nicht allein aufgrund der verwendeten Ausdrücke wahr sind, sondern deren Wahrheit unabhängig von aller Erfahrung, also a priori, eingesehen werden kann. Ein Beispiel war für Kant der Grundsatz der *Kausalität*, daß jede Veränderung eine Ursache hat. »Wie sind synthetische Urteile a priori möglich?« ist die Grundfrage von Kants »Kritik der reinen Vernunft«.

Syllogistik (griech. »syllogistike« = Kunst des Schließens): das Kernstück der aristotelischen *Logik*, die die Lehre vom Schließen enthält.

Teleologie (griech. »telos« = Ziel, Zweck): die von Aristoteles begründete Lehre der Zweckmäßigkeit u. Zielgerichtetheit der Welt. Ursprung der Idee der T. ist das zielgerichtete bewußte menschliche Handeln. T. in der *Naturphilosophie* bedeutet, daß die lebendige Natur zweckmäßig organisiert ist. In der

Geschichtsphilosophie bedeutet T., daß alle geschichtlichen Ereignisse auf ein Ziel oder einen Endzweck ausgerichtet sind.

transzendental (lat. »transzendere« = hinübersteigen): ursprünglich gleichbedeutend mit »transzendent«; seit Kant die Bedingungen der Möglichkeit der Erfahrung u. Weltdeutung.

transzendent: über den Bereich der Erfahung hinausgehend. Als t. wird in der *Erkenntnistheorie* die von aller Erkenntnis unabhängige, an sich existierende Realität bezeichnet, in Metaphysik u. Theologie auch das Jenseits der Welt.

Utilitarismus (lat. »utilis« = nützlich): die in der neuzeitlichen *Ethik* entwickelte Position, nach der der Nutzen das Ziel moralischer u. rechtlicher Handlungen sein muß. Dabei wird dieser Nutzen auf die Gesellschaft als Ganzes bezogen u. häufig mit Glück oder Lust (Bentham) identifiziert. Insofern tritt der U. auch als *Eudämonismus* u. *Hedonismus* auf. Wenn der Nutzen Ergebnis jeder einzelnen Handlung sein soll, spricht man von *Handlungsutilitarismus*; soll er sich erst aus der regelmäßigen Befolgung einer Norm ergeben, heißt er *Regelutilitarismus*. Neben den Formen der Pflichtethik (*deontologische Ethik*) ist der U. die einflußreichste ethische Theorie des 20. Jhdts.

Vertragstheorie: ein in der neuzeitlichen *Ethik* u. *Rechtsphilosophie* zum erstenmal von Hobbes entwickelter Ansatz, der die Geltung von Handlungsnormen von einem Vertrag abhängig macht, der von freien u. gleichen Individuen abgeschlossen wird. In diesem *Gesellschaftsvertrag* verlassen die Individuen den sog. »Naturzustand« u. treten in einen staatlich organisierten Zustand ein. Der Staat schützt die Rechte der Bürger, die sich ihrerseits zur Aufgabe ihrer ursprünglichen Freiheit u. zur Übernahme von Pflichten bereit erklären. Weiterentwicklungen der V. finden sich bei Locke, Rousseau, Kant u. im 20. Jhdt. bei Rawls.

Voluntarismus (lat. »voluntas« = Wille): eine Position in der *Metaphysik* u. *Ethik*, die den Willen zum entscheidenden Faktor der Welterklärung, der Erkenntnis oder des Handelns macht. Im Mittelalter bereits durch Duns Scotus vertreten, wurde er bei Schopenhauer u. Nietzsche Grundlage der Metaphysik.

Vorsokratiker: die frühesten bekannten europäischen Philosophen, die vor Sokrates, also bis zum 5. Jhdt. v. Chr., in Griechenland u. Kleinasien lebten u. lehrten. Bedeutende V. sind die sog. ionischen Naturphilosophen (Parmenides, Heraklit) u. die Sophisten (Protagoras).

Wahrheit: nach alltäglichem Verständnis ist W. eine Eigenschaft von Gedanken u. Aussagen u. bedeutet die Übereinstimmung oder Entsprechung von Gedanken u. Realität (»Korrespondenztheorie«). Nach anderen Auffassungen besteht W. in der widerspruchsfreien Vereinbarkeit eines Systems von Gedanken oder in dem »Konsens« einer Gruppe kompetenter u. rational argumentierender Personen (»Kohärenz-« bzw. »Konsenstheorie«).

Weisheitslehre: bezeichnet keine in der Philosophie fest eingeführte Disziplin, sondern eine Tradition des philosophischen Denkens, die von den antiken Philosophenschulen der *Epikureer* u. *Stoiker* über Montaigne u. Schopenhauer bis zur Gegenwart fortwirkt u. die sich mit der »richtigen« u. »vernünftigen« Lebensführung befaßt. Gegenstand der W. ist die Lebenspraxis des einzelnen, nicht zwischenmenschliche oder gesellschaftliche Probleme. Die am häufigsten gestellten Fragen der W. sind die nach dem Glück u. dem Sinn des Lebens. Gelassenheit gegenüber dem Tod, Mäßigkeit in sinnlichen Genüssen u. Einübung geistiger u. meditativer Tätigkeiten sind häufige Forderungen der W.

Willensfreiheit: beim Problem der W. geht es um die Frage, ob das Wollen u. Handeln des Menschen durch freie Wahl erfolgt oder durch vorhergehende (biologische, soziale, psychologische) Bedingungen determiniert ist (*Determinismus*).

Wissenschaftstheorie: die phil. Disziplin, die sich mit den Zielen u. Voraussetzungen der

Wissenschaften u. mit der Analyse wissenschaftlicher Begriffe, Hypothesen, Theorien u. Methoden befaßt. Zentrale Bedeutung hat das Problem der Induktion, d. h. die Frage, ob und wie weit sich allgemeine Gesetze durch Einzelbeobachtungen beweisen, begründen, bestätigen oder nur widerlegen lassen. Eng damit verknüpft ist die Frage der Abgrenzung der empirischen Wissenschaften von der Philosophie. Eine Streitfrage besteht darin, ob die in den Naturwissenschaften verwendete Methode der kausalen Erklärung auch für die Sozial- u. Geisteswissenschaften gilt oder ob hier die selbständige Methode des Verstehens anzuwenden ist. Im 20. Jhdt. hat die W. sich auch mit zahlreichen Fragen der *Erkenntnistheorie* befaßt.

Kleines Philosophenlexikon

Adorno, Theodor W. (1903-1969), ein Hauptvertreter der neomarxistisch orientierten *Frankfurter Schule*. Sah Philosophie als Werkzeug gesellschaftskritischer Praxis. W.: (zus. mit Max Horkheimer) *Dialektik der Aufklärung* (1947), *Ästhetische Theorie* (1970).

Albert, Hans (* 1921), Vertreter des *Kritischen Rationalismus*. A. behauptet die Fehlbarkeit der menschlichen Vernunft gegen alle Versuche philosophischer »Letztbegründung«. W.: *Traktat über kritische Vernunft* (1968).

Anselm von Canterbury (1033-1109), Vertreter des *scholastischen Realismus*. Danach beinhaltet die Allgemeinheit eines Begriffs auch die Realität der bezeichneten Sache. So schloß A. im »ontologischen Gottesbeweis« vom Begriff auf die Existenz Gottes. W.: *Proslogion* (1077/78).

Apel, Karl-Otto (*1922), versucht eine »Letztbegründung« für rationales Denken u. Handeln aus den nicht zu umgehenden Kommunikationsbedingungen unserer Sprache abzuleiten. W.: *Transformation der Philosophie* (2 Bde, 1970).

Arendt, Hannah (1906-1975), Hauptvertreterin einer liberalen politischen Philosophie im 20. Jhdt. Zunächst vom *Existentialismus* geprägt, untersuchte A. nach den Erfahrungen mit dem Faschismus die Wurzeln totalitärer Herrschaft und trat für Gewaltenteilung u. eine basisdemokratisch ausgerichtete Republik ein, die sich am Vorbild der amerikanischen Revolution orientiert. W: *Über die Revolution* (1963).

Aristoteles (384-322 v. Chr.), neben Platon der größte griechische Philosoph, Schüler Platons u. Lehrer Alexanders d. Gr., A. unterscheidet erstmals philosophische Disziplinen wie Logik, Metaphysik u. Ethik und hatte großen Einfluß auf die Geschichte der Naturwissenschaften. In seiner Metaphysik (die er »erste Philosophie« nennt) entwickelt er eine teleologische Naturkonzeption (Lehre von der »Entelechie«) u. analysiert erstmals Kategorien wie Substanz u. Kausalität. In der praktischen Philosophie faßt er den Menschen als Gemeinschaftswesen (»zoon politikon«) und kritisiert den Utopismus Platons.

Dennoch gilt ihm die geistige Lebensform des Philosophen als die höchste. Großer Einfluß auf die gesamte Geschichte der Philosophie, insbesondere auf die mittelalterliche Scholastik. W.: *Organon, Metaphysik, Nikomachische Ethik, Politik.*

Augustinus, Aurelius (354-430), frühmittelalterlicher Kirchenvater u. bedeutendster Philosoph der *Patristik*. A. verband christliches mit neuplatonischem Gedankengut. Ausgangspunkt für die Erkenntnis der Wahrheit ist die innere Selbstgewißheit, über die man zu den ewigen, in Gott gründenden Wahrheiten gelangt. Dieser Erkenntnisprozeß gelingt jedoch nur mit göttlicher Gnade. In seiner Geschichtsphilosophie geht A. von einem Kampf zwischen einem göttlichen u. einem irdischen Reich aus, der sich am Jüngsten Tag

erfüllt, wenn die Bürger der beiden Reiche jeweils im Himmlischen Jerusalem oder in der Verdammnis enden. W.: *Über die wahre Religion* (ca. 390), *Bekenntnisse* (ca. 400), *Der Gottesstaat* (428).

Averroes (arab. Name: Ibn Ruschd; 1126-1198), bedeutender arabischer Philosoph. A. versucht, den Islam mit den Lehren des Aristoteles zu verbinden. Danach ist die Welt ewig, u. es gibt eine überindividuelle unsterbliche Vernunft. Religion ist die bildliche Darstellung philosophischer Wahrheiten. Großer Einfluß auf die Scholastik. W.: *Großer Kommentar zur Metaphysik* (1198).

Avicenna (arab. Name: Ibn Sina; 980-1037), arabischer Arzt u. Philosoph. A. verbindet Aristoteles u. den Neuplatonismus. Nach A. gründet die Welt in Gott, ist aber ewig. Die individuelle Seele ist unsterblich. Großer Einfluß auf die Scholastik. W.: *Buch der Genesung* (1037).

Ayer, Alfred J. (1910-1989), Vertreter des *Logischen Empirismus* u. der *Analytischen Philosophie*. Aufgabe der Philosophie ist die logische Analyse der Sprache. Metaphysik, Ethik u. Theologie sind »sinnlos«. W.: *Sprache, Wahrheit, Logik* (1936).

Austin, John L. (1911-1960), Vertreter der *Analytischen Philosophie* u. Begründer der sog. »Sprechakttheorie«. In dieser werden verschiedene Funktionen sprachlichen Handelns untersucht. W.: *Zur Theorie der Sprechakte* (1962).

Bacon, Francis (1561-1626), engl. Philosoph u. Staatsmann, Begründer des *Empirismus*. Ziel der Wissenschaften ist die Naturbeherrschung (»Wissen ist Macht«). Quellen der Wissenschaften sind Beobachtung u. Experiment, ihre Methode ist die Induktion, d. h. die Verallgemeinerung von Einzelbeobachtungen. B. gilt als ein Begründer der Methoden der empirischen Wissenschaften. Auch in seinem essayistischen Werk steht praktische Lebenserfahrung im Mittelpunkt. W.: *Essays* (1597), *Novum Organon* (1620).

Baumgarten, Alexander (1714-62), Vertreter des *Rationalismus* u. Begründer der neuzeitlichen *Ästhetik*. Für B. ist ästhetische Wahrnehmung eine eigenständige, doch niedere Form der Erkenntnis. W.: *Ästhetik* (2 Bde, 1750-1758).

Benjamin, Walter (1892-1940), vom Marxismus beeinflußter Philosoph u. Essayist, bemühte sich um eine Neubestimmung des Begriffs der Kunst vor dem Hintergrund der Entwicklung moderner Medien. W.: *Das Kunstwerk im Zeitalter seiner technischen Reproduzierbarkeit* (1936).

Bentham, Jeremy (1748-1832), englischer *Utilitarist*. Ziel des Handelns ist die »größtmögliche Menge von Glück für die größtmögliche Zahl von Menschen«. W.: *Eine Einführung in die Prinzipien der Moral und der Gesetzgebung* (1780).

Bergson, Henri (1859-1941), ein Hauptvertreter der *Lebensphilosophie*. Nach B. ist die Evolution ein schöpferischer Prozeß, dem ein Lebensschwung (»élan vital«) zugrundeliegt. Großer Einfluß auf die französische Philosophie. W.: *Schöpferische Entwicklung* (1907).

Berkeley, George (1685-1753), *Empirist* u. Hauptvertreter des *subjektiven Idealismus*. Nach B. gibt es keine von der Wahrnehmung unabhängige materielle Außenwelt (»esse est percipi«: Sein heißt Wahrgenommenwerden). Alles Sein ist Vorstellung. Der Ursprung der

Vorstellungen liegt in Gott. W.: *Prinzipien der menschlichen Erkenntnis* (1710), *Drei Dialoge zwischen Hylas und Philolous* (1713).

Bloch, Ernst (1885-1977), neomarxistischer Philosoph, sah die Geschichte als einen Prozeß der Verwirklichung einer im Menschen angelegten Utopie von Glück u. Freiheit. W.: *Das Prinzip Hoffnung* (3 Bde, 1959).

Bruno, Giordano (1548-1600), italienischer Philosoph der Renaissance. B. lehrt die Unendlichkeit und Ewigkeit der Welt, kam dadurch in Konflikt mit der katholischen Kirche u. wurde als Ketzer verbrannt. W.: *Vom Unendlichen, dem All und den Welten* (1584).

Bunge, Mario (*1919), argentinischer Philosoph u. Physiker. Unter Anknüpfung an den *Kritischen Rationalismus* versucht B. die Resultate der Wissenschaften zu einer empirisch begründeten Ontologie zu verarbeiten. W.: *Das Leib-Seele-Problem* (1980).

Burke, Edmund (1729-1797), englischer Politiker u. Philosoph, entwarf eine an Locke sich anlehnende empiristische *Ästhetik*. Als politischer Philosoph trat B. für konstitutionelle Reformen, aber gegen gewaltsame Revolutionen ein. W.: *Philosophische Untersuchungen über den Ursprung unserer Begriffe vom Erhabenen und Schönen* (1757), *Betrachtungen über die Französische Revolution* (1790).

Campanella, Tommaso (1568-1639), italienischer Dominikanermönch, entwickelte in Anlehnung an Platon die Utopie eine Staats, der ausschließlich den Prinzipien von Vernunft u. Wissenschaft folgt. W.: *Der Sonnenstaat* (1602).

Camus, Albert (1913-1960), *existentialistischer* Philosoph u. Schriftsteller. Nach C. muß sich der Mensch angesichts einer absurden Welt den Sinn seiner Existenz immer selbst neu geben. W.: *Der Mythos von Sisyphos* (1942), *Der Mensch in der Revolte* (1951).

Carnap, Rudolf (1891-1970), ein Hauptvertreter des *Logischen Empirismus*. C. vertrat die These, daß die Probleme der klassischen Metaphysik »Scheinprobleme« sind. So kritisierte er z. B. den Gebrauch des Wortes »Sein«. W.: *Logische Syntax der Sprache* (1934).

Cassirer, Ernst (1874-1945), Verteter des *Neukantianismus*. C. hat Kants Lehre sprachphilosophisch umgedeutet u. verwendete den Begriff des Symbols zur Deutung menschlicher Kulturen u. gesellschaftlicher Institutionen. W.: *Philosophie der symbolischen Formen* (3 Bde 1923-39).

Cicero, Marcus Tullius (106-43 v. Chr.), römischer Philosoph, der sich besonders auf die Lehre der *Stoiker*, aber auch anderer Philosophenschulen stützte. Schwerpunkte seiner Schriften waren Ethik u. Weisheitslehre. W.: *Von den Pflichten* (44 v. Chr.).

Comte, Auguste (1798-1857), ein Hauptvertreter des klassischen *Positivismus*. Nach C. besteht die einzige Aufgabe der Wissenschaften in der Beschreibung und Vorhersage der Tatsachen. W.: *Kurs der positiven Philosophie* (6 Bde 1830-42).

Croce, Benedetto (1866-1952), entwarf in der Tradition des Idealismus ein System der »Philosophie des Geistes«. In seiner Ästhetik definiert er Kunst als autonome Erkenntnisleistung. W.: *Ästhetik als Wissenschaft vom Ausdruck* (1902).

Darwin, Charles (1809-1882), englischer Naturforscher, entwickelte eine Theorie, nach der der Mensch aus dem Tierreich abstammt und die Weiterentwicklung einer Art von ihrer Anpassungs- u. Überlebensfähigkeit im »Kampf ums Dasein« abhängt. W.: *Die Entstehung der Arten* (1859), *Die Abstammung des Menschen* (1871).

Demokrit (ca. 460-371 v. Chr.), griechischer Begründer des *Atomismus*. Nach D. bestehen alle Dinge aus Atomen (nach griech. »atomon« = das Unteilbare), u. alle Veränderung ist Bewegung von Atomen. Alles geschieht notwendig. Die Atome unterscheiden sich durch Größe u. Gestalt. Sinnliche Qualitäten wie Farben, Geruch u. Geschmack sind keine Eigenschaften der Atome, sondern Wirkungen der Atome auf unsere Sinne. D. hatte großen Einfluß auf Epikur, den Dichter Lu-

krez sowie auf den Materialismus u. die Naturwissenschaft der Neuzeit. Seine Schrift *Über die Natur* ist nur als Fragment erhalten.
Derrida, Jacques (*1930), von Heidegger u. dem Strukturalismus beeinflußt. Mit Hilfe seiner Methode der »Dekonstruktion« betreibt D. eine radikale Vernunftkritik, bei der sich der »Sinn« in mehrdeutige Beziehungen zwischen Zeichen auflöst. W.: *Die Schrift und die Differenz* (1967).
Descartes, René (1595-1650), Mitbegründer der neuzeitlichen Philosophie u. ein Hauptvertreter des *Rationalismus*. Selbst wenn man alles bezweifelt, bleibt doch die Existenz des Zweifelnden selber gewiß (»cogito ergo sum«: ich denke, also bin ich). Durch diese »Wende zum Subjekt« gewinnt D. die sichere

Grundlage der Philosophie. Auf der Basis reinen Denkens begründet er die Existenz Gottes, die Realität der Außenwelt u. den Dualismus von Körper und Geist. Mit der Lehre von den »angeborenen Ideen« wird er zum Begründer des Rationalismus. Die (materielle) Natur ist ein Mechanismus von Druck und Stoß. Großer Einfluß auf die neuzeitliche Philosophie, insbesondere auf Spinoza u. Leibniz. W.: *Abhandlung über die Methode* (1637), *Meditationen über die Erste Philosophie* (1641), *Prinzipien der Philosophie* (1644).

Dewey, John (1859-1952), Vertreter des amerikanischen *Pragmatismus*. Kultur ist für D. Ergebnis einer fortschreitenden Auseinandersetzung mit Problemen der Erfahrung. W.: *Menschliche Natur und menschliches Handeln* (1922), *Kunst als Erfahrung* (1934).
Dilthey, Wilhelm (1833-1911), Hauptvertreter des *Historismus*. D. bemühte sich um den Nachweis der methodischen Eigenständigkeit der Geisteswissenschaften. W.: *Der Aufbau der geschichtlichen Welt in den Geisteswissenschaften* (1910).
Diogenes von Synope (ca. 412-323 v. Chr.), Vertreter der antiken Philosophenschule der *Kyniker*. D. zog sich in eine Tonne zurück u. praktizierte Philosophie als asketische u. gesellschaftliche Konventionen ablehnende Lebensform.
Duns Scotus, Johannes (1270-1308), *scholastischer* Theologe u. Philosoph u. großer Gegenspieler Thomas von Aquins. Im Gegensatz zu diesem hielt er den individuellen Willen der Vernunft für übergeordnet. Der Wille ist sowohl bei Gott als auch beim Menschen die entscheidende Ursache für Handeln u. Erkenntnis. W.: *Abhandlung über das erste Prinzip* (1305).
Eckhart, Johann (»Meister Eckhardt«, um 1260-1327), Hauptvertreter der spätmittelalterlichen deutschen Mystik. Ziel des Lebens ist nach E. eine mystische Vereinigung mit Gott (»unio mystica«), die nur durch Gnade erreicht werden kann. W.: *Das dreigeteilte Werk* (ca. 1311).
Engels, Friedrich (1820-1895), Freund u. Mitarbeiter von Karl Marx, war maßgeblich an der Ausformung des Marxismus beteiligt. W.: *Die Entwicklung des Sozialismus von der Utopie zur Wissenschaft* (1882).
Epikur (442/1-371/0) v. Chr., Begründer der antiken Philosophenschule der *Epikureer*. In seiner Naturphilosophie vertrat E. ähnlich wie Demokrit einen *Atomismus*, wobei er aber die Möglichkeit einer zufälligen Abweichung der Atome von ihrer gesetzmäßigen Bahn zugestand. In seiner Weisheitslehre machte er Freude zum Lebensprinzip, aller-

dings im Sinne einer Seelenruhe (»ataraxia«), die er als Abwesenheit von Schmerz definierte. Eine Darstellung seiner Lehre findet sich in der Schrift »Über die Natur« des römischen Dichters Lukrez.

Epiktet (50-138), Vertreter der antiken Philosophenschule der *Stoiker*. Vertrat in seinen Aufzeichnungen eine Weisheitslehre, die Glück als eine Haltung definiert, die im Einklang mit der Natur erworben wird. W.: *Handbüchlein der Moral* (ca. 100).

Feuerbach, Ludwig (1804-1872), entwickelte in Abkehr von der idealistischen Metaphysik eine Anthropologie, die die Einheit körperlicher u. geistiger Kräfte betont u. Gott als eine Projektion des Menschen sieht. W.: *Das Wesen des Christentums* (1869/70).

Feyerabend, Paul (1924-1994), betrachtet in seiner »anarchistischen Erkenntnistheorie« alle Methoden des Erkenntnisgewinns, sowohl innerhalb als auch außerhalb der Wissenschaften, als gleichwertig. W.: *Wider den Methodenzwang* (1975).

Fichte, Johann Gottlieb (1762-1814), Vertreter des *Deutschen Idealismus* u. romantischer Nationalist. F. deutet die Erkenntnistheorie Kants in einen subjektiven Idealismus um: Die objektive Welt ist eine Produktion des »Ich«, das sich in Natur u. Geschichte entfaltet. Trat in den Befreiungskriegen gegen Napoleon als deutsch-nationaler Agitator auf. F. beeinflußte vor allem Schelling und Hegel. W.: *Grundlage der gesammten Wissenschaftslehre* (1794), *Reden an die deutsche Nation* (1808).

Foucault, Michel (1926-1984), franz. Philosoph u. Anthropologe, kritisiert die Rolle der Vernunft in der europäischen Geistesgeschichte, die er als Macht- u. Unterdrückungsinstrument begreift. W.: *Die Ordnung der Dinge* (1966).

Frege, Gottlob (1848-1925), Begründer der modernen Logik u. Semantik. F. erweiterte die klassische Logik u. versuchte die Mathematik aus der Logik abzuleiten. F. betrachtete Gedanken als eigenständigen Wirklichkeitsbereich neben Körper u. Geist. Großer Ein-

fluß auf Logik u. Sprachphilosophie, insbesondere auf Russell, Wittgenstein u. Carnap. W.: *Begriffsschrift* (1879), *Über Sinn und Bedeutung* (1892).

Freud, Sigmund (1856-1939), Begründer der Psychoanalyse. F. erklärte das menschliche Verhalten aus seinem weitgehend unbewußten Triebleben, insbesondere aus dem Sexualtrieb. Seelische Erkrankungen sind nach F. Folge unbewußter, verdrängter Wünsche u. Konflikte. Großer Einfluß auf die philosophische Anthropologie sowie auf die moderne Kunst u. Literatur. W.: *Die Traumdeutung* (1900).

Gadamer, Hans-Georg (*1900), Schüler Heideggers u. Begründer einer geisteswissenschaftlich orientierten philosophischen *Hermeneutik*. W.: *Wahrheit und Methode* (1960).

Gehlen, Arnold (1904-1976), ein Mitbegründer der modernen philosophischen Anthropologie. Nach G. schafft Kultur den Ausgleich für die organischen »Mängel« des Menschen. W.: *Der Mensch, seine Natur und seine Stellung in der Welt* (1940).

Habermas, Jürgen (*1929), hervorgegangen aus der neomarxistischen *Frankfurter Schule*. Nach H. muß Erkenntnistheorie Teil einer Gesellschaftstheorie sein, da Erkenntnis immer interessegeleitet ist. Nach H. liegt der Maßstab menschlichen Handelns in der Rationalität, die wir aus den Regeln gewinnen, die wir in unserer sprachlichen Kommunikation voraussetzen. W.: *Erkenntnis und Interesse* (1968), *Theorie des kommunikativen Handelns* (1981).

Hartmann, Nicolai (1882-1950), versuchte eine Neubegründung der *Ontologie*. H. betrachtet den *Realismus* als unverzichtbare Voraussetzung des Lebens und der Wissenschaften. Nach H. besteht die Realität aus vier Schichten (Materie, Leben, Seele, Geist), wobei jede höhere in der tieferen wurzelt, ohne durch sie ganz determiniert zu sein. Vertrat im Anschluß an Scheler eine materiale Wertethik. W.: *Grundzüge einer Metaphysik der Erkenntnis* (1921), *Ethik* (1926), *Der Aufbau der realen Welt* (1940).

Hegel, Georg Wilhelm Friedrich (1770-1831), der bedeutendste u. einflußreichste Philosoph des *Deutschen Idealismus*. H. begreift die gesamte menschliche Kultur u. die Geschichte als eine fortschreitende Selbstentfaltung des menschlichen Geistes. Diese Entwicklung verläuft dialektisch, d.h. durch eine ständige Überführung scheinbarer Gegensätze u. Widersprüche auf eine höhere Stufe. Im Bereich der politischen Geschichte ist die Verwirklichung der Freiheit das Ziel dieser Entwicklung. Die Dialektik ist bei H. auch gleichzeitig Methode des philosophi-

schen Denkens. Großer Einfluß auf Marx u. das historische Denken des 19. Jahrhunderts. W.: *Phänomenologie des Geistes* (1806), *Wissenschaft der Logik* (1812-16), *Grundlinien der Philosophie des Rechts* (1831).

Heidegger, Martin (1889-1976), ein Hauptvertreter der *Existenzphilosophie*, beeinflußt von der Phänomenologie Husserls. In seinem frühen Hauptwerk *Sein und Zeit* bemühte sich H. um eine Erneuerung der Ontologie, indem er nach dem »Sinn von Sein« fragte. Als Vorbereitung dazu diente ihm eine Analyse des menschlichen Daseins, in dessen Zentrum Themen wie Angst, Sorge, Tod u. Freiheit stehen. Der spätere H. ist nach eigener Ansicht

von diesem Ansatz abgerückt: Durch einen Rückgriff auf die Frühphase der griechischen Kultur lieferte er in einer z. T. von ihm selbst geschaffenen Sprache eine Kritik moderner Technik u. Zivilisation. H. hat den Existentialismus Sartres u. die zeitgenössische Philosophie insgesamt entscheidend beeinflußt. W.: *Sein und Zeit* (1927), *Holzwege* (1950), *Die Technik und die Kehre* (1962).

Heraklit (544-483 v. Chr.), *Vorsokratiker*, sah das Grundprinzip der Welt im »logos«, d. h. in einer unveränderbaren, vernunftgemäßen Ordnung, die er auch als »Urfeuer« bezeichnete. In unseren Wahrnehmungen erscheint diese Ordnung als ein sich ständig veränderndes Zusammenspiel von Gegensätzen (»Alles fließt«). H.s Lehre von der Einheit der Gegensätze übte großen Einfluß auf den Begriff der Dialektik bei Hegel u. den Marxisten aus. Von H. sind nur Fragmente überliefert.

Hobbes, Thomas (1588-1679), einer der Begründer der praktischen Philosophie der Neuzeit. H. ging von der pessimistischen Annahme aus, der Mensch sei vornehmlich von Eigennutz bestimmt. Um einen »Krieg aller gegen alle« zu verhindern, müssen die Menschen in einem auf Gleichheit beruhenden Grundvertrag ihre Rechte an einen mit aller

Macht ausgestatteten Staat abtreten, der seinerseits ihren Schutz garantiert. W.: *Vom Bürger* (1642), *Leviathan* (1651).

Horaz (ursprüngl. Quintus Horatius Flaccus, 65-8 v. Chr.), römischer Dichter u. Kunsttheoretiker, spricht der Kunst die Funktion zu, durch »Nachahmung« die Natur auf immer neue Art sichtbar zu machen, aber auch die moralische Aufgabe, Verantwortung für die Gemeinschaft zu wecken. W.: *Ars Poetica* (17/16 v. Chr.).

Horkheimer, Max (1895-1973), Mitbegründer der *Frankfurter Schule*. In Anknüpfung an Marx u. Schopenhauer entwickelt H. die »Kritische Theorie«, in deren Zentrum eine Kritik der kapitalistischen Gesellschaft steht. W.: *Zur Kritik der instrumentellen Vernunft* (1967).

Hume, David (1711-1776), bedeutender Vertreter des *Empirismus* u. der *Aufklärung*. Auf der Basis einer Erkenntnistheorie, die alle Erkenntnis auf Sinneseindrücke zurückführen will, kritisierte H. das Verständnis zentraler

Begriffe der klassischen Metaphysik wie Substanz u. Kausalität. Die Ableitung allgemeiner Naturgesetze aus Einzelbeobachtungen beruht nach H. auf Gewohnheit. In der Ethik erklärte er alles Handeln aus den Neigungen der Selbstliebe u. Sympathie. Gegen-

über dem Vernunftglauben anderer Aufklärer betonte er die Macht der Leidenschaften u. Instinkte. Großer Einfluß auf Kants Erkenntnistheorie, auf den Positivismus u. den Logischen Empirismus. W.: *Traktat über die menschliche Natur* (1739/40), *Untersuchung über den menschlichen Verstand* (1748), *Untersuchung über die Prinzipien der Moral* (1751).

Husserl, Edmund (1859-1938), Begründer der *Phänomenologie*. H. kritisierte die Annahme, daß logische Gesetze die psychologischen Vorgänge des Denkens beschreiben. Philosophie muß von dem ausgehen, was im reinen Bewußtsein unbezweifelbar gegeben ist. H. beeinflußte u.a. Scheler, Heidegger u. Sartre. W.: *Logische Untersuchungen* (1900/01), *Ideen zu einer reinen Phänomenologie und phänomenologischen Philosophie* (1913).

Jaspers, Karl (1883-1969), ein Hauptvertreter der *Existenzphilosophie*. Im Rückgriff auf Kant betonte J. die Grenzen wissenschaftlicher Welterkenntnis u. im Anschluß an Kierkegaard stellte er die Bedeutung freier Selbstverwirklichung des Individuums heraus. Dabei spielt die Bewältigung von »Grenzsituationen« wie Angst, Tod und Krankheit eine zentrale Rolle. W.: *Philosophie* (3 Bde, 1932), *Von der Wahrheit* (1947).

Kant, Immanuel (1724-1804), *Aufklärer* u. einer der bedeutendsten Denker der neuzeitlichen Philosophiegeschichte. Angeregt durch Hume entwickelte K. eine Erkenntnistheorie, in der zwischen der erkennbaren Welt der »Erscheinungen« u. der unerkennbaren Welt des »Dinges an sich« unterschieden wird. Die klassischen metaphysischen Fragen nach Gott, Freiheit u. Unsterblichkeit hielt K. für unlösbar. Nach K. kommt Erkenntnis zustande durch eine Verbindung von Formen, die im Subjekt angelegt sind (Anschauungsformen Raum u. Zeit, Kategorien), u. Daten der Außenwelt. Nach K.s Pflichtethik ist nur ein Handeln aus Achtung vor dem Sittengesetz moralisch, nicht jedoch ein Handeln aus Neigungen. Der sog. »kategorische Imperativ«

bestimmt, welche Regeln als moralische Regeln gelten u. welche nicht. In seiner politischen Philosophie setzte K. sich für eine vertraglich geregelte Friedensordnung aller Staaten ein. K. hat die gesamte moderne Philosophie maßgebend beeinflußt. W.: *Kritik der reinen Vernunft* (1781), *Grundlegung zur Metaphysik der Sitten* (1785), *Kritik der praktischen Vernunft* (1788), *Kritik der Urteilskraft* (1790), *Zum ewigen Frieden* (1795).

Kierkegaard, Sören (1813-1855), Theologe u. Philosoph, Vorläufer des Existenzphilosophie. Scharfer Kritiker Hegels, obwohl von diesem beeinflußt. Ausgangspunkt ist für K. die individuelle, subjektive Existenz. Die wichtigen Lebensprobleme müssen durch einen Akt der Entscheidung, einen »Sprung« gelöst werden, der durch Vernunft nicht begreifbar ist. W.: *Entweder-Oder* (1843), *Der Begriff der Angst* (1844).

Kuhn, Thomas S. (*1922), vertritt die These, daß Erkenntnisfortschritt sich nicht durch Anhäufung von Wissen vollzieht, sondern durch die Verdrängung einer alten Theorie durch eine neue. (»Paradigmenwechsel«) W.: *Die Struktur wissenschaftlicher Revolutionen* (1962).

Lamettrie, Julien Offray de (1709-1751), französischer Vertreter des *Materialismus* der Aufklärung. L. bestritt Willensfreiheit, Unsterblichkeit u. die Existenz Gottes. W.: *Der Mensch als Maschine* (1748).

Leibniz, Gottfried Wilhelm (1646-1716), Vertreter des *Rationalismus* u. Begründer der Differentialrechnung. Mit seiner Unterscheidung von »Tatsachenwahrheiten« u. »Vernunftwahrheiten« verteidigte L. den Rationalismus gegen Locke. Die Welt ist aus seelenartigen Kräften (»Monaden«) aufgebaut u. reicht in einer kontinuierlichen Reihe von unbewußter anorganischer Materie bis zum höchsten Bewußtsein Gottes. Körperliche u. geistige Vorgänge laufen parallel (»prästabilierte Harmonie«). Die Welt ist vernunftgemäß von Gott geschaffen u. daher die »beste aller möglichen Welten«. Großer Ein-

fluß auf die Philosophie der Aufklärung und den Deutschen Idealismus. W.: *Neue Versuche über den menschlichen Verstand* (1704), *Theodicee* (1710), *Monadologie* (1714).

Lenin, (ursprünglicher Name: Wladimir Iljitsch Uljanow, 1870-1924), entwickelte auf der Grundlage des *Marxismus* eine materialistische Erkenntnistheorie u. trat für die führende Rolle der kommunistischen Partei in der Gesellschaft ein. W.: *Materialismus und Empiriokritizismus* (1908).

Locke, John (1632-1704), *Empirist* u. einflußreicher Staatsphilosoph der *Aufklärung*. L. lehnt die Existenz angeborener Ideen ab. Das menschliche Bewußtsein ist zunächst wie ein unbeschriebenes Blatt (»tabula rasa«). Alle Erkenntnis hat ihren Ursprung in der Erfahrung. L. vertrat eine liberale Staats-

auffassung. Grundlage des öffentlichen Rechts ist ein Gesellschaftsvertrag, der Leben, Freiheit u. Besitz der Bürger schützt u. dem auch der Monarch verpflichtet ist. L. fordert religiöse Toleranz, Gewaltenteilung u. erkennt ein Widerstandsrecht des Bürgers an. W.: *Ein Versuch über den menschlichen Verstand* (1690), *Zwei Abhandlungen über die Regierung* (1690).

Löwith, Karl (1897-1973), Kritiker der europäischen Geschichtsphilosophie, die er von theologischen Heilserwartungen bestimmt sieht. W.: *Weltgeschichte und Heilsgeschehen* (1953).

Lukács, Georg (1885-1971), marxistischer Philosoph, einflußreich durch seine Schriften zur Ästhetik, in denen er Kunst als Widerspiegelung gesellschaftlicher Verhältnisse interpretiert. W.: *Geschichte und Klassenbewußtsein* (1923).

Lukrez (96-55 v. Chr.), römischer Dichter u. Philosoph. L. hat die Philosophie Epikurs dichterisch dargestellt. W.: *Über die Natur.*

Machiavelli, Nicoló (1469-1527), italienischer Philosoph, Politiker u. Geschichtsschreiber der Renaissance, entwickelte eine Theorie des modernen Staates u. sah Politik als eine rationale u. lehrbare Kunst an. W.: *Der Fürst* (1532).

Marc Aurel, (121-180), römischer Kaiser u. *Stoiker*, forderte eine durch meditative Übung erworbene Selbstbeherrschung des Menschen, der durch seine Vernunft am Gesetz des Kosmos teilhat. W.: *Selbstbetrachtungen* (ca. 172).

Marcuse, Herbert (1898-1979), Vertreter der *Frankfurter Schule*. Ausgehend von Marx u. Freud analysierte M. die Entfremdung des Menschen im »Spätkapitalismus« u. forderte eine »repressionsfreie« Gesellschaft. W.: *Der eindimensionale Mensch* (1964).

Marx, Karl (1818-1883), Schüler Hegels u. Begründer des *dialektischen Materialismus.* Für M. sind die ökonomischen Grundlagen einer Gesellschaft bestimmend für die Entwicklung von Geist u. Kultur. Die Geschichte verläuft gesetzmäßig als Geschichte von Klassenkämpfen u. erfüllt sich mit der Befreiung der Arbeiterklasse, des Proletariats, in der klassenlosen Gesellschaft des Kommunismus. W.: (zus. mit F. Engels) *Manifest der Kommunistischen Partei* (1848), *Das Kapital* (3 Bde, 1867-1894).

Mill, John Stuart (1806-1873), englischer Philosoph u. Politiker. Als *Positivist* sah er in der Erfahrung die einzige Erkenntnisquelle. Begriffe sind lediglich Namen für Empfindungen u. Vorstellungen. In der Ethik war M. ein Vertreter des klassischen *Utilitarismus.* Ziel des Handelns ist die Beförderung des allgemeinen Nutzens u. Glücks. Trat für politische Reformen, die Emanzipation der Frau u. die Sicherung der individuellen Freiheiten ein. W.: *System der deduktiven und induktiven Logik* (1843), *Über Freiheit* (1859), *Utilitarismus* (1861).

Montesquieu, Charles-Louis de Secondat (1681-1755), französischer Geschichts- u. Staatsphilosoph der *Aufklärung*, erklärte die Gesetze u. Institutionen eines Landes durch die jeweiligen historischen u. geographischen Umstände. Trat nach dem Vorbild Englands für ein politisches System der Gewaltenteilung ein, in dem Regierung, Parlament u. Gerichte voneinander unabhängig sind. Großer Einfluß auf die Französische Revolution. W.: *Vom Geist der Gesetze* (2 Bde, 1748).

Montaigne, Michel de (1533-1592), französischer Renaissancephilosoph u. Skeptiker. M. wandte sich gegen den Dogmatismus der Scholastik, bezweifelte die Vernunftbestimmtheit des Menschen u. die Erkennbarkeit der Welt. Von der römischen Antike beeinflußt, tritt er für Gelassenheit gegenüber dem Tod, für Toleranz gegenüber fremden Religionen u. Kulturen u. für das Akzeptieren von Traditionen ein. W.: *Essays* (3 Bde, 1580-88).

Moore, George Edward (1873-1958), vor allem einflußreich wegen seiner Kritik am sog. »naturalistischen Fehlschluß« in der Ethik: Das Moralisch-Gute kann nicht durch bestimmte natürliche Eigenschaften definiert werden. W.: *Principia Ethica* (1903).

Morris, Charles William (1901-1979), ausgehend vom amerikanischen Pragmatismus u. vom Logischen Empirismus entwickelte M. eine Zeichentheorie, die er u.a. auch auf die Ästhetik anwandte. W.: *Grundlagen der Zeichentheorie* (1938).

Morus, Thomas (1478-1535), englischer Staatsphilosoph, entwarf in der Tradition von Platons »Staat« das Bild einer idealen, umfassend kontrollierten Gesellschaft ohne Klassen u. Privateigentum. W.: *Utopia* (1516).

Newton, Isaac (1643-1727), englischer Mathematiker u. Physiker, der durch die Verknüpfung von Himmelsmechanik u. Fallgesetzen zum Begründer der klassischen Physik wurde. Danach läßt sich die Bewegung aller Körper durch das Gravitationsgesetz erklären u. berechnen. Beeinflußte entscheidend die weitere Entwicklung der Naturwissenschaften u. der theoretischen Philosophie. W.: *Mathematische Prinzipien der Naturphilosophie* (1687).

Nietzsche, Friedrich (1844-1900), Vertreter einer radikalen antichristlichen u. antirationalistischen Kultur- u. Moralkritik. In seiner Frühphase von der frühgriechischen Kultur, der Philosophie Schopenhauers u. der Musik Richard Wagners beeinflußt, kritisierte er die christlich geprägte europäische Geistesgeschichte u. den in seiner Zeit vorherrschenden Fortschrittsoptimismus. In seinen späteren Werken entwickelte er die geschichtsphilosophische Lehre von der »Ewigen Wiederkehr des Gleichen« u. trat mit Hilfe des Begriffs des Nihilismus für eine radikale »Umwertung aller Werte« zugunsten eines »Willens zur Macht« ein. Großer Einfluß auf die Kunst u. die Kulturkritik, aber auch auf die faschisti-

schen Ideologien des 20. Jahrhunderts. W.: *Geburt der Tragödie* (1872), *Also sprach Zarathustra* (1883-85), *Jenseits von Gut und Böse* (1886).

Nikolaus von Cues (1401-1464), *spätscholastischer* Theologe u. Philosoph. Vom Platonismus beeinflußt, behauptet er eine in Gott verankerte Einheit der Welt. Auf der Ebene der sinnlichen u. verstandesmäßigen Erkenntnis besteht die Welt aus zahllosen Gegensätzen. Die Vernunft jedoch kann das Zusammenfallen der Gegensätze (»coincidentia oppositorum«) in der Einheit nachvollziehen. W.: *Über das gelehrte Nichtwissen* (1440), *Über die Schauung Gottes* (1453).

Ockham, William von (ca. 1300-1350), englischer Philosoph der *Scholastik*. O. ist Hauptvertreter des *Nominalismus*, wonach Allgemeinbegriffe lediglich durch Konvention entstandene Namen sind. Einflußreich war O. auch durch seinen methodischen Grundsatz, daß man stets mit einem Minimum an erklärenden Prinzipien auskommen müsse (»O.s Rasiermesser«). W.: *Zusammenfassung der gesamten Logik* (1324).

Origines (185-254), griechischer Kirchenvater u. Philosoph der *Patristik*, entwickelte unter dem Einfluß des Platonismus ein frühchristliches, theologisches Lehrsystem. W.: *Von den Prinzipien* (zw. 220 u. 230).

Parmenides (540-480 v. Chr.), griechischer Philosoph. Das Sein ist unwandelbar u. unvergänglich. Alle Veränderung ist daher Trug der Sinne, Wahrheit ist allein durch das Denken zu erfassen. Großer Einfluß auf Platon. Fragment: *Über die Natur* (515 v. Chr.).

Pascal, Blaise (1623-1662), betonte die Grenzen der Vernunfterkenntnis u. die Notwendigkeit, in den wichtigen Existenzfragen einer »Logik des Herzens« zu folgen. Einfluß auf die Existenzphilosophie. W.: *Gedanken über die Religion* (1669/70).

Peirce, Charles S. (1839-1914), Begründer des amerikanischen *Pragmatismus*. P. entwickelte eine Definitionsmethode, wonach die Bedeutung eines Begriffs in seinen möglichen praktischen Folgen besteht. Funktion wissenschaftlicher Theorien ist, verläßliches Handeln zu ermöglichen. P. hat großen Einfluß auf die analytische Philosophie u. auf die pragmatische Semantik ausgeübt. W.: *Über die Klarheit unserer Gedanken* (1878), *Gesammelte Aufzeichnungen* (1931-35).

Plessner, Helmut (1892-1985), ein Mitbegründer der modernen philosophischen Anthropologie. P. deutet den Menschen als ein von Natur aus unfertiges, auf Kultur angewiesenes Lebewesen. W.: *Die Stufen des Organischen und der Mensch* (1928).

Platon (427-347 v. Chr.), Schüler des Sokrates u. Lehrer des Aristoteles, einer der bedeutendsten Denker der Philosophiegeschichte, Gründer einer berühmten Philosophenschule in Athen (»Akademie«). Kern der Lehre P.s ist die *Ideenlehre*: Die Welt der materiellen,

sich verändernden u. vergänglichen Erscheinungen ist nur das Schattenbild der unvergänglichen, nicht-materiellen Ideen, die sich aus den Bedeutungen der Allgemeinbegriffe ableiten lassen u. nur einer intellektuellen Schau zugänglich sind. Höchste Idee ist die »Idee des Guten«. In Platons Staatsentwurf bilden die Philosophen die Herrscherschicht in einer immer gleichbleibenden Rangordnung von Ständen. W.: *Das Gastmahl, Der Staat, Phaidros.*

Plotin (205-270), bedeutendster Philosoph der Spätantike u. des *Neuplatonismus*. Nach P. liegt der Ursprung der Welt im »All-Einen«, aus dem die Ideen hervorgehen, von denen die sinnlich wahrnehmbare Welt nur ein Abbild ist. Die Materie wird dabei mit dem

Bösen, der Geist mit dem Guten identifiziert. Ziel für den Menschen ist die mystisch-ekstatische Vereinigung mit dem »All-Einen«. W.: *Die Enneaden.*

Popper, Karl R. (1902-1994), Begründer des *Kritischen Rationalismus*. Nach P. ist nicht die Beweisbarkeit, sondern die Überprüfbarkeit das Kriterium wissenschaftlicher Theorien: Erkenntnis vollzieht sich in einem Prozeß, der durch die Korrektur von Irrtümern fortschreitet. Auch der Mensch entwickelt sich in wechselseitigem Kontakt mit Natur u.

Kultur. In der politischen Philosophie kritisiert er insbesondere die utopischen Gesellschaftsentwürfe von Platon u. Marx u. leugnet die Möglichkeit, den Geschichtsverlauf vorherzusagen. Er tritt für eine reformierbare, »offene Gesellschaft« ein, die er in den westlichen Demokratien verwirklicht sieht. W.: *Logik der Forschung* (1935), *Das Elend des Historizismus* (1944/45), *Die offene Gesellschaft und ihre Feinde* (2 Bde, 1945), *Das Ich und sein Gehirn* (1977).

Protagoras (480-410 v. Chr.), bedeutendster Vertreter der griechischen *Sophistik*. P. hielt Philosophie für eine lehrbare Kunst. Er zog absolute Wahrheiten nicht in Betracht u. vertrat die These, der Mensch sei das »Maß aller Dinge«.

Putnam, Hilary (*1926), Vertreter der *Analytischen Philosophie*. Ausgehend von sprachphilosophischen Überlegungen vertritt P. einen erkenntnistheoretischen Realismus u. betrachtet den Geist als Funktion der Materie. W.: *Vernunft, Wahrheit und Geschichte* (1981).

Pyrrhon (360-270 v. Chr.), griechischer Hauptvertreter der *Skepsis*. Nach P. ist wahre Erkenntnis wegen der Subjektivität der Sinne unmöglich. Dem Philosophen bleibt daher nur die Urteilsenthaltung (»epoché«). Quelle: *Sextus Empiricus: Pyrrhoneische Grundzüge* (ca. 180-200 n. Chr.).

Quine, Willard v. O. (* 1908), ein Hauptvertreter der modernen Logik u. Sprachphilosophie. Q. führt die Bedeutung sprachlicher Zeichen auf Handeln zurück. Wissenschaftliche Theorien bestehen aus einer Summe von Hypothesen, die nur in ihrer Ganzheit u. nicht einzeln überprüfbar sind. W.: *Grundzüge der Logik* (1950), *Wort und Objekt* (1960).

Rawls, John (*1921), vor allem bedeutend wegen seiner Arbeiten zur Ethik u. zur politischen Philosophie. R. versucht, die in der Aufklärung verbreitete Theorie vom Gesellschaftsvertrag mit Grundannahmen des Utilitarismus zu verbinden. Eine Gesellschaft ist gerecht, wenn sie jedem gleiche Grundfreiheiten garantiert u. wenn soziale Ungerechtigkeiten nicht zu dauerhaften Benachteiligungen führen. W.: *Eine Theorie der Gerechtigkeit* (1971).

Rousseau, Jean-Jacques (1712-1778), Philosoph der *Aufklärung*, vertrat in seiner Geschichts- u. Erziehungstheorie eine Rückkehr zu einem unverdorbenen Naturzustand (»Zurück zur Natur!«). Der Staat muß auf einen Gesellschaftsvertrag aufbauen, in dem die Bürger ihren individuellen Willen in einem »Gemeinwillen« vereinen, dem sie alle Macht übertragen. Großer Einfluß auf die Französische Revolution. W.: *Emile* (1762), *Über den Gesellschaftsvertrag* (1762).

Russell, Bertrand (1872-1970), lieferte wichtige Beiträge zur modernen Logik, Philosophie der Mathematik u. logischen Analyse der

Sprache. Darüber hinaus setzte er sich in der Tradition der Aufklärung für Toleranz, Humanität u. ein wissenschaftlich begründetes Weltbild ein. In seinen moralphilosophischen u. politischen Schriften nahm er zu allen bedeutenden gesellschaftlichen Entwicklungen seiner Zeit Stellung u. übte auf weite Kreise der Öffentlichkeit großen Einfluß aus. W.: (zus. mit A. N. Whitehead) *Principia Mathematica* (3 Bde, 1910-13), *Philosophie des Abendlandes* (1946).

Sartre, Jean-Paul (1905-1980), bedeutendster Vertreter des französischen *Existentialismus*, durch Husserl u. Heidegger beeinflußt. Nach S. ist der Mensch zur Freiheit verurteilt u. muß sich im Engagement erst verwirklichen. Der späte S. übernahm die marxistische Gesellschaftskritik. S. hatte großen Einfluß auf das französische Geistesleben. W.: *Das Sein und das Nichts* (1943), *Kritik der dialektischen Vernunft* (1960).

Scheler, Max (1874-1928), Vertreter der *Phänomenologie* u. Mitbegründer der modernen philosophischen Anthropologie. Nach S. ist der Geist des Menschen ein allen Naturanlagen entgegengesetztes Prinzip. Nach seiner »materialen Wertethik« gibt es eine Erkenntnis von Werten u. ihrer Rangordnung durch ein Wertgefühl. S. beschäftigte sich auch mit der Analyse psychischer Phänomene wie Liebe u. Sympathie. W.: *Der Formalismus in der Ethik und die materiale Wertethik* (1913/16), *Die Stellung des Menschen im Kosmos* (1928).

Schelling, Friedrich Wilhelm (1774-1854), Vertreter des *Deutschen Idealismus*. In seiner Frühphase vertritt S. im Anschluß an Fichte eine Naturphilosophie, die die Natur als Produkt eines unbewußten Geistes versteht. Höchste Form dieser Tätigkeit ist das künstlerische Schaffen. In seinem späteren, religiösmystisch geprägten Denken fragt S. nach dem Ursprung der Welt aus Gott u. dem Ursprung des Bösen. Großer Einfluß auf Hegel u. die Romantik. W.: *Philosophie der Kunst* (1802/3), *Philosophische Untersuchungen über das Wesen der menschlichen Freiheit* (1809).

Schlick, Moritz (1882-1936), Begründer des *Wiener Kreises*. S. vertrat einen erkenntnistheoretischen Realismus u. lehnte Metaphysik als »sinnlos« ab. Aufgabe der Philosophie ist die logische Analyse von Begriffen. W.: *Allgemeine Erkenntnislehre* (1918).

Schmitt, Carl (1888-1985), ein besonders unter der Naziherrschaft einflußreicher Rechtsphilosoph. Vertrat einen *Rechtspositivismus*, der die absolute Souveränität des Staates betonte u. die Möglichkeit eines Naturrechts ablehnte. W.: *Der Begriff des Politischen* (1927).

Schopenhauer, Arthur (1788-1860), von Kant beeinflußt, aber entschiedener Gegner des Deutschen Idealismus. Ausgehend von Kant u. dem Buddhismus entwickelte er eine stark pessimistisch gefärbte Metaphysik u. Anthropologie: das nach Kant unerkennbare »Ding an sich« ist für S. ein triebhafter, unbe-

wußter Wille, dessen rastloses Streben alles Leid verursacht u. von dem es nur in Kunst u. Askese Erlösung gibt. In seinen *Aphorismen zur Lebensweisheit* knüpfte er an die Weisheitslehren der Antike u. an die Schriften der französischen Moralisten an. Großer Einfluß auf Nietzsche u. zahlreiche Künstler u. Schriftsteller des 20. Jahrhunderts. W.: *Die Welt als Wille und Vorstellung* (1818, 2. Bd.

1844), *Die beiden Grundprobleme der Ethik* (1841), *Parerga und Paralipomena* (2 Bde, 1851).

Seneca, Lucius Annäus (4 v. Chr.-65 n. Chr.), römischer Philosoph u. Schriftsteller, Vertreter der *Stoa* u. Erzieher des römischen Kaisers Nero, der ihn später zum Tode verurteilte. Nach S. kann der Mensch durch seine Willenskraft u. durch die Einfügung in die natürliche Ordnung eine vollkommene Unabhängigkeit von äußeren Einflüssen erlangen. Nicht die Askese führt zum Glück, sondern der vernünftige Umgang mit Gütern. W.: *Vom glückseligen Leben, Moralische Briefe.*

Shaftesbury, Anthony Ashley Cooper (1671-1713), englischer Philosoph der *Aufklärung*. Vertrat eine optimistische Anthropologie u. entwickelte eine von der Religion unabhängige Theorie der Moral, in der die Entwicklung der im Menschen angelegten positiven sozialen Anlagen gefordert wird. Sein Ideal einer harmonischen Lebensführung vereinigt moralische u. ästhetische Empfindsamkeit. W.: *Ein Brief über den Enthusiasmus* (1711), *Die Moralisten* (1711).

Sokrates (469-399 v. Chr.), Lehrer Platons u. Hauptfigur in dessen Schriften, leitete die Blütezeit der griechischen Philosophie in

Athen ein. Hinterließ keine Schriften u. wurde aus ideologisch-politischen Gründen zum Tode verurteilt. Seine Art des Philosophierens, die sog. »sokratische Methode«, bestand darin, durch Fragen u. Gespräche zu einer klaren Definition von Begriffen zu kommen. S. glaubte wie die Sophisten an die Lehrbarkeit der Tugend, wandte sich aber gegen die sophistische These, alle Werte seien relativ. In seinen eigenen moralischen Entscheidungen richtete sich S. nach dem »daimonion«, einer inneren Gewissensinstanz. Leben u. Lehre des S. sind u.a. überliefert in den frühen platonischen Dialogen *Apologie, Kriton* u. *Phaidon.*

Spengler, Oswald (1880-1936), Kultur- u. Geschichtsphilosoph. S. sah die Geschichte als Abfolge von Zyklen u. prophezeite den Untergang der europäischen Kultur. W.: *Der Untergang des Abendlandes* (2 Bde, 1918-22).

Spinoza, Baruch de (1632-1677), Vertreter des *Rationalismus*. Für S. besteht die Welt nur aus einer Substanz, die er in der Tradition des Pantheismus sowohl als Gott als auch als Natur begreift. Körperliche u. geistige Prozesse sind zwei parallel ablaufende Seiten dieser einen göttlichen Substanz. Trat für eine strikte Trennung von Philosophie u. Theologie ein. Großer Einfluß auf Lessing, Goethe, Schelling u. Schopenhauer. W.: *Theologisch-politischer Traktat* (1670), *Ethik* (1677).

Stegmüller, Wolfgang (1923-1991), ein Hauptvertreter der *Analytischen Philosophie*, zu deren Verbreitung im deutschen Sprachraum er wesentlich beigetragen hat. Bedeutende Beiträge zur Logik, Semantik u. Wissenschaftstheorie. W.: *Hauptströmungen der Gegenwartsphilosophie* (Bd.1 1952, Bd. 2 1975, Bd. 3 1986, Bd. 4 1989); *Wissenschaftliche Erklärung und Begründung* (1969).

Strawson, Peter (*1919), Vertreter der *Analytischen Philosophie*. S. analysiert die philosophischen Vorurteile, die in unserer Alltagssprache enthalten sind. W.: *Einzelding und logisches Subjekt* (1959).

Thales v. Milet (625-545 v. Chr.), der erste bekannte *Vorsokratiker*. In seiner Naturphilosophie nahm er »Wasser« als den Urstoff des Kosmos an. Schriften sind nicht erhalten.

Thomas von Aquin (1225-1274), einflußreicher Philosoph u. Theologe der *Scholastik*. Th. verbindet Aristoteles u. christliche Leh-

ren. Er unterscheidet zwischen »natürlichen Wahrheiten« (Existenz Gottes, Unsterblichkeit der Seele), die vernünftig begründet werden können, u. »übernatürlichen Glaubenswahrheiten« (Dreieinigkeit, Menschwerdung, Auferstehung, Weltschöpfung aus nichts), von denen die Vernuft nur zeigen kann, daß sie keine Widersprüche enthalten. T. ging davon aus, daß der Mensch ein Gemeinschaftswesen ist, u. entwickelte eine christliche Tugendlehre. Da er den Staat als gottgewollt betrachtete, ist Gehorsam gegenüber der Obrigkeit Pflicht. Großer Einfluß auf die scholastische Philosophie u. christliche Theologie. 1879 wurde seine Philosophie zur offiziellen Lehre der katholischen Kirche. W.: *Summe wider die Heiden* (1259-64), *Summe der Theologie* (1266-73).

Vico, Giambattista (1668-1744), italienischer Geschichts- u. Kulturphilosoph der *Aufklärung*. Im Gegensatz zum Rationalismus gibt es für V. keine sichere Erkenntnis der Natur,

wohl aber der Geschichte u. der Kultur. Diese entwickelt sich bei den Völkern in der zyklischen Folge immer gleicher Stadien. W.: *Vom Wesen und Weg der geistigen Bildung* (1709), *Die Neue Wissenschaft über die gemeinschaftliche Natur der Völker* (1725).

Voltaire, Francois Marie (1694-1778), Hauptvertreter der französischen *Aufklärung* u. Skeptiker. Von Lockes Empirismus beeinflußt, wurde V. zum Vermittler englischen Aufklärungsdenkens. V. hielt die Unsterblichkeit der Seele u. die Willensfreiheit für nicht beweisbar. Er wandte sich gegen die Auffassung, man lebe in der »besten aller möglichen Welten« u. Europa sei das Zentrum der Kultur. V. bekämpfte den Einfluß der Kirche u. trat für Toleranz u. politische Freiheit ein. W.: *Candide* (1759), *Abhandlung über Toleranz* (1763).

Weber, Max (1864-1920), Philosoph u. Politiker, Begründer der modernen Soziologie. W. erklärt die Entstehung der kapitalistischen Gesellschaft aus den Wurzeln der protestantischen Arbeitsethik u. fordert auf der Grundlage der Unterscheidung zwischen beschreibenden u. bewertenden Aussagen »Wertfreiheit« für die Wissenschaft. W.: *Der Sinn der »Wertfreiheit« der soziologischen und ökonomischen Wissenschaften* (1917).

Whitehead, Alfred North (1861-1947), entwickelte eine Naturphilosophie, derzufolge die Welt nicht aus Dingen oder Substanzen, sondern aus Ereignissen besteht. W.: *Prozeß und Realität* (1929).

Whorf, Benjamin Lee (1897-1941), betont den Einfluß der Sprache auf das Denken u. auf die Weltsicht des Menschen. Der Vielzahl menschlicher Sprachen entspricht eine Vielzahl gleichberechtigter Weltbilder. W.: *Sprache, Denken, Wirklichkeit* (1956).

Wittgenstein, Ludwig (1889-1951), Mitbegründer der Sprachphilosophie des 20. Jahrhunderts. In seinem Frühwerk ging W. davon aus, daß Sprache Wirklichkeit abbildet. Nur beschreibende Aussagen werden als sinnvoll anerkannt. Was sich in diesem Sinne nicht »sagen« läßt (wie z.B. moralische Gebote),

läßt sich nur »zeigen«. In seinem Spätwerk rückt er von seiner ursprünglichen Sprachauffassung ab. Die Bedeutung sprachlicher Ausdrücke liegt nun nicht mehr in der Abbildung, sondern im Gebrauch. Verschiedenen Arten des Gebrauchs (»Sprachspiele«) entsprechen verschiedene »Lebensformen«. Die Probleme der Metaphysik kritisierte er als »Scheinprobleme«, die durch den Mißbrauch der Alltagssprache entstehen. Mit seinem Frühwerk hat er den *Logischen Empirismus* wesentlich beeinflußt, mit seinem Spätwerk wurde er zum Begründer der *sprachanalytischen Philosophie*. W.: *Tractatus logico-philosophicus* (1921), *Philosophische Untersuchungen* (1953).

Wolff, Christian (1679-1754), ein Hauptvertreter des *Rationalismus*, entwickelte im Anschluß an Leibniz ein umfassendes metaphysisches System, worin die Existenz Gottes, die Unsterblichkeit der Seele u. die Freiheit des Willens bewiesen werden. W.: *Vernünftige Gedanken von Gott, der Welt und der Seele des Menschen* (1720).

Anregungen und Tips zur Beschäftigung mit Philosophie

Philosophische Lektüre: Womit den Anfang machen?

Wer sich mit Philosophie näher beschäftigen möchte, wird zunächst mit der Frage konfrontiert, womit er denn sinnvollerweise beginnen könne. Der Vielfalt philosophischer Schriften steht der Anfänger weitgehend orientierungslos gegenüber, und es ist meistens reiner Zufall, womit der Einstieg in die Philosophie begonnen wird. Welche Schriften sich zur Einführung in die Philosophie am besten eignen, kann der Anfänger aus dem bloßen Angebot des Buchmarktes nicht entnehmen. Insbesondere kann er auch nicht wissen, ob und, wenn ja, welche Werke großer Philosophen auch ohne besondere philosophische Vorkenntnisse gelesen werden können. Dazu kommt, daß das Lesen philosophischer Bücher, wie jede andere Tätigkeit, trainiert und über längere Zeit regelmäßig praktiziert werden muß, wenn man es gut beherrschen will. Es erfordert mehr Anstrengung als das Lesen »normaler« Sachbücher oder das Lesen von Belletristik. Aber auch hier gilt: Mit der Übung fällt die Lektüre immer leichter.

Für die Lektüre philosophischer Bücher gilt die Faustregel: Man sollte sich zunächst auf die wirklich wichtigen Werke beschränken, also eher wenige ausgewählte Bücher lesen, diese aber um so intensiver.

Hat man überhaupt noch keine Erfahrung mit philosophischer Lektüre, so empfiehlt es sich, mit einer relativ kurzen und vor allem verständlich geschriebenen Einführung in die Philosophie zu beginnen, um sich eine erste Orientierung über die wichtigsten philosophischen Fragestellungen und Probleme zu verschaffen. Daran anschließend kann man eine ebenfalls möglichst kurze Geschichte lesen, um einen ersten Überblick über wichtige Philosophen und philosophische Theorien zu erhalten. Zu einem gründlichen Studium der Philosophie (das natürlich kein Universitätsstudium sein muß) gehört eben ganz wesentlich das Kennenlernen der Geschichte der Philosophie. Deren Bedeutung kann man in dem bekannten Satz zusammenfassen: Wer die Geschichte des Denkens nicht kennt, muß sie wiederholen! Ergänzende Kurzinformationen zu philosophischen Begriffen erhält man über philosophische Wörterbücher. Erst nach der Lektüre einer Einführung und einer Geschichte der Philosophie empfiehlt es sich, sich den Texten wichtiger Philosophen zuzuwenden. Der Anfänger sollte sich dabei nicht zu früh auf einen »Lieblingsphilosophen« festlegen, sondern mehrere der »großen Autoren« ausprobieren.

Einführungen in die Philosophie

Eine gute Einführung in die Philosophie macht in erster Linie mit den wichtigsten Fragen, Argumenten und Positionen der Philosophie vertraut. Sie überfordert den Anfänger sprachlich nicht und enthält auch nicht zu viele philosophische Fachausdrücke. Sie sollte außerdem so kurz sein, daß der Anfänger sie in einem überschaubaren Zeitraum bewältigen kann. Sie sollte ferner anregend sein, indem sie die philosophischen Probleme mit der Alltagswelt und den Erfahrungen des Lesers in Beziehung setzt. Schließlich sollte sie nicht vorrangig ein philosophisches System entwickeln bzw. eine Einführung in die philosophischen Anschauungen des Autors sein. Diese Gefahr besteht besonders dann, wenn der Autor selber ein bekannter Philosoph ist. Erst wenn der Leser mit den wichtigen Problemen der Philosophie vertraut gemacht ist, darf der eigene Standpunkt erläutert und begründet werden. Unter den zahlreichen Einführungen sind nur eine kleinere Zahl wirklich für den Anfänger geeignet. Die vorliegende Einführung versucht, ausgehend von der Alltagserfahrung, in die wichtigsten

Probleme der Philosophie allgemeinverständlich einzuführen und zusätzlich praktische Orientierungshilfe zu geben. Andere empfehlenswerte problemorientierte Einführungen in die Philosophie, die ohne Vorkenntnisse gelesen werden können, sind:

THOMAS NAGEL: *Was bedeutet das alles? Eine ganz kurze Einführung in die Philosophie* (Reclam 8637). Dieser wirklich sehr kurze Text (84 Seiten) des amerikanischen Philosophen Nagel ist vielleicht die beste Einführung für einen Leser, der überhaupt noch keine Philosophieerfahrung hat. In 10 kleinen Artikeln werden grundlegende philosophische Probleme wie die Erkennbarkeit der Welt oder die Willensfreiheit in unmittelbarem Bezug zur alltäglichen Erfahrung entwickelt. Der Verfasser verzichtet allerdings ganz auf Hinweise zu einzelnen Philosophen oder zur Philosophiegeschichte.

FRANZ WUKETITS: *Schlüssel zur Philosophie* (Knaur 7865). Auch dieser Autor knüpft an die Alltagserfahrung und die Wissenschaften an, ist problemorientiert und verständlich. Besonders gut kennt sich der Verfasser in der Biologie aus, der er häufig seine Beispiele entnimmt. In den Problemen der praktischen Philosophie ist er allerdings nicht so gut bewandert wie in denen der theoretischen Philosophie. Die Kapitelaufteilung ist an den traditionellen philosophischen Disziplinen ausgerichtet. Anders als Nagels Einführung enthält das Buch zahlreiche Hinweise auf die Philosophiegeschichte, eine Bibliographie und eine Übersicht über die wichtigsten philosophischen Strömungen. Insgesamt wirkt das Buch etwas »gelehrter« und schwerfälliger als das Nagels, enthält aber wesentlich mehr Informationen.

Es gibt auch von bekannten Philosophen verfaßte Einführungen in Philosophie, die sich um eine objektive Darstellung bemühen und von einem Anfänger gelesen werden können. Schriften zweier bedeutender Philosophen des 20. Jahrhunderts zählen dazu:

KARL JASPERS: *Einführung in die Philosophie* (Serie Piper 13). Dieses Buch ist aus 12 Radiovorträgen entstanden, von denen jeder einem bestimmten Thema gewidmet ist. Das Buch ist problemorientiert und nicht umfangreich (130 Seiten einschließlich Anhang). Der Autor, einer der bekanntesten Vertreter der Existenzphilosophie, benutzt manche Begriffe, die für seine Philosophie charakteristisch sind. Deshalb kann das Buch auch als Einführung in die Existenzphilosophie gelesen werden. Besonders hilfreich ist der Anhang mit konkreten Lektürevorschlägen.

BERTRAND RUSSELL: *Probleme der Philosophie* (edition suhrkamp 207). Obwohl diese Einführung schon etwas älter ist, ist sie in ihrer Behandlung philosophischer Fragen doch sehr modern. Der Verfasser behandelt allerdings ausschließlich Probleme der theoretischen Philosophie. Auf diesem Gebiet ist sie aber der Einführung von Jaspers vorzuziehen, da sich Russell in logischen und erkenntnistheoretischen Themen besser auskennt.

Philosophiegeschichten

Niemand wird alle Philosophen und alle philosophischen Werke lesen können. Auch für einen Fachmann bleibt es unverzichtbar, gelegentlich in einer Philosophiegeschichte nachzuschlagen. Eine gute Geschichte der Philosophie sollte die wichtigsten Philosophen und ihr Denken in einer verständlichen Form vorstellen und die Geschichte der zentralen philosophischen Probleme und Positionen zuverlässig und verständlich präsentieren. Eine ihrer vordringlichen Aufgaben besteht darin, die Entwicklungen und Zusammenhänge dieser Probleme und Positionen deutlich zu machen. Die Geschichte der Philosophie ist keine bloße historische Aufeinanderfolge der philosophischen Systeme, sondern auch eine Geschichte der philosophischen Probleme und ihrer versuchsweisen Lösungen. Man kann unterscheiden zwischen den Philosophiegeschichten, die die gesamte Geschichte der Philosophie behandeln, und denjenigen, die sich nur mit einer bestimmten

Periode der Philosophiegeschichte (z. B. mit der griechischen Philosophie oder der Philosophie der Moderne) beschäftigen. Folgende verbreitete Geschichten der Philosophie sind für den Anfänger geeignet:

HANS-JOACHIM STÖRIG: *Kleine Weltgeschichte der Philosophie* (Fischer TB 11142). Dieses populäre Standardwerk geht nicht nur auf die philosophischen Positionen, sondern häufig auch auf das Leben der Philosophen ein.

CHRISTOPH HELFERICH: *Geschichte der Philosophie* (2. Aufl., Metzler, Stuttgart 1992). Im Unterschied zu Störig ist diese Geschichte etwas unübersichtlicher gegliedert, weist dafür aber sehr informative Randbemerkungen und auch Bilder und Illustrationen auf. Anders als bei Störig wird hier ausführlich auf die Entwicklung der Philosophie in der zweiten Hälfte des 20. Jahrhunderts eingegangen. Für etwas Fortgeschrittenere kann empfohlen werden:

ERNST VON ASTER: *Geschichte der Philosophie* (Kröner TB 108). Diese Philosophiegeschichte ist sachlich sehr zuverlässig und vermag auch philosophiegeschichtliche Zusammenhänge gut zu verdeutlichen. Sie enthält am Ende eine ausführliche Zeittafel, die einen Kurzüberblick über die Philosophiegeschichte emöglicht.

BERTRAND RUSSELL: *Denker des Abendlandes* (dtv 30019). Diese mit viel Witz geschriebene Geschichte gibt eine knappe Darstellung der wichtigsten philosophischen Lehren bis zur Mitte des 20. Jahrhunderts. Es finden sich z. T. recht schwierige Analysen philosophischer Argumente.

KARL VORLÄNDER: *Geschichte der Philosophie* (3 Bde. Rowohlt 492-494). Eine ältere, aber immer noch brauchbare Geschichte, die jedoch nur bis zu Kant reicht. Sie enthält kurz kommentierte Textauszüge aus vielen großen Werken der Philosophie.

WILHELM WINDELBAND: *Lehrbuch der Geschichte der Philosophie* (18. Aufl., Mohr, Tübingen 1993). Windelband war selbst ein bekannter Philosoph des späten 19. Jahrhunderts. Sein Lehrbuch ist zwar sprachlich das schwierigste der bisher genannten, enthält aber selbst für den Fachmann noch viele wichtige Informationen und dazu ausführliche Literaturhinweise. Seine Besonderheit besteht darin, daß es als Geschichte philosophischer Probleme angelegt ist.

Die folgenden beiden Philosophiegeschichten können als amüsante Zusatzlektüre zu einer der üblichen Geschichten empfohlen werden:

LUCIANO DE CRESCENZO: *Geschichte der griechischen Philosophie* (2 Bde. Diogenes 21912/21913). Das Buch ist in einem geistreichen und zugleich erzählerischen Ton geschrieben und läßt die Philosophen in ihrem historischen und natürlichen Umfeld lebendig werden. Man kann dieses Buch auch als Einführung in die Philosophie überhaupt lesen.

WILHELM WEISCHEDEL: *Die Philosophische Hintertreppe. 34 große Philosophen in Alltag und Denken* (dtv 30020). Dieses Buch ist ein populärer Klassiker. Es vermittelt einen anekdotischen und anregenden Einstieg in das Leben und Denken wichtiger Philosophen.

Philosophische Wörterbücher und Lexika

Wörterbücher und Lexika haben die Aufgabe, möglichst unter Verzicht auf wertende Stellungnahmen, kompakte und zuverlässige Informationen über philosophische Themen und Personen zu geben. Sie enthalten in der Regel außerdem weiterführende Literaturhinweise. Sie werden immer *neben* der übrigen philosophischen Lektüre benutzt. Jeder, der regelmäßig philosophische Texte liest, sollte zumindest *ein* philosophisches Wörterbuch verfügbar haben. Um für Anfänger geeignet zu sein, muß die Information möglichst klar und frei von philosophischem Jargon sein. Folgende Werke sind für den Anfänger geeignet:

HEINRICH SCHMIDT (Hrsg.): *Philosophisches Wörterbuch* (Kröner TB 13). Es enthält Eintragungen sowohl zu Personen als auch zu den wichtigsten Begriffen. Für den philosophischen Anfänger reicht dieses Wörterbuch völlig aus.

ALEXANDER ULFIG (Hrsg.): *Lexikon der philosophischen Begriffe* (Bechtermünz, Eltville am Rhein 1993). In diesem neueren Werk finden sich mittelgroße, informative, sehr verständlich verfaßte Artikel über die wichtigsten philosophischen Begriffe, jedoch keine Eintragungen zu Personen. In dem, was es bietet, ist es dem Werk von Schmidt überlegen.

FRANCO VOLPI u. JULIAN NIDA-RÜMELIN (Hrsg.): *Lexikon der philosophischen Werke* (Kröner TB 486). Jedem Werk ist hier ein eigener Artikel gewidmet, der über die Absicht und die wichtigsten Thesen des Werks aufklärt.

dtv-Atlas zur Philosophie (dtv 3229). Ein philosophiegeschichtlich aufgebautes Nachschlagewerk zu den wichtigsten philosophischen Strömungen mit vielen Illustrationen und Veranschaulichungen. Die Veranschaulichungen helfen dem Verständnis philosophischer Positionen und Zusammenhänge allerdings nur begrenzt. Im übrigen kann dieser Atlas nicht wie ein gewöhnliches Wörterbuch benutzt werden.

Als Lexika, die sich auf bestimmte philosophische Themen und Disziplinen beschränken und daher bei der Vertiefung in das entsprechende Gebiet herangezogen werden können, sind zu empfehlen:

FRIEDO RICKEN (Hrsg.): *Lexikon der Erkenntnistheorie und Metaphysik* (Beck'sche Schwarze Reihe 288). Kurze informative Artikel, die jedoch trotz vieler Querverweise für den Anfänger nicht immer leicht verständlich sind.

OTFRIED HÖFFE (Hrsg.): *Lexikon der Ethik* (Beck'sche Schwarze Reihe 152). Kurze informative Artikel mit vielen Querverweisen, die auch für den Anfänger recht gut geeignet sind.

Klassische philosophische Werke für den Anfänger

Die wichtigste philosophische Lektüre ist die der philosophischen Klassiker. Der Anfänger sollte sich an den wirklich bedeutenden Philosophen orientieren, d.h. an denen, die sich wie Platon, Hume, Kant oder Schopenhauer mit den großen Themen der Philosophie beschäftigt haben und dazu bedeutende Beiträge geleistet haben. Es empfiehlt sich nicht, mit zweitrangigen oder mit den gerade in der Öffentlichkeit diskutierten Modephilosophen zu beginnen. Griechische und englische Autoren haben sehr oft den Vorzug der Verständlichkeit. Wenn man mit den schwierigsten Autoren (wie Hegel oder Heidegger) beginnt, wird man leicht entmutigt. Die ausgewählten Texte sollten sich mit einer zentralen Thematik der Philosophie beschäftigen, gleichzeitig aber nicht allzu umfangreich sein. Als Anfänger sollte man sich nur in Ausnahmefällen auf die ganz großen Hauptwerke einlassen. Kants *Kritik der reinen Vernunft* z. B. ist nur für Fortgeschrittene geeignet. Man sollte als Anfänger die Texte auch durchaus nach den eigenen philosophischen Interesse auswählen. Wenn man sich z. B. vornehmlich für Probleme der praktischen Philosophie interessiert, sollte man auch Werke aus diesem Bereich zuerst lesen und nicht mit Texten zur Logik oder zur Erkenntnistheorie beginnen.

Wenn man sich für Philosophie lediglich im Sinne von Weisheitslehre interessiert, ist die Wahl relativ einfach. Hier bieten sich aus der antiken Philosophie die Schriften Epikurs und der Stoiker (Seneca, Epiktet, Marc Aurel) an, die ebenso verständlich wie kurz sind. Dies gilt in der Neuzeit auch für MONTAIGNES *Essays* (Reclam 8308), in der Moderne für SCHOPENHAUERS *Aphorismen zur Lebensweisheit* (Reclam 5002) und RUSSELLS *Eroberung des Glücks* (edition suhrkamp 389). Diese Schriften sind in ihren Aussagen unabhängig von Mode und Zeitgeist und haben einen engen Bezug zu Lebenserfahrungen. Allerdings werden in ihnen die wichtigen systematischen Probleme der Philosophie nur am Rande behandelt. Um diese verstehen zu lernen, muß man sich an die klassischen Werke der großen Denker der Philosophiegeschichte halten.

In der Antike bieten sich dem Anfänger dazu nur die Werke von Platon und Aristoteles an, wobei die frühen Schriften Platons die Lehre von Sokrates vermitteln. Das Denken und die Person des Sokrates werden am eindrucksvollsten in PLATONS *Apologie* (Reclam 895) dargestellt. Einen Einstieg in Platons Ideenlehre kann man durch die Dialoge *Phaidon* (Reclam 918) und *Symposion* (Reclam 927) erhalten. Wer sich intensiv mit Platon befassen will, muß die *Politeia* (Reclam 8205), also Platons »Staat«, lesen. Dies ist eins der ganz wenigen Hauptwerke der Philosophiegeschichte, die auch einem Anfänger zugemutet werden können. Platon schreibt sehr verständlich, und er ist wegen seiner bildlichen Ausdrucksweise oft mit einem Dichter verglichen worden.

Die Werke des ARISTOTELES sind logisch dichter und sprachlich etwas schwieriger als die Platons. Für Anfänger sind seine Hauptwerke zur Logik und Metaphysik nicht geeignet. Seine Schriften zur praktischen Philosophie können dagegen auch mit wenig Vorkenntnissen, wenn auch nicht ohne Mühe, gelesen werden. Dies gilt insbesondere für die *Nikomachische Ethik* (dtv 6011).

Schriften der mittelalterlichen Philosophie eignen sich generell nicht als Einstiegslektüre. Durch ihren komplizierten Argumentationsaufbau und ihren heute nicht immer durchschaubaren theologischen Hintergrund sind sie für einen Anfänger zu schwierig. Eine Ausnahme bildet AUGUSTINUS' autobiographische Schrift *Bekenntnisse* (Reclam 2792).

In der Philosophie der Neuzeit gibt es einige klassische Werke, die sich durchaus für den Anfänger eignen. Dazu gehören zwei kleine Schriften von DESCARTES , dem Begründer des Rationalismus, nämlich seine *Abhandlung über die Methode* (Reclam 3767) und seine *Meditationen* (Reclam 2888). Von den Schriften der klassischen Empiristen zur theoretischen Philosophie kann vor allem HUMES *Untersuchung über den menschlichen Verstand* (Reclam 5489) dem Anfänger zum Eindringen in erkenntnistheoretische Fragen empfohlen werden.

Zu den lesbaren Werken der praktischen Philosophie der Neuzeit zählen drei Klassiker der politischen Philosophie, nämlich HOBBES' *Leviathan* (Reclam 8348), LOCKES *Abhandlung über die Regierung* (Reclam 9691) und ROUSSEAUS *Der Gesellschaftsvertrag* (Reclam 1769). Auch VOLTAIRES Aufklärungssatire *Candide* (Reclam 6549) kann einem Anfänger empfohlen werden.

Am Werk KANTS kommt niemand vorbei, der sich ernsthaft mit Philosophie auseinandersetzen möchte. Seine Hauptwerke, die drei großen »Kritiken«, sind allerdings für den Anfänger zu schwierig. Ohne Vorkenntnisse kann z. B. sein berühmter Aufsatz *Was ist Aufklärung?* (Reclam 9714) gelesen werden. Kant selbst hat jeweils eine Einführung in seine Erkenntnistheorie und in seine Ethik verfaßt, nämlich die *Prolegomena zu einer jeden künftigen Metaphysik* (Reclam 2468) und die *Grundlegung zur Metaphysik der Sitten* (Reclam 4507). Man sollte aber schon über ein gewisses Maß an Grundkenntnissen verfügen, bevor man sich mit diesen beiden Schriften beschäftigt.

Die Schriften des Deutschen Idealismus (Fichte, Schelling, Hegel) sind für Anfänger ungeeignet. Selbst Fachleute haben oft Mühe, mit der schwierigen Sprache dieser Denker zurechtzukommen.

In der Philosophie der Moderne zählen Schopenhauer und Nietzsche zu den lesbaren Klassikern. SCHOPENHAUERS Philosophie erschließt sich recht gut aus seinem Spätwerk *Parerga und Paralipomena* (Detebe 140, VII-X), das aus vielen, meist kleineren Beiträgen besteht – u. a. auch den *Aphorismen zur Lebensweisheit* (Reclam 5002) –, deren Lektüre man je nach Interesse auswählen kann. NIETZSCHES Schriften sind oft thematisch geordnete Aphorismensammlungen.

Empfohlen werden können zwei seiner moral- und kulturkritischen Schriften der Spätzeit, nämlich *Jenseits von Gut und Böse* (Reclam 7114) und *Zur Genealogie der Moral* (Reclam 7123).

Eine verständliche Einführung in das Denken von MARX ist noch am ehesten über *Das Kommunistische Manifest* (Reclam 8323) möglich. Der sprachlich klarste Philosoph des 19. Jahrhunderts ist MILL. Seine Schrift *Über die Freiheit* (Reclam 3491) kann ohne Vorkenntnisse gelesen werden.

Die meisten klassischen Werke der Philosophie des 20. Jahrhunderts sind für einen Anfänger nicht geeignet. Dies gilt leider auch für Wittgenstein und Heidegger, die beiden bekanntesten Philosophen unseres Jahrhunderts.

Einen guten Überblick »aus erster Hand« über die wichtigsten philosophischen Strömungen der Gegenwart gibt der Sammelband *Was ist Philosophie?* (herausgeg. von K. Salamun, UTB 1000). Er enthält einführende Aufsätze vieler bedeutender Philosophen, u.a. Texte von Jaspers, Popper und Russell.

Die meisten Werke der Existenzphilosophie sind für Anfänger nicht geeignet, Ausnahmen sind jedoch JASPERS' *Kleine Schule des philosophischen Denkens* (Serie Piper 54) und CAMUS' Schrift *Der Mythos von Sisyphos* (Rowohlt 90).

Einen Eindruck vom neomarxistischen Denken vermittelt BLOCHS *Tübinger Einleitung in die Philosophie* (suhrkamp TB Wissenschaft 253). Diese Schrift ist aus einer von Bloch gehaltenen Vorlesung hervorgegangen.

Von RUSSELL, einem der Väter der Analytischen Philosophie, der klar und verständlich schreibt, liegt mit seiner Schrift *Philosophie. Die Entwicklung meines Denkens* (Fischer TB 6572) eine autobiographisch orientierte Einführung in sein Denken vor.

CARNAPS kleine Schrift *Scheinprobleme in der Philosophie* (Suhrkamp) ist ein klassisches Werk der frühen Phase der Analytischen Philosophie (Wiener Kreis), das einen charakteristischen Eindruck vom Umgang dieser philosophischen Strömung mit traditionellen Problemen der Philosophie vermittelt.

Unter den Philosophen des 20. Jahrhunderts ist POPPER wahrscheinlich derjenige, dessen Schriften am ehesten einem Anfänger zugänglich sind. Sein Hauptwerk zur politischen Philosophie *Die offene Gesellschaft und ihre Feinde* (UTB 472, 473) hat inzwischen auch breitere Leserkreise gefunden. Sucht man einen leicht verständlichen, repräsentativen Überblick über sein Denken, so kann man auf die Aufsatzsammlung *Auf der Suche nach einer besseren Welt* (Serie Piper 699) zurückgreifen.

Insgesamt sollte sich ein Anfänger jedoch zuerst an den großen Denkern der Vergangenheit orientieren, da in ihnen die Grundlage für alles Spätere gelegt wird. Was dagegen gerade aktuell ist, ist oft zehn Jahre später schon wieder vergessen.

Literatur über philosophische Klassiker

Mit der sog. philosophischen »Sekundärliteratur« sollte man vorsichtig umgehen. Generell gilt, daß die Lektüre von Primärtexten immer wichtiger und lohnender als die Lektüre von Interpretationen ist. Innerhalb der Sekundärliteratur muß man unterscheiden zwischen einer relativ kleinen Zahl »klassischer« Biographien und einführender Darstellungen und der großen Zahl von Schriften zu Spezialproblemen und Aufsätzen in Fachzeitschriften. Letztere Art der Sekundärliteratur richtet sich an Fachleute und ist zudem häufig von philosophischen »Modetrends« abhängig. Sie kann daher von einem Anfänger in der Regel ganz außer acht gelassen werden.

Bei der Sekundärliteratur sollte man auf die Verständlichkeit der Sprache achten. Ist ein Werk der Sekundärliteratur genauso schwierig oder sogar noch schwieriger als ein Primärtext, sollte man es gleich zur Seite legen.

Empfohlen werden können häufig Biographien großer Philosophen, in denen gleichzeitig auch das Werk behandelt wird.

In der Reihe »Rowohlts Monographien« sind inzwischen illustrierte Einführungen zu fast allen wichtigen Philosophen erschienen. Nicht alle dieser Bände haben die gleiche Qualität, doch generell sind sie gerade für Anfänger gut geeignet. Aus dieser Reihe können z. B. die Bände über Sokrates, Platon, Descartes, Hume, Kant, Schopenhauer, Nietzsche, Jaspers und Wittgenstein empfohlen werden.

Die sog. »Beck'sche Reihe ›Denker‹« enthält zahlreiche Einführungen in das Werk und das Leben bedeutender Philosophen. Sie sind im Durchschnitt etwas anspruchsvoller als die »Rowohlts Monographien«. Lesbar sind hier u. a. die Bände über Hume, Kant, Jaspers und Popper.

Auch innerhalb der Einführungsreihen von »Campus« und »Junius« können einige Bände empfohlen werden, so z. B. die Einführungen zu Descartes und Mill bei »Campus« und zu Hobbes und Habermas bei »Junius«.

Daneben gibt es noch einige, unabhängig von Verlagsreihen erschienene Bücher, die dem Anfänger das Studium der bedeutendsten klassischen Philosophen erleichtern können. Dazu zählen z. B.:

WALTER BRÖCKER: *Platos Gespräche* (4. Aufl., Klostermann, Frankfurt/Main 1990). Dieses Buch gibt eine hervorragende Einführung in Platons Denken, da jeder Dialog nicht nur interpretiert, sondern auch »nacherzählt« wird.

RICHARD HARE: *Platon. Eine Einführung* (Reclam 8631). Eine kurze, aber allgemeinverständlich gehaltene Einführung in das Werk Platons, die vor allem die frühen und mittleren Dialoge berücksichtigt.

JONATHAN BARNES: *Aristoteles. Eine Einführung* (Reclam 8773). Eine kurze, sehr klar geschriebene Gesamtdarstellung des aristotelischen Denkens.

ARSENIJ GULYGA: *Immanuel Kant* (suhrkamp TB 1093). Eine sehr gute Biographie, die

gleichzeitig eine Einführung in Kants Werk darstellt.

RÜDIGER SAFRANSKI: *Schopenhauer und die wilden Jahre der Philosophie* (rororo 12530). Eine informative und zugleich anschauliche Gesamtdarstellung von Schopenhauers Leben und Lehre.

EUGEN FINK: *Nietzsches Philosophie* (Urban TB 45). Eine anspruchsvolle, aber lesbare Einführung in die Hauptprobleme der Philosophie Nietzsches.

RÜDIGER SAFRANSKI: *Ein Meister aus Deutschland. Heidegger und seine Zeit* (Hanser, München 1994). Eine klar geschriebene Gesamtdarstellung von Leben und Werk Heideggers, die vor allem auch die Rolle Heideggers in der Zeitgeschichte aufarbeitet.

RAY MONK: *Wittgenstein. Das Handwerk des Genies* (Klett, Stuttgart 1992). Die bislang gründlichste Biographie, die Wittgensteins Denken aus seinem Leben verständlich zu machen versucht.

BRYAN MAGEE: *Karl Popper* (UTB 1393). Eine kurze, sehr klar verfaßte Einführung in das Werk Poppers, die insbesondere Poppers politische Philosophie würdigt.

WOLFGANG STEGMÜLLER: *Hauptströmungen der Gegenwartsphilosophie* (4 Bde. Kröner TB 308, 309, 409, 415). Dieses mittlerweile auf vier Bände angewachsene Standardwerk über die Philosophie des 20. Jahrhunderts enthält in Bd. 1 die Darstellung der bedeutendsten Philosophen und philosophischen Strömungen der ersten Jahrhunderthälfte und ist hervorragend dazu geeignet, sich einen gründlichen Gesamtüberblick zu verschaffen. Die Bde. 2 u. 4 gehen auf die aktuellen Strömungen der Analytischen Philosophie ein und sind daher nur für Fortgeschrittene zu empfehlen. Bd. 3 enthält eine Darstellung des Grundwissens der modernen Kosmologie, Physik und Biologie.

Wie liest man philosophische Werke?

Der Anfänger kann philosophischen Werken zunächst zwar mit einem gewissen Respekt vor einer möglicherweise bedeutenden geistigen Leistung begegnen, aber zugleich sollte er das Vertrauen in seine Fähigkeit bewahren, nach hinreichend gründlichem Studium ein schwieriges philosophisches Werk zu verstehen und sich dann selber ein Urteil über seine Bedeutung bilden zu können. So falsch es daher wäre, in Ehrfurcht vor philosophischen Werken zu versinken, so verfehlt wäre es jedoch, das philosophische Studium gerade mit schwer verständlichen Werken zu beginnen.

Man sollte zunächst unterscheiden zwischen philosophischen Nachschlagewerken, klassischen Texten der Philosophie und Werken der Sekundärliteratur. Nachschlagewerke werden niemals in einem Zug von Anfang bis Ende gelesen, sondern man greift sich jeweils nur diejenigen Eintragungen und Artikel heraus, die einen gerade interessieren.

Klassische philosophische Werke erfordern dagegen ein ganz anderes Lesen. Es empfiehlt sich, vor der Lektüre in einer Philosophiegeschichte oder in einem philosophischen Lexikon einige grundlegende Informationen über den Autor und das Werk einzuholen. Bei der Lektüre philosophischer Klassiker sollte man sich Langsamkeit angewöhnen und von vornherein mehr Zeit einplanen. Man kann solche Texte nicht lesen wie einen Roman und schon gar nicht »überfliegen« wie z.B. einen Zeitungsartikel. Man muß vielmehr jeden Satz sozusagen »zerkauen«, um den Aufbau der Argumentation zu verstehen. Deshalb darf man sich nicht über ungewohnt lange Lesezeiten wundern. Bereits bei der ersten Lektüre sollte man die wichtigsten Stellen mit Bleistift unterstreichen sowie Fragen, Kommentare und Einwände am Rand notieren. Die verbreitete Sitte, wichtige Stellen mit einem farbigen »Marker« hervorzuheben, trägt nicht zur besseren Orientierung bei und ist wegen des damit verbundenen ständigen Wechsels von »Marker« und Bleistift sogar eher hinderlich.

Hat man trotz allen Bemühens mit einem Text Verständnisschwierigkeiten, so gibt es mehrere Möglichkeiten: Man kann versuchen, den Argumentationsverlauf des Textes schriftlich Schritt für Schritt nachzuzeichnen, um sich so über die Grundgedanken des Werkes klarzuwerden. Man kann sodann Sekundärliteratur über diesen Text lesen, wobei natürlich die Sekundärliteratur nicht schwieriger sein darf als der Text selbst. Schließlich kann man sich mit Gesprächspartnern austauschen, die den Text ebenfalls gelesen haben. Kommt man nach solchen Bemühungen immer noch nicht weiter, so ist es vermutlich ratsam, diesen Text beiseitezulegen und sich eventuell für später aufzuheben. Man sollte sich dadurch nicht entmutigen lassen. Die Dunkelheit und Schwierigkeit eines Textes hat nicht immer etwas mit Tiefsinn zu tun. Im Gegenteil! Der Rang eines Philosophen zeigt sich gerade darin, daß es ihm gelingt, schwierige Probleme verständlich darzustellen.

Andere Formen Philosophie zu betreiben

Philosophieren bedeutet, sich mit den grundlegenden Fragen der menschlichen Existenz auseinanderzusetzen. Dies muß nicht ausschließlich durch ein Studium philosophischer Bücher geschehen. Philosophieren findet auch häufig in der Form eines »freien Nachdenkens« statt, das man in einem erweiterten Sinne auch als »Meditation« bezeichnen könnte. Dieses Nachdenken erfordert immer eine gewisse Ruhe und Muße, d.h. ein Abschalten von der Routine und dem Streß des Alltags. Wenn man einen beruflich und familiär sehr ausgefüllten und geregelten Tagesablauf hat, sollte man solche Ruhepunkte bewußt einplanen, entweder täglich oder an ganz bestimmten Tagen in der Woche. Eine philosophische Meditation hat nichts mit religiösen Erlösungslehren zu tun. Sie besteht einfach darin, sich den Kopf freizumachen, sich in die Stille zu begeben und intensiv über Grundfragen des Lebens nachzudenken.

Philosophen haben immer wieder das Spazierengehen als idealen Rahmen für eine solche Meditation angesehen. Der gleichmäßige Rhythmus und die zweckfreie Tätigkeit des Gehens begünstigen eine kreative Stimmung, in der oft neue Ideen geboren werden. Ein gründliches systematisches Nachdenken über Probleme findet allerdings während des Spazierengehens seltener statt. Immanuel Kant z. B. machte jeden Tag seinen Spaziergang in Königsberg, und im 20. Jahrhundert machte z. B. Hans-Georg Gadamer seinen regelmäßigen Gang auf dem »Philosophenweg« in Heidelberg. Oft führen solche Wege auch durch abgelegene Winkel der Natur. Die Natur insgesamt gilt als bevorzugter Platz der Meditation, da sie Ruhe und so etwas wie ewige Gleichförmigkeit ausstrahlt. Zur Natur im weiteren Sinne gehören auch Parks und Gärten, ebenfalls bei Philosophen beliebte Plätze des Rückzugs. Epikur nannte sogar seine Philosophenschule »Der Garten«.

Ein häufig praktiziertes Mittel, seinem eigenen Nachdenken Ausdruck zu verleihen, ist das Tagebuch. Hier kann man seine Gedanken festhalten und ordnen, ohne damit gleich höhere literarische oder philosophische Ansprüche zu verbinden. Manche Philosophen, wie z. B. Sören Kierkegaard, haben das Tagebuch zu einer öffentlichen literarischen Form entwickelt, d.h. sie haben in der Tagebuchform eine für ihre Philosophie angemessene Ausdrucksart gefunden.

Oft ist es für die Lösung gedanklicher Probleme sehr hilfreich, wenn man sich mit anderen austauschen kann. Es ist daher wichtig, philosophische Gesprächspartner sorgfältig auszuwählen, den Kontakt zu ihnen aber auch zu pflegen. Deshalb haben Philosophen auch immer wieder den Wert von Freundschaften hervorgehoben. Der Dialog als philosophisches Erkenntnismittel ist so alt wie die Philosophie selbst. Sokrates praktizierte das philosophische Gespräch regelmäßig auf dem Marktplatz von Athen. Platon machte daraus in seinen Schriften eine literarische Form. Die französischen Exstentialisten um Jean-Paul Sartre führten ihre philosophischen Gespräche häufig in Cafés. Wenn philosophische Gespräche fruchtbar sein sollen, müssen die Gesprächspartner im Ausdrücken ihrer Gedanken etwas geübt sein, und der Ort des Zusammentreffens sollte gleichzeitig eine Atmosphäre der Entspannung und der Konzentration ermöglichen. Es darf zu diesem Anlaß keinen Erfolgs- und Zeitdruck wie etwa bei geschäftlichen oder politischen Sitzungen geben. Kann man solche Gespräche nicht regelmäßig pflegen, gibt es die Möglichkeit, sich in Briefform auszutauschen. Auch diese Form muß erst einmal eingeübt werden. In der antiken Philosophie war der philosophische Lehrbrief, z. B. bei Epikur oder Seneca, eine der meist gebrauchten literarischen Ausdrucksformen.

<u>dtv</u> portrait

Herausgegeben von Martin Sulzer-Reichel
Originalausgaben

**Biographien bedeutender Frauen und Männer aus
Geschichte, Literatur, Philosophie, Kunst und Musik**

Philosophie für Anfänger
im dtv

Hilfreiche Wegbegleiter für den Einstieg in eine
faszinierende, aber nicht leicht zugängliche Lektüre.
Originalausgaben

dtv

Philosophie jetzt!

Herausgegeben von Peter Sloterdijk
Ein Wegweiser zu den Texten der großen Philosophen,
sachkundig ausgewählt und kommentiert

dtv

Lust auf Philosophie

Jostein Gaarder
Sofies Welt
dtv 12555

Christoph Helferich
Geschichte der Philosophie
Von den Anfängen bis zur Gegenwart
und Östliches Denken
dtv 30706

Frieder Lauxmann
Der philosophische Garten
dtv 20176

Michael Macrone
Heureka!
Das archimedische Prinzip und 80 weitere Versuche,
die Welt zu erklären
dtv 30673

Martin Morgenstern, Robert Zimmer
HinterGründe
Die Philosophie und ihre Fragen
dtv 30709

Frédéric Pagès
Frühstück bei Sokrates
Philosophen ganz privat
dtv 20040

Kostis Papajorgis
Der Rausch
Ein philosophischer Aperitif
dtv 30665

d<u>tv</u>

Texte zur Philosophie

Texte zur Ethik
Herausgegeben von Dieter Birnbacher
und Norbert Hoerster
dtv 30096

Eine handliche Sammlung grundlegender Abhandlungen
und zugleich eine ideale Einführung in die Probleme der
Ethik.

Was ist Natur?
Klassische Texte zur Naturphilosophie
Herausgegeben von Gregor Schiemann
dtv 4697

Die ältesten Fragen des abendländischen Denkens, die um
das Verhältnis des Menschen zur Natur kreisen, erhalten
vor dem Hintergrund der ökologischen Krise neue Brisanz.

Zeichen über Zeichen
Texte zur Semiotik
von Charles Sanders Peirce bis zu Umberto Eco
und Jaques Derrida
Herausgegeben von Dieter Mersch
dtv 30653

Philosophische Texte von der Antike bis in die Gegenwart
beschreiben den Wandel des Verhältnisses von Denken,
Sprache und Welt und damit des menschlichen Selbstverständnisses schlechthin.

Klassische philosophische Texte
von Frauen
Herausgegeben von Ruth Hagengruber
dtv 30652

Denken Frauen anders? Gibt es ein spezifisch weibliches
Philosophieren? Aufschluß darüber geben Texte von
Frauen aus sechs Jahrhunderten von der Renaissance bis
heute.

Friedrich Nietzsche
im dtv

Sämtliche Werke
Kritische Studienausgabe
in 15 Bänden
Herausgegeben von
Giorgio Colli und
Mazzino Montinari
dtv / de Gruyter 5977
Alle Bände sind auch
einzeln lieferbar

Sämtliche Briefe
Kritische Studienausgabe
in 8 Bänden
Herausgegeben von
Giorgio Colli und
Mazzino Montinari
dtv / de Gruyter 5922

Weisheit für Übermorgen
Unterstreichungen aus
dem Nachlaß (1870-1889)
von Heinz Friedrich
dtv 2338

**Frühe Schriften
1854–1869**
BAW 1-5
5 Bände in Kassette
Nachdruck der Ausgabe
Friedrich Nietzsche:
Werke und Briefe
Historisch-kritische
Gesamtausgabe. Werke
(nach 5 Bänden abgebro-
chen) · dtv 59022

**Nietzsche für Anfänger
Also sprach Zarathustra**
Eine Lese-Einführung von
Rüdiger Schmidt und
Cord Spreckelsen
dtv 4664

Werner Ross
Der ängstliche Adler
Friedrich Nietzsches Le-
ben
dtv 30427

dtv

Christoph Helferich

Geschichte der Philosophie

Von den Anfängen bis zur Gegenwart
und Östliches Denken
Mit einem Beitrag von Peter Christian Lang
dtv 30706

Diese umfassende, anschauliche und für Laien verständlich
geschriebene Philosophiegeschichte mit ihren zahlreichen
Illustrationen und ausführlichen Textbeispielen führt bis in
die jüngste Zeit. Sie bietet allen an Philosophie Interessierten gründliche Information über die großen Denker und
Denkerinnen, über die wichtigsten philosophischen Fragen
und Theorien sowie über die dadurch ausgelösten Debatten
und Kontroversen. Die faszinierende Welt der Philosophie – des Westens und des Ostens – in einem Band!

»Wer heute auf eine vergleichsweise kurzgefaßte Geschichte
der Philosophie im Weltmaßstab nicht von vornherein verzichten will, könnte zwar jederzeit eine andere Philosophiegeschichte schreiben, schwerlich aber eine ›bessere‹.«
Allgemeine Zeitschrift für Philosophie

»Helferich hat jene vom philosophischen Laien so gefürch-
tete esoterische Sprache, die die Philosophie immer wieder
in Mißkredit gebracht hat, durchgängig vermieden. Alle
speziellen Fachbegriffe werden entwickelt und erklärt. Sein
Buch ist deshalb als Einführung in die Philosophie und
damit zugleich in die geschichtlich entwickelten Formen
unseres Fragens und Denkens geeignet.«
Frankfurter Allgemeine Zeitung

dtv

Joseph Rovan

Geschichte der Deutschen

Von ihren Ursprüngen bis heute
Aus dem Französischen von Enrico Heinemann,
Reiner Pfleiderer und Reinhard Tiffert
dtv 30638

Zwei Jahrtausende deutscher Geschichte zeichnet Joseph Rovan in den großen Entwicklungslinien und Epochen nach. Er charakterisiert die Kräfte, die der Geschichte der Deutschen ihre besondere Dynamik und Zielrichtung gegeben haben. Ein besonderes Merkmal dieser Geschichte ist nach Ansicht von Rovan unter anderem der Föderalismus, der auch die Basis für ein gemeinsames Europa bilden muß.

»Ein ungewöhnlich kühnes und souveränes Buch, durch das der Verfasser seinen Anspruch auf Mitbesitz an der deutschen Geschichte, die, wie er sagt, ihm einst entrissen und verboten wurde, zum Ausdruck bringt.«
Michael Stürmer

»So lesbar und lehrreich kann Vergangenheitsbewältigung sein, wenn sie ein Nachbar und Kenner lesbar und lehrreich darbietet.«
Hannoversche Allgemeine

dtv

Hagen Schulze

Kleine deutsche Geschichte

dtv 30703

Wer die Gegenwart verstehen will, muß die Vergangenheit kennen. Nach den turbulenten Entwicklungen der letzten Jahre mit der Entstehung eines neuen deutschen Nationalstaats und auch im Hinblick auf die Zukunft in der EU ist das wichtiger denn je. Dem Autor ist es gelungen, 2000 Jahre deutscher Geschichte von den Anfängen bis zur Vereinigung des geteilten Deutschland im Jahre 1990 zusammenzufassen, in ihren Grundzügen darzustellen und alle wesentlichen Aspekte prägnant und anschaulich zu schildern. Gebündelte Information führt so zu solidem Wissen.

»Eine deutsche Geschichte, wie sie das Publikum lange nicht hatte: knapp, temperamentvoll, modern...«
Frankfurter Allgemeine Zeitung

»Schulze zeigt einmal mehr, daß große Geschichtsschreibung nicht unverständlich sein muß.«
Die Welt

»...die großen Linien, die oft zupackende, pointierte und überdies flüssige Darstellung machen die anregende Lektüre des Buches für jeden Leser zu einem Gewinn.«
Rheinischer Merkur

dtv

Eric J. Hobsbawm

Das Zeitalter der Extreme

Weltgeschichte des 20. Jahrhunderts
Aus dem Englischen von Yvonne Badal
dtv 30657

Das »kurze 20. Jahrhundert« aus globaler Perspektive – auf
der Basis ungeheuren Kenntnisreichtums wie auch persönlicher Erfahrung präzise analysiert und meisterhaft geschildert von einem der bedeutendsten Historiker unserer Zeit.

»Weit und breit ist kein Rivale von überlegener Kompetenz
zu erkennen.« *Der Spiegel*

»Nur wenige Historiker dürften bereit und in der Lage sein,
ein solches Unternehmen durchzuführen.« *Die Zeit*

»Ein weites Panorama dieses Jahrhunderts, ein beein-
druckend argumentierender Wurf.« *Der Tagesspiegel*

»Wir können nur zurückblicken und feststellen, was auf
dem Weg lag, der uns hierher geführt hat. Genau das habe
ich in diesem Buch versucht. Wir wissen zwar nicht, wovon
unsere Zukunft geprägt sein wird; doch ich habe der
Versuchung nicht widerstehen können, auch über künftige
Probleme nachzudenken, jedenfalls sofern sie aus den
Ruinen jener Epoche auftauchen werden, die gerade zu
Ende gegangen ist. Wollen wir hoffen, daß es eine bessere,
gerechtere und lebenswertere Welt sein wird. Das alte
Jahrhundert hat kein gutes Ende genommen.«
Eric Hobsbawm

dtv

Hildegard Hamm-Brücher
Freiheit ist mehr als ein Wort
Eine Lebensbilanz
dtv 30644

Ihren ersten Sprung ins Ungewisse wagte sie als Kind vom Zehnmeterbrett. 1948 war sie das jüngste Mitglied des Münchner Stadtrates, 1950 mit 29 Jahren Abgeordnete für die FDP im Bayerischen Landtag. So begann für Hildegard Hamm-Brücher eine lange und wechselvolle Karriere in der Politik, ihrem »Lebensberuf«. In ihren Erinnerungen erzählt sie ganz ohne Nostalgie und mit kritischem Blick von ihrem bewegten und bewegenden Leben. Das Buch ist nicht nur lebendige Zeitgeschichte und ein Blick hinter die Kulissen der großen Politik, sondern auch engagierte Demokratielehre und beherzte Streitschrift für ein kritisch-aktives Politikverständnis.

»Zivilcourage – woher sie kommt, wie sehr sie gebraucht wird, wieviel sie kostet und wie kostbar sie ist: Darüber gibt dieses Buch Auskunft.« (Die Zeit)

dtv